Waldorfpädagogik –
ein Weg zur Persönlichkeitsbildung

J&V

Freie Pädagogische Vereinigung im Kuratorium für
künstlerische und heilende Pädagogik (Hg.)

WALDORFPÄDAGOGIK – EIN WEG ZUR PERSÖNLICHKEITSBILDUNG

Eine Einführung für Lehrer, Erzieher und Eltern

Jugend und Volk Wien München

ISBN 3–224–15140–4 Jugend und Volk Wien–München

Umschlagentwurf: Bruno Wegscheider

Druck: Druck- und Verlagsanstalt Gutenberg, 2700 Wiener Neustadt, Wiener Straße 66

INHALT

VORWORT

Eine der schönsten, aber auch schwierigsten, in jedem Falle aber verantwortungsvollsten Aufgaben in unserer Gesellschaft ist es, heranwachsende Menschen mit unserer Welt vertraut zu machen, ihnen Wissen zu vermitteln, Kulturtechniken beizubringen – vor allem aber: ihren Geist zu bilden und sie in die Lage zu versetzen, die Welt nach ihren Vorstellungen zu gestalten.
Um dieses Ziel zu erreichen, ist es wichtig und notwendig, daß die Pädagogik sich ständig weiterentwickelt, daß sie bisherige Wege und Ziele kritisch überprüft und somit dazu beiträgt, unseren Kindern und Kindeskindern bessere Entfaltungsmöglichkeiten zu erschließen.
Pädagogische Impulse, die von bedeutenden Persönlichkeiten ausgehen, sichern die Erneuerung unserer Schule. Eine dieser Persönlichkeiten war der Österreicher Rudolf Steiner, der wie kaum ein anderer in unserem Jahrhundert eine pädagogische Reformbewegung initiiert hat, die heute mit ihren Hunderten von internationalen Schulen, Heimen und Ausbildungsstätten zu einem festen Bestandteil der pädagogischen Landschaft geworden ist.
Das vorliegende Buch deckt einen dringenden Bedarf und füllt eine Lücke in der pädagogischen Literatur. Neben seiner Bedeutung für die in Waldorfschulen Tätigen ist es auch für jeden Lehrer an öffentlichen Schulen eine wertvolle Bereicherung, sich mit Waldorfpädagogik vertraut zu machen.
In diesem Sinne wünsche ich der vorliegenden Publikation größtmögliche Verbreitung.

Gertrude Fröhlich-Sandner
Vizebürgermeister der Stadt Wien

Amtsführender Stadtrat für Bildung, Jugend
und Familie

ZUM GELEIT

Am Ideengut der Waldorfpädagogik mit seinen praktischen Ausformungen wird in besonderem Maße bewußt, daß wahre Bildung nicht mehr und nicht weniger ist, als sie gleichzeitig an Menschenbildung bewirkt. Dabei geht es nicht nur um vorangestellte ideologische Werte, um theoretische Sichtweisen von der Führbarkeit des jedem Menschen in seiner Individualität nur einmal geschenkten Lebens, sondern kann erwiesen werden, daß der jedem Menschen in seinen verschiedenen Seins- und Tätigkeitsbereichen nur so lange pädagogisch geführt werden muß und soll, bis er sich selbst erreicht hat. Was daraus für die Praxis folgt, ist Kreativität, Harmonisierung von Denken und Tun bzw. Tun und Denken, das ja schon nach F. Schiller „die Summe aller Weisheit" ist. In einer Zeit kaum mehr bremsbarer technologischer Allmacht, wo Schule und Bildung vornehmlich mit kognitiven Inhalten und „Produkten" verbunden wird, nimmt es daher nicht wunder, daß die Gedanken der Waldorfpädagogik für gar nicht so wenige Menschen wieder attraktiver werden. Wenn dem so ist, kann und darf aber die allgemeine Schulpädagogik daran nicht vorbeigehen. Fragen, die heute und wohl auch in Zukunft die Bildungsdiskussion immer wieder bewegen, wie Schulangst, Notendruck, Zeugnisberechtigungen, Lehrplanvorschriften usw., finden im Status der Waldorfschulen interessante und relativ einfache, zutiefst menschliche Antworten: Man kommt ohne Zeugnisnoten aus, Leistungsbeurteilung stützt sich wesentlich auf die ständige Mitarbeit des Schülers, der Lehrplan ist ein Rahmenplan und seine Inhalte sind im Vergleich zu unseren Lehrplänen zwischen den Schulstufen nach oben und nach unten hin in wesentlichen Bereichen verschiebbar. Nicht zuletzt kommen die Waldorfschulen ohne Schülersortierung im Mittelstufenbereich aus.

Die Lehrerbildung, noch mehr jedoch die Lehrerfortbildung, sollte über diese in der Praxis bereits seit Jahrzehnten vorfindbaren Phänomene informieren und daraus weiterführende reformpädagogische Impulse empfangen.

In diesem Sinne sei dem Buch und seinem Anliegen viel Erfolg gewünscht!

Hofrat Dr. Karl Sretenovic
Landesschulinspektor und
Direktor des Pädagogischen Instituts der Stadt Wien

EINDRÜCKE UND AUSBLICKE VON EINER TAGUNG ZUR EINFÜHRUNG

Waldorfpädagogik missioniert nicht. Es geht also bei der Herausgabe dieses Buches nicht darum, Eltern, Erzieher oder Lehrer oder auch Behörden zu irgendetwas zu überreden. Die Waldorfpädagogik entsprach bei ihrer Entstehung aber offensichtlich einem echten Bedürfnis und hat sich daher seit dem Ende der Hitler'schen Barbarei und Gleichschaltung des Bildungswesens sprunghaft in vielen Staaten entwickelt. Aus Nachfrage und Bedarf ist auch die Initiative zu diesem Buch entstanden. Schon aus dem Literaturverzeichnis am Schluß wird ersichtlich, daß die waldorfpädagogische Nachfolgeliteratur nach Rudolf Steiner bereits Bibliotheken füllt, aber ein Überblick und bei aller gebotenen Kürze eine doch relativ umfassende Darstellung in der vorliegenden Art fehlte.
Mitarbeiter aus den Freien Pädagogischen Vereinigungen Österreichs und der Schweiz haben sich in diesem Werk zusammengefunden, um diesem Mangel einer solchen einführenden Übersicht für Österreich und darüber hinaus Abhilfe zu schaffen. Der ganze Duktus, Stil und Gehalt der an sich völlig voneinander unabhängig erarbeiteten Beiträge zeigt, daß es sich doch um in ihrer Gesinnung kongeniale Personen handelt, die real im öffentlichen Leben und zugleich in der Geisteswissenschaft Rudolf Steiners zu wirken gewöhnt sind. Kongenial verbunden durch jenen Geist Friedrich Eymanns, der vermutlich auch in der gesamten waldorfpädagogischen Schulbewegung – und das ist weit mehr als ein einzelner Verband – noch viel zu wenig gewürdigt ist. Seinem Gedenken ist daher diese Schrift gewidmet.
Den Impulsen Eymanns und seiner Freien Pädagogischen Vereinigung in der Schweiz sind die Ausbildungsstätten in Trubschachen, Emmental, und Ittigen, Bern, zu verdanken und die laufende Ausbildung in der Friedrich Eymann-Schule in Wien, aber auch Seminare und Kurse an vielen anderen Orten und in vielen anderen Staaten. Dort wird man von einem Bildungsbehelf, wie dem vorliegenden, guten Gebrauch machen können. Einen dringenden Bedarf hat der Verlag und haben die Herausgeber aber vor allem auch in der Information öffentlicher Lehrer und Erzieher in Pädagogischen Akademien, an Hochschulen gesehen. Gerade dafür ist die Geistesrichtung Friedrich Eymanns, des Hochschullehrers, und seiner vielbewährten Praktiken in Schule und Lehrerausbildung besonders geeignet. Wenn dabei auch an einzelnen Stellen auf österreichische Gegebenheiten verwiesen wird, so hat die Darstellung der pädagogischen Beiträge jedoch Allgemeingültigkeit. Auf dem Gebiet der Waldorfschulen, Kindergärten, Heime und Ausbildungsstätten herrscht Freiheit, Vielfalt und Unabhängigkeit in der Organisation, verbunden sind sie aber auch ohne ein Berechtigungswesen, Kon-

zessionen oder ähnliches, wie sie dem öffentlichen oder auch religiös-privaten Schulwesen eignen, durch die gemeinsame Pädagogik. Sie hat sich als äußerst vital erwiesen.

Gerade in diesem Erscheinungsjahr hat die österreichische Freie Pädagogische Vereinigung im Kuratorium für künstlerische und heilende Pädagogik mit einer Eröffnungsfeier ihrer Ausbauten beim Kärntner Comenius-Internat und der dortigen Heimschule ein deutliches Zeichen setzen können und hat mit der Fortbildung der einheimischen, von den Zisterziensern überlieferten Totenleuchten zu einer goetheanistischen Lebensleuchte auf das neue geistige und pädagogische Leben symbolisch hingewiesen. Dieses Heim an einem der schönsten Plätze Österreichs ist ja auch der Ausbildung und bereits zur Tradition werdenden Seminaren gewidmet.

Was dieser Publikation auch eine besondere Note verleihen mag, ist der Wert, der von uns auf die charakterliche Persönlichkeitserziehung als ganzer gelegt wird. Nicht nur im öffentlichen Schulwesen ist dieser Gedanke, der einmal einseitig nur der Staatsbürgererziehung oder der religiösen Erziehung gewidmet war, gegenüber der Wissensvermittlung zurückgetreten. In der Waldorfpädagogik geht die Initiative vom Lehrer, vom Erzieher, vom Praktiker aus und kann dann wissenschaftlich bearbeitet werden, aber nicht umgekehrt. Mit einem Wort: die Pflanze ist vor dem Botaniker! Aber auch Anthroposophen können in den Fehler verfallen, fasziniert von Esoterik im Werke Steiners die Bedeutung der Charakterbildung gerade in unserer Zeit zu übersehen, die von Steiner's Philosophie der Freiheit ausgeht. Im Idealismus der Waldorfpädagogen lebt sie zwar, doch muß sie gerade in der Ausbildung ins Bewußtsein gerufen werden.

Lehrerkollegien schließen die Verantwortung von einzelnen und eine präzise Verwaltung und Organisation nicht aus, denn gerade dadurch wird auch dem öffentlichen Schulpolitiker deutlich, daß Waldorfpädagogik durchaus nicht in rechtlichen und wirtschaftlichen Dingen ungenau ist, und daher immer nur für eine kleinere Elite in Frage käme. Waldorfpädagogik kann in vielen Formen verwirklicht werden. Das beweist sowohl die Freie Pädagogische Vereinigung der Schweiz in privaten und öffentlichen Einrichtungen, als auch das österreichische Kuratorium für künstlerische und heilende Pädagogik, das in seinen verschiedenartigen Einrichtungen von der Erziehung Schwerstbehinderter über die Integration bis zur normalen Waldorfschule in der Friedrich Eymann-Schule, vom Kindergarten bis zur Lehrerausbildung Waldorfpädagogik praktiziert und dafür auch internationale Anerkennung und Auszeichnung gefunden hat. Mit den Einrichtungen des Kuratoriums für künstlerische und heilende Pädagogik und den Rudolf Steiner-Schulen in Wien, Linz, Salzburg, Graz und Klagenfurt und verschiedenen Heimen und Bildungsstätten ist die Heimat Rudolf Steiners im Begriff, mit der Schweiz und der BRD in der Entwicklung der Waldorfpädagogik gleichzuziehen.

Dieses Werk wurde so aufgebaut, daß über die grundlegenden ersten Kapitel in die Geschichte und das Wesen der Waldorfpädagogik eingeführt wird und das größere Kapitel ihre einzelnen Anwendungsgebiete behandelt. Die Lehrfächer in der Schule wurden in wesentlichen Zügen in einem Hauptkapitel von einzelnen Autoren beschrieben. Da jeder Autor notwendigerweise auf die Menschenkunde Rudolf Steiners, auf sein Bild von den Entwicklungsstufen des werdenden Menschen und die Grundgedanken der Waldorfpädagogik aufbaut, kann auch jedes Kapitel für sich gelesen werden, und es liegt in der Freiheit des Lesers, ob er dann das Bedürfnis spürt, sich durch andere Kapitel zu informieren. Natürlich ist zu raten, dem Aufbau des Buches durch die einzelnen Kapitel zu folgen, insbesondere, wenn man sich wirklich für ein weiteres Studium informieren will. Der kleine Auszug aus der einschlägigen Literatur im Verzeichnis am Schluß – auf störende Zitierungen im Text wurde verzichtet – kann dann nach verschiedenen Richtungen hin weiterhelfen.
Den Autoren gebührt Dank, daß sie, die so vielseitig selbstlos für eine Idee tätig sind, sich der Aufgabe der Mitarbeit hier unterzogen haben, dem Verlag, weil er so rasch die Idee der Herausgeber tatkräftig unterstützt hat und mit seiner reichen Erfahrung an die Verwirklichung geschritten ist, und schließlich soll auch einmal daran erinnert werden, daß die Arbeit von der Wiener Tagung 1981 unter der Patronanz der Stadt Wien ihre Impulse empfangen hat.

Für die Herausgeber
Hans Mätzener, Meiringen, Schweiz
DDDr. Karl Rössel-Majdan, Wien, Österreich

Dr. Rudolf Steiner (1861–1925), unter anderem Begründer der Waldorfpädagogik.

Kapitel 1

Hans Mätzener

Ein offenes Wort aus der Schweiz:

DIE WALDORFSCHULBEWEGUNG – ANTHROPOSOPHISCHE PÄDAGOGIK, EINE SCHÖPFUNG RUDOLF STEINERS.

„Ich habe fast alle Monarchen gekannt, fast alle Premierminister und Marschälle. Aber niemand vermochte auf mich einen so nachhaltigen Eindruck zu machen, wie der österreichische Philosoph und Okkultist Rudolf Steiner. Dies war der interessanteste Mann, dem ich in meinem Leben begegnet bin. Die Staatsmänner – und wären sie noch so mächtig – hatten auf mich immer den Eindruck von Schauspielern gemacht, die ihrer Rolle nicht ganz sicher sind. Aber welch ein Genuß, mit Steiner über Politik zu sprechen! Und nur ein so großer und reicher Verstand vermag auch mit solcher Richtigkeit die einzelnen Probleme zu erfassen."

So Jules Sauerwein, zeitweilig das Sprachrohr der französischen Regierung, der hier urteilt.

Und doch: Wie viele wußten um Rudolf Steiner? Oder verschwiegen es? Da erschien von 1931 bis 1937 das Standardwerk der Propyläen-Weltgeschichte; in 10 Bänden, samt einem Namen- und Sachregister. Jede, aber auch jede kleinste Figur wird hier beim Namen genannt. Den Namen Rudolf Steiner sucht man vergeblich. Für die „fable convenue" existiert er nicht.

Ein äußerst aufschlußreiches Phänomen, wie und weshalb man einen Mann zur „Un-Person" machen möchte.

Es ist historische Tatsache, daß Steiner lange vor dem Ersten Weltkrieg auf die Gefahren der Entwicklung als ein soziales Carzinom hinwies.

Es ist historische Tatsache, daß Steiner mitten im Ersten Weltkrieg alles menschenmögliche unternahm, den Wahnsinn zu stoppen: Die Westfront erstarrt, Amerika noch nicht im Krieg, die Russische Revolution noch im status nascendi. Steiner beschwor die führenden Männer, Prinz Max von Baden als kommenden Reichskanzler, Staatssekretär Kühlmann, Kaiser Karl von Österreich.

Es ist historische Tatsache, daß Steiner nach dem kläglichen Versagen der Führenden sich an die Öffentlichkeit wandte, vor überfüllten Sälen in den großen deutschen Städten sprach, bis er, von politischen Schlägern an Leib und Leben bedroht, dies aufgeben mußte.

Es ist historische Tatsache, daß Steiner 1919 mit der Waldorfschule eine pädagogische Bewegung ins Leben gerufen hat, die heute weltweit wirkt.

Die Propyläen-Weltgeschichte kennt nicht einmal seinen Namen!

WER VERHINDERTE DAS?

Nun, einmal waren es die wissenschaftlichen Koriphäen, die, – weil sie recht haben – unmöglich Steiner recht geben können. Es sind die Kirchen- und Staats-Gewaltigen, die zwar schön reden und die Hände reiben konnten, sich aber an die Leitlinie hielten, „daß nicht sein kann, was nicht sein darf". Es sind zum Teil dieselben, die auf Hitler, als er zur Macht kam, restlos hereinfielen, ahnungslos in bezug auf das, was zu erwarten war. „Ich habe den Hitler gesehen, der wird es machen. Die Leute sind wie betrunken. Wenn er's macht, dann rüstet er auf. Und wenn er aufrüstet, gibt's Krieg. Und wenn es Krieg gibt, dann geht unser Land kaputt" (1931). Hitler, ein Gottesgeschenk für die Gegner, Deutschland endgültig zu teilen. Welche Tragik, um das Wissen Rudolf Steiners betrogen zu werden. Im Wüstensand oder der russischen Erde, erschossen, erfroren, verhungert.

Zum andern aber sind es auch die Anthroposophen selber, die der großen Gefahr eines schiefen Autoritätsglaubens und einer sektiererischen Haltung erlegen sind. So sehr erlegen, daß viele von ihnen für einen normalen Menschen als komische „Spinner" erschienen und kaum akzeptabel waren.

Steiner wußte um diese Gefahren. Schon 1912 hat er gründlich davor gewarnt: „Je mehr man es dahin bringt, den Geistesforscher nicht als Autorität zu nehmen, sondern sich auf den Menschenverstand zu verlassen, alles zu prüfen, und je mehr man alles, was er sagt, daran bemißt, wenn man es mit dem Leben vergleicht, je mehr man das tut, desto mehr steht man auf einem gesunden Boden." Man dürfe ihn deshalb nicht „für eine besondere Autorität, für etwas Besonderes" halten. „Blinde Anhängerschaft" sei „am allerschlimmsten auf dem Gebiete geisteswissenschaftlicher Forschung."

WORIN LIEGT NUN DAS ENTSCHEIDENDE DER ANTHROPOSOPHISCHEN PÄDAGOGIK?

Es liegt darin, daß sie zeigt, welche Entwicklungsstufen der Mensch vom Moment seiner Geburt bis zur Mündigkeit realiter durchläuft. Schon 1906 hat Steiner in „Die Erziehung des Kindes vom Gesichtspunkte der Geisteswissenschaft" darauf hingewiesen. Daß er zunächst wenig Echo fand, lag daran, daß die Menschen durch den ungeheuren Fortschritt der Naturwissenschaften und damit der Technik zu fasziniert waren. Der Ausblick auf eine kommende Zeit, die für alle Brot und Gerechtigkeit bringen werde, täuschte zu viele.

Aber dann kam der Zusammenbruch dieser Illusion durch den Ersten Weltkrieg und die Drohung noch größerer möglicher Katastrophen und Schrecken. Aus ihr heraus ist es verständlich, daß in allen Lebensgebieten und in jedem Bereich der Wille erwuchs, zu reformieren. Besser – und vor allem anders zu erziehen als bisher. Aber wie?

In dieser Situation ging Emil Molt, Direktor der Waldorf-Zigarettenfabrik in Stuttgart zu Rudolf Steiner und bat ihn, eine Schule für die Kinder seiner Arbeiter zu gründen, die Antwort gäbe auf das „Wie?". Er war der erste, der diesen Gedanken faßte und er konnte auch die äußeren Mittel zur Verfügung stellen. Durch diese seine Initiative erwuchs Steiner die Möglichkeit, seine pädagogischen Ansichten zu realisieren.

Waren die Schulen ursprünglich konfessioneller Art gewesen, aus den praktischen Bedürfnissen der Kirchen entstanden und ängstlich begrenzt auf das notdürftige Lesen des Katechismus und Lernen geistlicher Lieder, oft mißbraucht, übernahmen als Gegengewicht gegen die konfessionellen Absichten später die Staaten das Schul-Monopol und schufen die „neutrale" Schule. Aber wie die kirchlichen Schulen waren auch die Staats-Schulen wesentlich zweckbestimmt: Die Parteien hatten sich um die Formulierung der gesetzlichen Vorschriften gerauft, die Kirchen hatten das Möglichste versucht, auch ihre Interessen in der Gesetzgebung zu verankern, um die Lehrer an der Kandare zu halten und den Nachschub zu sichern. So auf die „Bedürfnisse" der gerade herrschenden Gesellschaft ausgerichtet, überwachte ein großer Beamtenstab das Ganze. Was sie taten, war „rechtens". Und da Gott ihnen ein Amt gegeben, hatte er ihnen bestimmt auch den dazu nötigen Verstand nicht vorenthalten.

Daß eine reine „Menschenschule" sowohl für die einen wie die andern zum Ärgernis wurde, war zunächst nicht zu vermeiden. Je totaler ein Staat war, umso weniger konnte er eine derartige Schule akzeptieren. Am totalsten bei den Nazis: Die Waldorfschulen wurden verboten. Während die Katholische Kirche mit dem Konkordat sich klug um die Ecken drückte, blieb für aufrechte und mutige Anthroposophen nur der Widerstand. Aber wie viele aufrechte und mutige Anthroposophen gab es?

Eine „Menschenschule", frei von staatlicher Gewalt und kirchlicher Anmaßung; eine Schule, die sich einzig und allein auf die realen Entwicklungsgesetze des Menschen stützte und nicht auf die parlamentarisierten Kollektiv-Interessen von verschiedensten Gruppen, welche Bedrohung! Eine „Menschenschule", deren einziges Ziel ist, das, was im Menschen veranlagt ist, zu wecken, zu fördern, zu entwickeln, welche radikale Absage an die händlerischen Interessenkämpfe um ein Schulgesetz in den Parlamenten! Wie entschieden tönte es bei Troxler: „Allerdings bin ich noch der Meinung und wage es noch, auch mitten in unserer Zeit, laut zu behaupten, daß dasjenige, was Dir und anderen Gleichgesinnten und Gleichgestimmten Kirche und Staat heißt, kein Recht über das Schulwesen und über Menschenerziehung hat". Und weiter: „Was an einer Schule gelehrt und gelernt werden soll, ist nicht nach Dünkel und Willkür zu bestimmen, sondern in seiner Abstufung nach dem Gesetz des menschlichen Geistes und seinem Entwicklungsgang gemäß anzuordnen." „Freie und öffentliche Erziehung ist das höchste Recht, auf das wir ... unabweisbaren Anspruch haben. Nur diese radikale

Revolution ... kann euch befreien." – Welch tapfere Worte!
Was aber ist die Konsequenz und was bedeutet sie für den Lehrer? Sie bedeutet, kurz und knapp gesagt: Arbeit, Arbeit und wieder Arbeit! Wer das nicht will, soll nicht Lehrer werden. Er muß den Unterrichtsstoff in einem Maße erarbeiten, daß er frei darüber verfügt und ihn packend gestalten kann. Aber *wie* und *wann* er das macht, hängt allein von der Entwicklungsstufe des Kindes ab. Das zu können, ist eine Kunst, ist Erziehungskunst. Auch wer es „von Muttern" hat, muß lernen, üben, seine Fähigkeiten unablässig schulen. Des Lernens ist für ihn kein Ende. Aber welch großartige Aufgabe ist dies! Es gibt keine größere, keine bessere. Der Lehrer aber, der das tut, der die Hinweise Rudolf Steiners praktisch-faktisch realisiert, der wird für die Kinder *die* entscheidende Lebenshilfe auf dem mühsamen Weg zu ihnen selber. In Worten Nietzsches: „Werde, der du bist!". Alles andere ist esoterisches Geschwätz und eignet sich höchstens als Dokumentationsmaterial für hilflose Journalisten wie Brügge und unzählige andere.
Diese rein menschliche Haltung ist denn auch allein entscheidend, neben der alle wohlgemeinten, spitzfindigen oder ehrgeizigen „schulischen" Experimente zuschanden werden. Die Gestalt des Lehrers begleitet dann die Kinder durch ihr ganzes Leben, und neben ihm versinken so und so viele blasse Gestalten ins Vergessen.
Rudolf Steiner war Österreicher, und es wäre an der Zeit, daß dieses schöne Land seinen großen Sohn vermehrt zur Kenntnis nähme. Das erste Rudolf Steiner-Denkmal der Welt steht ja bereits seit 1981 in Wien.
In der Bundesrepublik Deutschland haben die privaten Waldorfschulen – oft auch mit öffentlicher Hilfe – besonders nach dem Zweiten Weltkrieg eine starke Ausbreitung gefunden. Ähnlich ist es in Holland, England, Skandinavien und anderen Ländern. In der Schweiz wurde 1926 eine Waldorfschule in Basel, 1927 eine in Zürich gegründet. Zugleich fand die anthroposophische Pädagogik – getreu den Aussagen Steiners, wonach diese überall und in jeder Schule möglich sei – durch die Tätigkeit Professor Eymanns in die öffentlichen Schulen des Kantons Bern Eingang. Nach anfänglicher Bekämpfung und vorsichtiger Distanzierung bediente sich später auch die Lehrerausbildung der Erfahrung dieser Pädagogen; so sehr, daß entscheidende Forderungen wie Epochen-Unterricht und anderes ernst genommen wurden.
1948 kam DDDr. Karl Rössel-Majdan in die Schweiz. Der Bruder Rössel-Majdans war in einem Nazi-KZ-Lager bei Holland umgekommen; er selber konnte nach viereinhalb Jahren Gefängnis und Straflager 1945 fliehen. Die alte Anthroposophische Gesellschaft Österreichs, von den Nazis verboten, begann noch während der russischen Besetzung Wiens neu, da Karl Rössel-Majdan als Widerstandskämpfer gegen die Nazis bekannt und integer war und bei der Besatzungsmacht intervenieren konnte.
In der Schweiz lernte er auf Beatenberg Frau Dr. Steiner und in Bern Professor

Eymann kennen, und eine echte Freundschaft entspann sich zum Schülerkreis des letzteren. Die freiheitliche, unabhängige und undogmatische Haltung dieser Menschen sagte Rössel-Majdan zu.
In den Institutionen des Kuratoriums für künstlerische und heilende Pädagogik und in der Friedrich Eymann-Schule trug diese Gesinnungsfreundschaft ihre Früchte. Mit Verständnis und Hilfe der Stadt Wien entstand für die Freie Pädagogische Vereinigung eine Brücke zur Heimat des Begründers der anthroposophischen Pädagogik, Rudolf Steiner.
Der Gedanke einer freien Schule, einer „öffentlichen" Schule, gilt nicht Außenseitern der Gesellschaft. Sie ist aber auch mehr als jeder staatliche Schulversuch. Sie entspricht dem Verlangen, den Wünschen vieler Eltern, Kinder und Lehrer: Angstfrei und doch charakterbildend, autonom und doch verantwortungsbewußt ins öffentliche Leben führend, undogmatisch und doch den Wert religiöser Traditionen schätzend.
Toleranz ihren pädagogischen Bestrebungen gegenüber, und darüber hinaus das Interesse und Wohlwollen maßgeblicher Persönlichkeiten kann Wesentliches zum Nutzen und zur gesunden Weiterentwicklung beider – der Waldorfpädagogik wie der derzeit vom Staat betriebenen – beitragen.

Kapitel 2

Karl Rössel-Majdan

WALDORFPÄDAGOGIK – MENSCHLICH, PRAKTISCH, LEBENSNAH!

DER GRUNDUNTERSCHIED: RUDOLF STEINERS MENSCHENKUNDE

Menschlich ist eine Schule dann, wenn sie rein menschlichen Bedürfnissen und Beziehungen gerecht wird und wenn sie unvoreingenommen, also frei, in diesem Falle dem Bildungsbedürfnis dienen kann. Sie muß sich also von äußerlich aufgezwungenem oder eigenem inneren Dogmatismus politischer, wirtschaft-

Rudolf-Steiner-Denkmal in Wien 3, Schweizergarten (Enthüllung 1981 bei der Tagung Waldorfpädagogik als Alternative).

licher oder weltanschaulicher Art freihalten können. Die Waldorfpädagogik steht auf dem Boden der Lehr- und Lernfreiheit und respektiert sie für jedermann. Sie kann daher nur totalitären Machtgruppen unerwünscht sein. Direkter oder indirekter Druck auf Kinder, Lehrer und Eltern ist ihr wesensfremd. Weltanschauung im eigentlichen Sinne des Wortes bildet sich und übt jeder Mensch. Und hoffentlich schließt er diesen offenen Erkenntnisprozeß nie dogmatisch ab! „Wer ewig strebend sich bemüht ..." ist goetheanistisches Bekenntnis zu einer Ureigenschaft des Menschen. Tendenzschulen jedweder Art schränken dies urmenschliche Bedürfnis ein. Nur wer es fürchten muß, schränkt das freie Denken ein. Wenn irgendwo Waldorfschulen, -heime oder sonstige künstlerische, pädagogische, wissenschaftliche, praktische Einrichtungen dieser Art die Unterordnung unter anthroposophische Gesellschaften oder dogmatische Lehren verlangen sollten, widersprechen sie Rudolf Steiner selbst. Von der Funktion der Religion dagegen in der Kindererziehung wird hier an anderer Stelle zu sprechen sein. Tendenz oder gar Vorschreibung, was aus einem Kind werden soll, ist aber auch denkbar unpraktisch. „Man merkt die Absicht und ist verstimmt ..." und kommt zu Opposition oder Aussteigertum. Praktisch ist die Waldorfpädagogik aber auch mit Bezug auf das Verhältnis des Kindes zur Lebenspraxis und Lebensnähe. Völlig unpraktisch wirkt die Tendenz zum Frühintellektualismus, die Erziehung schon des Kleinkindes zum Rationalismus. Phantasie, Spiel, Staunen offenen Herzens und Sinnes, Dankbarkeit und Liebe sind Nahrung und Übung für Körper-, Seelen- und Geisteskräfte, die sich später in Tüchtigkeit und Handlungsfähigkeit umsetzen. Waldorfpädagogik weiß um die Metamorphose der Körper- und Geisteskräfte; sie ertüchtigt für das Handwerk durch geistige Entwicklung, für den Intellekt durch die Praxis des Handwerks. Weil sie dadurch auch schwere pädagogische Probleme lösen helfen konnte, hat sie sich trotz aller Schwierigkeiten übernational, weltweit durchsetzen können.

Jede große Weltreligion war einmal eine kleine Sekte und jede Sekte kann man als kleine Kirche ansehen. Man versteht aber unter „sektiererisch" ein fanatisches, blindgläubiges Verhalten, Guru-Gehorsam, Bemitleiden oder gar Verfolgen von anderen und anderes mehr. Rudolf Steiner lehnte alles das ab, auch wenn er Versuche dazu bei eigenen Anhängern bemerkte. Zugegeben, der naturwissenschaftliche Materialismus wurde von Francis Bacon über La Mettrie, Haeckel, Marx und andere auch dogmatisch; aber er hat seine Teilberechtigung erwiesen, und der Goetheanismus möchte – es wird hier später für die Schule erläutert – ihn insoferne nicht bekämpfen, sondern nach gründlichem Studium üben ihn selbst hinaus fortführen, z. B. in der Pädagogik.

Mancher meint, Waldorfunterricht sei verspielt. Wenn Waldorfschüler Gartenbau verstehen, Tischlerei, Spinnerei, Buchbinderei verstehen und Feldvermessen üben oder in Fremdsprachen leben, dann kann man diesen Vorwurf kaum aufrecht halten. Einem werdenden Menschen sollte man lediglich seine Kindheit nicht rauben. Außerdem ist in dem, was hier „Spiel“ genannt wird, Methode. Bei der großen Freiheit, die dem Erzieher gerade in der Waldorfpädagogik gegeben ist, kann natürlich auch Untüchtigkeit vorkommen; aber die Anforderungen sind groß, die hier gestellt werden, vom Kinde her und von der Sache her, und die Erfahrung in vielen Ländern zeigt, daß Waldorfpädagogen durchaus keine Illusionäre sind.

Auch Pragmatisierung und amtliche Stellung und Sicherheit stehen dem Waldorfpädagogen nicht zu. Ein guter Beamter vollzieht Recht und Gesetz. Pünktlichkeit und Gerechtigkeit sind aber auch schon das Einzige, was der Waldorflehrer oder -erzieher von ihm übernehmen soll. Er mag der gute Freund des Beamten sein und hoffentlich auch umgekehrt: dieser mag ihm Freund sein. Er betreibt aber kein Schulamt, sondern dient dem Kinde nach dessen Art und Wesen und dadurch leistet er der Gesellschaft und dem Staate bessere Dienste, als wenn er auf Befehle und Richtlinien warten würde. Der Lehrer wirkt vielmehr in der Schulgemeinde aus Eltern, Lehrerkollegium und auch dem Schulerhalter, der einer Schule den Boden abgibt, aber nicht ihr Dach ist. Recht und Gesetz kommen immer von oben über Verordnung, Erlaß, Bescheid und anderes mehr, auch wenn sie vom Rechtsempfinden des Volkes und sogar nicht von Ideologien, sondern möglichst von den sozialen oder den Bedürfnissen der Wirtschaft oder Kultur selbst ausgehen. Kultur – und in ihr die Erziehung – kann aber nicht politisch und nicht wirtschaftlich gemacht werden. Dann ist sie Kulturmache. Sie hat ihre geistigen Quellen im Individuum. Sie ist urmenschlich. Alles andere ist unpraktisch und lebensfremd, auch wenn es sich realistisch nennt. Mit kollektivistischer Verantwortungslosigkeit hat das nichts zu tun, auch wenn solche Fehlmeinungen über die Schulgemeinschaft der Waldorfschulen da oder dort aufkommen mögen. Waldorfpädagogische Schulen und Heime haben die verschiedenste Form und, wo genügend Freiheit gegeben ist, kann der Träger auch die öffentliche Hand, etwa eine Gemeinde sein.

Ein Berechtigungswesen – auch etwa eines von einer anthroposophischen Seite – lehnt die Waldorfpädagogik, und auch die sogenannte Dreigliederungsbewegung Rudolf Steiners, die der Kultur neben Staat und Wirtschaft Ebenbürtigkeit geben will, ab. Befähigung und Bewährung sind strengere und menschlichere Maßstäbe als Noten, ein Numerus clausus, Tests und Definitionen.

Die Angst, es breche alles zusammen, wenn man auf die gesunde Menschennatur vertraut, den Forschungsdrang ihres Geistes, die Lust am Schaffen, die Bewährungsfreude, ist völlig unberechtigt. Es muß dies alles dann dem werdenden Menschen nicht vorgeschrieben werden, wenn es ihm weder durch das physische noch in Form von Prüfungsdruck psychische Rohrstaberl ausgetrieben wird. Waldorfpädagogik kennt kein anderes Lehrziel als die Hilfe zur Entfaltung der eigenen menschlichen Anlagen. Von außen oktroyierte Lehrziele, wie stufenweise vorgeschrieben der beste Staatsbürger, der beste Christ oder Wirtschaftstreibende entstehe, verhindern gerade dieses charakterliche Lernergebnis, das nur aus freiem eigenem Interesse werden kann. Vom Kind ausgehen, sogar individuell in jeder Klasse und nicht auf abstrakte Programme Erwachsener hin ausrichten, ist allein menschengerecht, praxis- und lebensnah.

Daraus folgt, daß Waldorfpädagogik auf die volle Entfaltung der Persönlichkeit und nicht auf die bloße Wissensvermittlung ausgerichtet ist. Raffinierte psychologische Nürnberger Trichter sind nicht nötig, wo der natürliche Wissensdurst nicht in die Wüste der Abstraktionen geschickt wird. Wo die Schule nur oder großteils unangenehme Pflicht wird, ja sogar Qual, liegt die Ursache an ihr selbst. Vielleicht auch am Elternhaus, das unwiederbringlich die Entfaltung von Anlagen im Kleinkindalter verhindert hat. Zerrüttete Familien, Herzlosigkeit oder Verwöhnung, Phantasielosigkeit, audiovisuelle Zerrbilder, geistloser Wohlstandsegoismus – ganz abgesehen von sozialen und charakterlichen Katastrophen – machen es dem besten Lehrer schon auch schwer, und die Waldorfpädagogik besteht daher auf dem freien Verhältnis von Lehrer und Eltern. Eltern, die ihr Kind nur abbeuteln wollen und zur Zusammenarbeit nicht bereit sind, können nicht erwarten, daß der Lehrer in die Klasse als eine Art Zwangsanstalt gedrängt werden kann. Waldorflehrer und -erzieher leisten ohnehin oft Übermenschliches, nehmen freiwillig möglichst viele Schüler in ihre Klassen – auch in der Frage der Klassengröße täuscht sich die herkömmliche Meinung – und sind bekannt gerade auch im selbstlosen Einsatz in der Heilpädagogik. Aber die Lehr- und Lernfreiheit gilt auch für sie. Armut ist, wie bekannt, kaum ein Ausschließungsgrund auch in Waldorfinstitutionen mit dürftigen Finanzierungsquellen.

Erstaunlich ist für viele Beobachter auch die geringe Bedeutung von Schulbüchern und das Fehlen audiovisueller Mittel zur „Auflockerung“ und „Veranschaulichung“ des Unterrichts oder zur Bekämpfung der „Langeweile“ in Heimen, zur automatisierten „Unterhaltung“ und so weiter. Leider wird die öffentliche Schule wie das Bundesheer in diesen Dingen als Absatzmarkt, wie die Entwicklungshilfe, betrachtet, bei der auch oft mit Hilfe von Steuergeldern, also Zwangsschenkung, Geschäft gemacht wird. Mit solchen Lobbies kann die Waldorfpädagogik nicht rechnen, denn sie will, daß der Lehrstoff vom Schüler selbst mit Hilfe des Lehrers, auch jeweils angepaßt der Art von beiden, erarbeitet wird. Natürlich gibt das mehr Arbeit, aber auch Arbeitslust!

Erzieher und Zöglinge müssen wie eine Familie zusammenwachsen können. Daher steigt der Klassenlehrer durch die Pflichtschulzeit mit seiner Klasse auf und wird erst in der Oberstufe vom Fachlehrerprinzip abgelöst, wenn die kritische intellektuelle Reife und individuelle Entwicklung den überlegenen Spezialisten braucht.

Deshalb wird aber auch besonders in der Unter- und Mittelstufe der kreative Unterricht nicht in Lerneinheiten oder gar fünfzigminütige Bezahlungseinheiten für sich die Türklinke reichende Lehrer zerrissen, sondern läuft in den Hauptgegenständen in zwei- bis etwa vierwöchigen Epochen ab, um den Kindern ein richtiges Ein- und Ausleben bezüglich des Lehrgegenstandes zu ermöglichen.

Prüfungen? Wozu, wenn die Lehrerkonferenz und ähnlich die Erzieher in Kindergärten, Tages- und Vollheimen laufend die Entwicklung jedes Kindes unter sich und mit den Eltern bespricht? Und was sollte da die „Benotung" momentaner Zufallsergebnisse? Ein Auspunkten, Plus- und Minusnoten in gleichschaltender Weise wirkt bei unterschiedlichen Anlagen, Familien- und Schicksalsverhältnissen ungerecht! – Nein, an die Stelle der Prüfung tritt die „Monatsfeier", wo die Klasse vor versammelten Eltern und Freunden das jeweilige Ergebnis des Epochenunterrichts vorführt. Erstaunlich, wie zwanglos lebendig es da zugeht! Und als Zeugnis wird dem Schüler eine Beschreibung der Entwicklungsfortschritte seiner Persönlichkeit und seines Wissens gegeben, samt Ratschlägen und Leitmotiven.

Wettbewerb mit Vorzugsschülern und Klassenletzten, mit Ehrgeizlingen und Angebern, ein Liebkind-sein-wollen und andere hinuntertreten, haben in der Waldorfpädagogik keinerlei Sinn. Man bereitet auf den Ernst des Lebens nicht durch Verschweigen seiner schlechten Seiten, aber schon gar nicht durch Üben seiner Schwächen vor: Ellenbogentaktik, Brutalität, Heuchelei und so weiter. Wechselseitige Hilfe ist besser als Wettbewerb, Leistungsfreude dient der Entwicklung besser als egoistischer Ehrgeiz und der Schwindelzettel unter Leistungsdruck; Ausreifen ist besser als Auspumpen.

Alles schöne Grundsätze? Nein, 65 Jahre weltweite Erfahrung mit der angewandten „Menschenkunde" Rudolf Steiners!

WAS IST DIE MENSCHENKUNDE?

Jedenfalls keine Tierkunde vom Menschen! Die Schimpansenordnung, die Hackordnung auf dem Hühnerhof, das Herdenkollektiv, die Verhaltensforschung am tierischen Triebbewußtsein, an der „Gruppenseele",sind kein Maßstab für die Kulturgesellschaft, obwohl man glauben könnte, sie werden da oder dort allmählich zum Leitbild! Auch die theologische Schulordnung im altertümlichen Gottesstaat hat ausgedient im Zeitalter des Individualismus. Weder die Intelligenzbestie noch der anbetende Engel können Leitbild dieser zeitgemäßen Erziehung sein, wenn auch von beiden etwas in jedem Menschen steckt. Dieser muß zu sich selbst und aus Freiheit zur Gemeinschaft und auf seinen geistigen Weg finden. Dann werden egoistische Anarchie oder Gewaltherrschaft und nur so auch ideologische Schwärmerei oder geistige Gleichschaltung vermeidbar. Das Abenteuer der Freiheit hat in der Neuzeit begonnen und steuert einer Krise und Entscheidung zu.

Das griechische Erziehungsideal der Kallokagathie, das kallòs kaì agathós, des Schön- und Gutseins, zeitigte tatsächlich eine Harmonie von Leib und Geist, die unübertroffen blieb. Aber dieses Bild des apollinischen und dionysischen Menschen als Produkt der wechselseitigen Durchdringung von „göttlicher" und „physischer" Natur, war nicht nur der Anfang zum europäischen Ich-, Egomenschen als Bürger zwischen oder in zwei Welten, sondern auch der Abschied von den alten vorbereitenden Kulturen. Romanen, Keltogermanen und Slawen mußten bis zu dieser Reife aus einer Barbarei erst durch das Mittelalter bis zur Renaissance hin erwachen. Es hieße die soziale Bedeutung des Christentums völlig verkennen, wollte man die Entwicklung zum Humanismus und Individualismus nur auf romanische, keltische und germanische Anlagen zurückführen. Was Kirchen alles angestellt haben, darf nicht darüber täuschen, daß die Überwindung der Sklaverei, der Kasten und der völkischen Auserwähltheit auf den zurückgehen, der dafür an der Zeitenwende gekreuzigt wurde. Jetzt jedenfalls muß alle menschliche Entwicklung und Erziehung von dem in den Menschen verlegten „göttlichen" Funken ausgehen und nicht mehr von äußeren Naturkräften oder Naturgöttern. Gerade darauf beruht die „Menschenkunde" Rudolf Steiners.

Die Geisteswissenschaft Steiners ist empirisch. Sie hat keine Lehrsätze. Niemand muß an sie glauben. Vieles kann jeder empirisch verifizieren. An Symptomen, an Phänomenen. An Selbstbeobachtung. Alles sinnlich wahrnehmbare Stoffliche ist geformt von Kräften, die selbst unsichtbar wirken. Sind sie nur physikalischer und chemischer Art, so wird vom „physischen Leib" gesprochen. Ihn hat der Mensch mit den toten Mineralien und mit allen stofflichen Wesen besonders nach dem Tode gemein.

Mit den Pflanzen hat besonders der werdende Mensch die Erscheinungen des Lebens gemein, Wachstum, Bildung, Metamorphose. Ihre Gesamtwirkung im

Menschen nennt Rudolf Steiner Bildekräfte-, Äther-, Zeit- oder auch Intelligenzleib. Er ist nicht auf genormte Ausdrücke versessen. Wenn Leute – es könnten auch Anthroposophen sein – glauben, mit hingeworfenen Bezeichnungen für Unverstandenes etwas zu erklären, so sind sie wie Arzt und Patient, die sich bei Krankheiten der verschiedensten Art mit dem jüngsten Zauberwort „Virus" als Ursache zufrieden geben. Der „Urknall" ist eine ähnliche Leerformel für das Unwissen, wie die Entstehung aller räumlich-zeitlichen Welten erklärbar sein könnte.

Trieb- und Empfindungskräfte sind genau so wenig eine Fiktion und können an Bewegungsformen und Organbildungen in ihrer Einwirkung auf die unteren „Wesensglieder" als besondere Gruppe, als besonders im Tier stark ausgebildeter „Trieb- und Empfindungsleib" oder „Astralleib" beobachtet werden. „Astral" ist wieder so ein ungewöhnliches Wort; es mag in bezug zum Tierkreis verstanden werden, dessen Sternbildformen in unsere Wissenschaft übernommen wurden. „Instinkt" ist keine bessere Bezeichnung für unerklärbare Fähigkeiten bei Tier und Mensch. In der Pubertät – mancher ist stolz darauf, noch im hohen Alter in ihr zu stecken – weiß der junge Mensch ein Lied von der Gewalt der Triebe zu singen und er unterscheidet sie sehr wohl von den durch sie bewirkten chemischen Vorgängen und physischen Veränderungen.

Der grundsätzliche Unterschied im geisteswissenschaftlichen Menschenbild Rudolf Steiners zum materialistischen liegt, wie aus dem Vorhergehenden schon zu bemerken war, aus der Ableitung aller Wesen nicht von Niederem, sondern von Höherem, nicht aus dem Nichts, sondern aus unendlicher überräumlicher und überzeitlicher geistiger Kraft. Diese wirkt auch im Menschen als „Ich". Dieses ergreift das Untere und bildet es für seine Zwecke um. Der alte und orientalische Abstiegsgedanke aller Naturschöpfung findet bei ihm eine Ergänzung durch den christlichen Aufstiegsgedanken vom Menschen. Seine gesamte Weltanschauung nennt Steiner auch „Anthroposophie", ein schon früher geprägtes Wort. Klar dürfte sein, daß eine solche positive Auffassung vom Menschen starke Ansatzpunkte für den pädagogischen Einsatz bietet. Darin liegt auch bei Anerkennung „geistiger Welten", die sich in verschiedenen Religionen unterschiedlich ausdrückten, doch die Bejahung der „Götterdämmerung", der geistigen Loslösung und des Abenteuers der Freiheit, die gerade mit dem Materialismus kam.

Dieses Ich im Menschen kann nun selbst im Denken, Fühlen und Wollen seine Beziehung zur Welt regeln und muß nicht in die Zerstörung gehen. Es schafft über Mineralleib, Pflanzenleibliches und Tierleibliches durch die Kulturen seinen Seelenbereich: die Empfindungsseele, die Verstandes- oder Gemütsseele und die Bewußtseinsseele. Es wird noch weiter unter apokalyptischen Abenteuern und Sinnbildern in geistige Bereiche und in die Umgestaltung der Erde gehen. Ein kühnes Menschheitsbild! Man mag soweit mitgehen, als man will, aber fruchtbar erwies es sich in vieler Hinsicht.

Die daraus fließende Menschenkunde – ebenfalls nur skizzenhaft aus mehreren hundert Werken Steiners und 6000 Vorträgen geschildert – beobachtet, wie jeder neue Mensch sich wieder neu von der Körperbildung herauf ergreift und zur Ausbildung drängt, bei der die Schule verständnisvoll Hilfe leisten soll. Vom Kleinkind soll ein folgendes Kapitel berichten. Nicht ein bestimmtes Alter, durch Gesetz bestimmt, sondern eine bestimmte Reife nimmt der Waldorfpädagoge als Entwicklungsschwelle für den Schuleintritt an. Der Zahnwechsel im siebenten Jahr – gewöhnlich – ist das Symptom für einen abgeschlossenen Umbildungsprozeß.
Jetzt können freiwerdende Bildekräfte für das Lernen genutzt werden. Wie das in den einzelnen Unterrichtsfächern geschieht, wird bei der Behandlung der Bildungsstoffe in Kürze erklärt werden. Wenn dabei verschiedentlich auf das ganz neue Verhältnis zwischen Kind und Lehrer hingewiesen wird, das sich von dem zu den Eltern oder Erziehern im ersten Lebensabschnitt grundsätzlich unterscheidet, so heißt das nicht, daß die von Rudolf Steiner erstmals so deutlich beschriebene Fähigkeit, durch Nachahmen im ersten Lebensjahrsiebent zu lernen, ganz aufhören würde. Künstler bewahren sich viel davon auch ins hohe Alter. Aber immer deutlicher wird man im Schulalter die „Autorität“ des Lehrers als wirksames Medium, als Brücke für das Interesse am Lehrstoff finden. Nur ein antiautoritär schon pädagogisch verpatztes Kind wird Kritikaster, selbstbezogener Störenfried, Chaot und Sozialanarchist werden. Natürlicherweise setzt sich die Suche nach körperlicher Geborgenheit bei Mutter und Familie im Kleinkindalter, in der Suche nach geistiger Anlehnung und charakterlicher Geborgenheit bei den Wissenden in der großen Klassenfamilie fort, und das sind Lehrerin und Lehrer. Besserwisserei und Diskutiererei von Unwissenden und noch Unfähigen erzieht nicht zu späterer Klugheit und Tüchtigkeit. Nicht was die Schule vermittelt, sondern wie es der Lehrer in Lebenshaltung und Sprache überzeugt und selbst begeistert von seiner Sache bringt, das ist wichtig für das Kind. Durch ihn will das Kind, wie durch einen erfahrenen Bergführer, Kapitän oder Expeditionsleiter die Rätsel der Welt erforschen. Ist es da nicht selbstverständlich, daß Waldorflehrer für ihren besonders anspruchsvollen, interessanten und die Ganzheit der Persönlichkeit fordernden Beruf eine besondere Ausbildung erfahren müssen? Wer einen bequemen oder pragmatisierten „Job“ sucht und keine Autorität über sich selbst hat, ist hier fehl am Platz. Waldorfschulen sind nicht aus den Fugen der öffentlichen Ordnung geratene, sondern durchgreifende, für die Ganzheit der menschlichen Persönlichkeit verantwortungsbewußte Alternativen. Der Waldorfschullehrplan geht von anderen Voraussetzungen aus: vom Wesen des Kindes. Er macht es diesem leichter – dem Lehrer schwerer! Waldorflehrer sind Kulturträger in vieler Hinsicht. Oder sollten es doch – Lehrermangel zwingt zu Kompromissen – deutlich sein: Feste Stützen für heranreifende Menschen.

Wenn im neunten Lebensjahr der Zweifel des Kindes an der umfassenden Autorität seines Lehrers und im zwölften der Wille zum selbständigen Denken erwacht, dann kommt die große Probe für den Lehrer, wie er Vertrauen und reifende Persönlichkeitskraft vorbildlich an die Kinder abgeben konnte und in ihren Augen und Herzen immer mehr Begleiter nach höheren Zielen über sich hinaus wurde.
Der pubertierende junge Mensch – Mädchen früher, Jungen radikaler – muß dann im dritten Lebensjahrsiebent bis zur natürlichen Mündigkeit eigene Ideale und Ziele durch Vermittlung von Fachlehrern finden können. Jetzt muß er zum Rossebändiger oder – Stallknecht(!) seiner Triebe werden. Wieder im ersten Drittel dieses Jahrsiebents überschreitet er eine Schwelle, er beginnt, seinem unbändigen Roß Flügel wachsen zu lassen und ein anderes Ich, andere Leitsterne anzudichten. Wohl dem, der dann nicht nur „Dreck“ in der Welt gefunden hat! Wenn er dann im zweiten Drittel um die Zeit der „Reife“ die Selbstführung zu proben beginnt, sollen Eltern und Lehrer ihn beruhigt seinem eigenen Ich überlassen können.
Aus der Menschenkunde Rudolf Steiners ergeben sich all die Folgen für die Unterschiede im Lehrplan gegenüber dem öffentlichen oder auch privaten Schulsystem, das lehrplankonform mit dem öffentlichen bleibt. Wir haben hier eingangs einiges angeführt. Während der Materialismus geistig abstrakt bleibt, geht die Waldorfpädagogik konkret vom Körper aus, von der Aufrichtekraft zur Sprache und weiter vom Greifen zum Begreifen, von der Bewegungslust der Gliedmaßen beim Kleinkind (siehe auch im Folgenden den Schreib- und Zeichenunterricht) über die Betätigung des rhythmischen Systems, vorrangig in der Mittelstufe, zur kreativen und initiativen Denktätigkeit in der Oberstufe! Jetzt kommt auch die Technik zu ihrem vollen Recht, und jede Anpassung an die theoretisch einseitige Art der Matura im Regelschulsystem ist hinderlich. Von der Handarbeit, die heute fast schmählich mißachtet wird (trotz Otto Glöckel'scher Reformversuche fast gleichzeitig mit der Entstehung der Waldorfschulen), bis zum geistigen, nicht blutleeren, sondern durchkrafteten intellektuellen Studium, von der künstlerischen Methode im Didaktischen (in jedem Gegenstand schöpferischer Einfall und Eigeninitiative) bis zum geistigen Forschen, berücksichtigt die Waldorfpädagogik immer das Werden des ganzen Menschen. Die Regelschule ist zu kopflastig. Der Körper geht im Sport und in der Sexualität getrennte Wege, wenn nicht gar Abwege. Der abstrakte Geist schwimmt auf einem unausgebildeten psychischen Charakter, und der höchstens mechanistisch „trainierte“ Leib ist nicht sein Ausdruck und Werkzeug, sondern er wird zum rationalistischen und rabulistischen Lieferanten von Ausreden und Begründungen für Leibes- und Triebbedürfnisse.
Von der Sozialerziehung werden wir noch sprechen.
Die grundlegenden Unterschiede zur öffentlichen Schule dürfen die Waldorfschulen nicht verleiten, sich in ein neuartiges Klosterschulsystem zurückzuziehen. Nach der Scholastik war die öffentliche Schule die größte Neuerung im Er-

ziehungswesen in der Zeit der Monarchien in Europa. Die an sich große Errungenschaft der Scholastik, die heute kaum mehr verstanden wird – jedenfalls gingen die Universitäten aus ihr hervor –, entarteten in der Inquisition und Verfolgung Andersgläubiger. Die allgemeine öffentliche Schule wird in den Diktaturen Werkzeug politischer Gleichschaltung. Eine rationalistische „wertfreie" Wissenschaft liefert dabei für alles die Methode und Begründung.

Die „Erziehungskunst" der Waldorfpädagogik ist seit den beiden Weltkriegen zweifellos die größte, tiefgreifendste und erfolgreichste Reformbewegung und der bedeutendste Schulversuch. Sie stützt sich weder auf Staat und Kirche noch auf die kapitalistische Wirtschaft. Sie geht vom Menschen, vom Kind, den Lehrern und Eltern aus, von der freien Erziehungspraxis und Lebensnähe aus, und kann jedem dienen, der sie will. Erzieher sollten sie wirklich näher kennenlernen. Ob und welchen Gebrauch sie dann davon machen, liegt in ihrer Freiheit.

Prof. Friedrich Eymann (1887–1954). Hochschullehrer und Begründer der Freien Pädagogischen Vereinigung.

Kapitel 3

Max Widmer

Ein Beitrag zur Frage: Waldorfpädagogik und öffentliche Schule:

WER WAR PROFESSOR EYMANN? 1887–1954

Die geistig-kulturellen und menschlichen Zusammenhänge, in denen dieses Buch gelesen werden will, machen es notwendig, die Leser auf die Gestalt Friedrich Eymanns nachdrücklich aufmerksam zu machen. Der hier gegebene Rahmen erlaubt allerdings nur eine biographische Skizze. Möge diese trotzdem dem interessierten Leser ein Bild dieser überragenden Persönlichkeit geben.

Geboren 1887 in Schwarzenegg bei Thun im Schweizer Kanton Bern als Kind eines Lehrers auf dem Lande in rein bäuerlicher Umgebung in einer Gegend, die keine geschlossenen Dörfer, sondern nur Einzelhöfe kennt, geprägt von einer großartigen Landschaft: Im Rücken das aufstrebende Alpengebirge mit schroffen Felsen und weißen Gipfeln, vor sich dank seiner Höhenlage von 1000 m über dem Meer ein ungeheurer Weitblick über das Meer des Schweizerischen Hügellandes bis zur zart gezogenen Linie des fernen blauen Juragebirges. Der Vater betrieb neben dem Lehrerberuf noch eine Landwirtschaft, wie es damals die Regel war, und so wuchs der Knabe in alle praktischen Arbeiten und Probleme des Bauernberufes hinein und wurde zu einem arbeitsfreudigen und flink zugreifenden Naturburschen.

Aber dank einer außergewöhnlichen Intelligenz, die rasch und energisch auf das Wesentliche vorstoßen konnte, die zugleich gepaart war mit tiefer Musikalität und einer erstaunlichen Begabung für Sprachen, schlug Eymann auf den Rat des Vaters die akademische Laufbahn ein und studierte in Bern und Tübingen Theologie bis zum Staatsexamen als evangelischer Pfarrer der Bernischen Landeskirche. Schon früh bewegten ihn Fragen nach dem Ursprung des Christentums und nach dem Sinn der menschlichen Existenz auf der Erde. Doch die Theologie hatte ihm keine befriedigenden Antworten gegeben. Während des Studiums setzte er deshalb das schon im Gymnasium begonnene Erarbeiten der ganzen Menschheitskultur des Abendlandes in Philosophie, Mystik, Naturwissenschaft, Dichtung, Musik, bildender Kunst, Religion und Erziehung intensiv fort. Die Biographien bedeutender Menschen kamen dazu und im praktischen Musizieren auf Klavier, Orgel und Violine, verbunden mit Konzertbesuchen, erwarb er sich eine umfassende Kenntnis der europäischen Musikgeschichte.

In all diesen Studien war er getrieben von der Frage nach der grundsätzlichen menschlichen Bedeutung der einzelnen Kulturgebiete, nach dem Warum und

Woher der verschiedenen menschlichen Tätigkeiten, um sie dereinst in einer Gesamtschau vereinigt zu sehen. Er ahnte, daß hinter allem menschlichen Tun und Streben und in allen schweren Problemen des Lebens ein alles bewirkendes und bestimmendes Wesen des Menschen stehen müsse. Ohne Kenntnis dieses Wesens schien ihm ein bewußtes und sicheres Drinstehen des Menschen in der Welt schlechthin nicht möglich zu sein. Bewußtes Erkennen dessen, was sich in die Frage steigert: Was ist der Mensch im Naturganzen der Erde und im Weltganzen des Kosmos, wurde ihm zum Inhalt seines ganzen Strebens und Forschens und damit auch zur Möglichkeit, die religiöse Frage befriedigend zu lösen. Diese letztere hat ihn dann lebenslang beschäftigt.
Seine Fragestellungen waren derart umfassend, daß er sich für alles und jedes interessierte, was nur irgendwie im Menschenleben eine bildend-wirksame Bedeutung haben konnte. Außerdem war sein grenzenloses Interesse durchpulst von einem unerschöpflichen Enthusiasmus, sodaß er unermüdlich tätig sein konnte nach innen und außen und lange Zeit mit einem äußersten Minimum an Schlaf auskommen konnte. Zum stillen Spezialgelehrten und Bücherschreiber wollte er keinesfalls werden, obschon er dazu alle Voraussetzungen gehabt hätte. Er wollte mitteilen und mit vielen Menschen zusammen streben und forschen. Und so bekam sein Leben immer entschiedener einen pädagogischen Duktus. Er war als Sohn eines initiativen und tüchtigen Lehrers aufgewachsen. Beim frühen Tod seines Vaters brach er das Studium in Bern ab und übernahm für ein halbes Jahr seine Schule, zur vollen Befriedigung der Eltern und Kinder. Als er dann 1913 als Pfarrer die oberemmentalische Berggemeinde Eggiwil übernahm, kam sein pädagogisches Talent erst recht zur Entfaltung.
In der weitverzweigten und außerordentlich anspruchsvollen Gemeinde gab er als Seelsorger das seltene Beispiel eines guten Hirten und nahm freudig alle zufallenden Aufgaben auf sich, war dauernd zum Helfen bereit, sogar als Melker in den Ställen für die im Wehrdienst des Weltkrieges abwesenden Männer, oder in den Schulstuben für die im Grenzwachtdienst aufgebotenen Lehrer – die Gemeinde hat 9 Schulhäuser auf den weit auseinanderliegenden Berghöhen – und widmete sich mit Eifer dem kirchlichen Religionsunterricht und der Erwachsenenbildung durch Vorleseabende aus Werken Jeremias Gotthelfs. All dies war schon ein volles Arbeitspensum, das ihn aber nicht hinderte, keinen Tag verstreichen zu lassen, ohne an seiner Weiterbildung zu arbeiten, im Studium der alten Kirchenväter, der Mystiker, der Dichter und Denker, der Maler und Musiker, der Welt- und Schweizer-Geschichte, immer mit dem Hintergrund, die in den Menschen wirkenden Kräfte und Strebungen an ihrem schöpferischen Quellpunkt zu erlauschen. Auf diese Weise erwarb er sich zusehends einen umfassenden Überblick und Durchblick durch die verschiedenen Zweige der Menschheitskultur, ohne je die naheliegenden und täglichen Aufgaben aus dem Auge zu verlieren oder zu vernachlässigen.

Als nun nach dem Weltkrieg alle Lehrer wieder in die Schulen zurückkamen und eine kontinuierliche Arbeit von Neuem möglich war und Eymann als Präsident der Schulkommission rasch mit ihnen in Kontakt kam, nahm er wahr, daß diese jungen Menschen, Lehrerinnen und Lehrer, durch die soziale Katastrophe des Weltkrieges innerlich aufgewühlt waren und zu Fragern und Suchern geworden waren. Zutiefst beunruhigt darüber, daß so etwas mitten im wissenschaftlich und technisch hochentwickelten Europa hatte ausbrechen können, wollten sie Auskunft haben, wo die Ursachen dieses Geschehens lagen und welche Mittel und Wege ergriffen werden könnten, um eine Wiederholung des Entsetzlichen zu vermeiden und an Stelle dessen eine neue und bessere Menschenkultur aufzubauen. Eymann selbst war auch ein solcher leidenschaftlicher Frager und Sucher und vom tragischen Kriegsgeschehen vielleicht am tiefsten erregt. Er begann mit den Lehrern seiner Gemeinde praktische Kulturarbeit zu leisten. Diese wuchs rasch an und breitete sich auch auf weitere Gemeinden aus. Auf die verschiedenen Interessensrichtungen eingehend, entstanden nach und nach verschiedene Gruppen: ein Collegium philosophicum, ein Collegium biologicum und ein Collegium musicum. Letzteres wurde noch durch Dorfbewohner ergänzt und erfaßte die ganze Lehrerschaft der weiteren Eggiwilgegend. Es wurden Werke von Schütz, Bach, Schubert und Brahms studiert und in Kirchenkonzerten aufgeführt. Es war ein völliges Novum, daß in einer Landkirche Bachkantaten erklangen und die damals noch ganz unbekannte Chormusik von Schütz gepflegt wurde. Im Collegium biologicum wurde Goethes Pflanzenmetamorphose und seine Farbenlehre in ihrer ganzen Versuchsreihe durchgenommen. Dazu wurde mikroskopiert und insbesondere der Ameisenstaat studiert, um hier den Unterschied von tierischem Staat und menschlichem Staat zu erkennen, was in die soziale Problematik hineingriff, die bei den Jungen ebenfalls auf großes Interesse stieß. An bedeutenden Dichtungen wie Goethes Faustdrama und anderen, sowie an philosophischen Schriften von Fichte und Pestalozzi kamen Schicksals- und Daseinsrätsel zur Sprache. Alles war befeuert und in selbstverständlicher Autorität geleitet und von immer neuen Anregungen gespeist von Pfarrer Eymann. Es war eine Volkshochschule im wahren Sinne, ohne Bürokratie und Finanzprobleme. Alles Nötige wurde gemeinsam selbst bestritten. Mit einem unermüdlichen Schwung stand Eymann mitten drin.

Das Kulturzentrum Eggiwil, wie es bewundernd genannt wurde, konnte nicht verborgen bleiben. 1924 wurde er als Religionslehrer an das staatliche Lehrerseminar gewählt und 1928 vertraute man ihm den extra neugeschaffenen Lehrstuhl für christliche Ethik an der Universität Bern an. Nach dieser Berufung gab er das Pfarramt auf und zog mit seiner Familie in die Nähe Berns. Fast gleichzeitig mit diesem Lehramt begann sich auch das dritte Arbeitsfeld zu öffnen: die öffentlichen Vorträge und Vortragszyklen, zu denen er von verschiedenen Seiten immer mehr aufgefordert wurde. Allenthalben spürte und erkannte man, daß Eymann etwas derart Bedeutendes zu geben habe wie sonst niemand neben und vor ihm im weiten Kanton Bern, daß seiner Stimme freies Wirken verschafft werden müsse.

1924, als Eymann seinen Unterricht am Seminar begann, hatte sich für ihn etwas zugetragen, das entscheidend wurde für die ganze zweite Hälfte seines Lebens. Eymann war Hörer in Rudolf Steiners pädagogischem Zyklus „Anthroposophische Pädagogik und ihre Voraussetzungen", den dieser in Bern hielt.

Eymann hatte kurz vorher die Lebensmitte überschritten. Nach anfänglicher skeptischer oder sogar ablehnender Haltung entschloß er sich nach diesen Vorträgen, das Werk Rudolf Steiners ernsthaft und gründlich zu studieren und auf seinen Wahrheitsgehalt sehr kritisch zu prüfen. Er setzte dafür mehrere Jahre ein. Das bedeutete nun bei einem Mann wie Eymann sehr viel. Ums Jahr 1928 war er so weit, daß er sich zum vollen Bewußtsein gebracht hatte, was mit dem „Ereignis" Rudolf Steiner, wie er sich später etwa ausdrückte, für die gegenwärtige und zukünftige Menschheitskultur in einem neuen und heilsamen Sinne geschehen war und nun als Aufgabe vorlag. Er konnte jetzt mit innerer Sicherheit und abgeklärter Ruhe nach außen vertreten, was er aus dem Studium der Anthroposophie als selbständig erworbene Einsichten gewonnen hatte, denn er erprobte selbst mit Kraft und Konsequenz den Schulungsweg, den Rudolf Steiner beschrieben hat in dem Buch „Wie erlangt man Erkenntnisse höherer Welten". Was bei ihm vorausgegangen war, erweist sich im Gesamtbild seines Lebens wie ein gewaltiges Präludium, das nun in der zweiten Lebenshälfte mit zunehmender Verbindung mit dem Geistimpuls der Anthroposophie zur sinngemäßen Fuge sich steigerte. Deren Thema war *der Mensch,* sein Ursprung in paradiesischen Urzeiten, seine Verstrickung mit dem Bösen, sein Niederstieg in die Tiefen der irdischen Verfestigung und Finsternis und die Wiedergewinnung der gottdurchwirkten Geistwelt durch einen sehr langen Erziehungs- und Selbsterziehungs-Stufengang der Befreiung im Zeichen des Christusereignisses.

Es war also die Begegnung mit Rudolf Steiner und die daran sich anschließende Studienarbeit, die er bis ans Lebensende fortsetzte, nicht etwas, was ihm wie von außen zustieß und ihn nun veranlaßt hätte, einen ganz anderen Weg einzuschlagen, sondern vielmehr die unmittelbare Fortsetzung des Weges, den er schon immer gegangen war, wobei er jetzt aber eine größere Bewußtheit erlangte, seine vielen Fragen eine Antwort fanden und seine bisherigen Ahnungen, Vermutungen und Erkenntnisse eine Bestätigung, Kräftigung und eine ungeahnte Erweiterung und Vertiefung erfuhren.

In seinem Seminarunterricht verstand Eymann, die jungen Menschen zur Selbsterkenntnis, Selbsterziehung und Selbstverwirklichung zu erwecken, indem er sie alle einzeln ernst zu nehmen versuchte. Sie spürten dieses Ernstgenommenwerden, gewahrten die große geistige Spannweite ihres Lehrers, der auf alle ihre Fragen konkret einzugehen verstand. Das gab ihnen Lebensmut und Begeisterung,

Erkenntnis- und Tatendrang. Die Religionsstunden überstrahlten an Positivität den ganzen übrigen Seminarunterricht. Es kam vor, daß ganze Klassen mehr Religionsstunden verlangten. Ein Kollege dieses Faches sagte aus: „Es dürfte in der Welt einzig dastehen, daß ein Religionslehrer junge Menschen im Entwicklungsalter derart beeindrucken kann, daß sie um Vermehrung der Religionsstunden bitten."

Unvergeßlich blieb den jungen Lehrern, wenn Eymann am Schluß der Seminarbildung das Bild des Lehrers entwarf, wie er im Bewußtsein der großen Verantwortung gegenüber den Kindern unablässig an sich selbst arbeitet, wie er den Unterrichtsstoff so lange mit Bewußtsein durchdringt, bis er souverän darüber verfügt und ihn frei und lebendig gestalten kann, wie er auf alles achtet, was in den Kindern vorgeht und einen guten Kontakt mit den Eltern sucht, um die Kinder noch besser zu verstehen, wie er nichts unterläßt, um sich dauernd weiterzubilden, um seiner enorm wichtigen Aufgabe immer besser zu genügen und sein Tun und Lassen den Entwicklungsstufen der Kinder immer intimer anzupassen. Am Schluß solcher Ausführungen erklang dann etwa der Satz: „Es gibt keine großartigere Aufgabe, als ein Menschenkind in seiner Entwicklung und Menschwerdung liebend und verstehend zu begleiten und ihm helfend eine Handreichung zu bieten in einer entsprechenden unterrichtlichen Erziehung."

Zu den eigenartigen, ungesuchten Fügungen im Lebensgang Eymanns gehörte es, daß in der ersten Seminarklasse ein Schüler saß, der von Eymanns Religionsunterricht dermaßen gepackt und begeistert war, daß er sich entschloß, nach Seminaraustritt 1926 in Eymanns Pfarrgemeinde als Lehrer zu wirken und dort auch prompt gewählt wurde, um weiterhin Eymanns Schüler zu sein. Es war *Max Leist*. Ähnlich seinem großen Lehrer war auch er vielseitig begabt und von lebhaften Interessen erfüllt. Nach anfänglichen Krisen, die ihm die Notwendigkeit einer Erweiterung und Vertiefung seiner Erzieherverantwortung und Unterrichtsvorbereitung klar machten, stieß er auf Rudolf Steiners „Philosophie der Freiheit". Damit begann auch eine intensive Zusammenarbeit und Freundschaft mit Eymann. Die Fülle der konkreten Anregungen Rudolf Steiners für alle Seiten von Unterricht und Erziehung erweckten in ihm in kurzer Zeit eine grenzenlose Arbeitslust. Mit jugendlicher Begeisterung und einer produktiven Phantasie begann er unverzüglich viele der praktischen Hinweise Rudolf Steiners in seiner Schulstube zu erproben. Mit genialer Beobachtungs- und Einfühlungsgabe erfuhr er ihre überraschende Fruchtbarkeit und ihre menschenkundliche Richtigkeit. Er machte selbst dauernd neue Entdeckungen bei seinen Bauernkindern und sah neue Möglichkeiten, die Unterrichtsstoffe derart zu verwandeln, daß sie dem Kindeswesen entsprechen konnten und in ihm Kräfte weckten und Interesse und erfreuliche Leistungen zeitigten. In allen Unterrichtsfächern schlug er neue originelle Wege ein und steigerte das Leben seiner Klasse durch künstlerische Tätigkeiten verschiedenster Art: Malen, Plastizieren, schön geformtes Holzhandwerk, Singen, Musizieren und dramatisches Spiel bekamen ein ungewohnt größeres Gewicht in seinem Stundenplan. Manches hiezu Notwendige wie Werkzeuge oder Musikinstrumente kaufte er den Kindern aus eigenem Geld. Bei allem solchen Tun fand er die innere Ruhe und Wachheit, um an den Kindern zu beobachten, wie sie sich äußern, was sie erleben, welche Veränderungen sich zeigten. Sein Einsatz für die Schule war total. Dieser pädagogischen Aktivität sah Eymann äußerst interessiert und erfreut zu. Mit Aufmunterungen und Hinweisen sparte er nicht. Hier war es ja mit Händen zu greifen, was Rudolf Steiner 1924 im Berner Kurs gesagt hatte, daß diese Art von Pädagogik in jede Art von Schule durch den einzelnen Lehrer hineingetragen werden könne, da sie nichts Anderes erstrebe, als die bestmögliche Methode zur Förderung und Entfaltung der rein menschlichen Kräfte und Anlagen in jedem einzelnen Kinde. Gerade mit dieser Frage saß er ja damals in den Vorträgen Rudolf Steiners. Wie schon dargestellt, wuchs sich dann die rein pädagogische Frage rasch auf die ganze Anthroposophie aus zu einer neuen Grundlegung der ganzen menschlichen Existenz.

Nun war hier ein Lehrer, Max Leist, der als erster die Anthroposophische Pädagogik in der Staatsschule zu verwirklichen versuchte. Durch diese Pionierarbeit wurden von Jahr zu Jahr immer mehr auch andere junge Lehrer angeregt, ein Gleiches zu wagen. Eymann regte Leist an, seine Erfahrungen und Beobachtungen schriftlich zu formulieren, und so erschienen in der von Curt Englert 1927 in Zürich begründeten anthroposophisch-pädagogischen Zeitschrift „Die Menschenschule" verschiedene Aufsätze über seine Unterrichtsversuche, welche zu weiterer Anregung unter den jungen Eymann-Schülern beitrugen. Es entwickelte sich daraus ab ungefähr 1930 eine ganze pädagogische Bewegung in den deutschsprachigen Teilen des Kantons Bern. Was im kleinen Kreis der Gemeinde Eggiwil entstanden war, dehnte sich jetzt auf den ganzen Kanton aus, und Eymann wurde überallhin gerufen als Vortragender. Es bildeten sich Studiengruppen in Biel, Thun, Bönigen, Meiringen, Langnau, Herzogenbuchsee, Ursenbach, Bern und einer Reihe weiterer Orte. Es wurden nach einer gewissen Zeit des Wachsens zentrale pädagogische Tagungen in Bern veranstaltet, an denen die beiden führenden Männer Eymann und Leist als Redner wirkten und jedesmal zu neuer Intensivierung der Arbeit mächtig anregten. Die Arbeit war sehr vielfältig, denn jeder einzelne war aktiv geworden:

Hier einer, der die Werke Hegels zu studieren begann, dort einer, der sich alle Orgelwerke Bachs erarbeitete, ein anderer, der die Osteologie Goethes an konkreten Tierskeletten erforschte, dann ihrer zwei, die alle Beethoven-Symphonien vierhändig übten und an Studienabenden mit Eymann vorspielten, andere zwei, die alle neun Symphonien von Bruckner vierhändig zum Vorspielen im Freundeskreis durch Jahre hindurch erarbeiteten. In kleinen Gruppen war Goethes Farbenlehre und Pflanzenmetamorphose, Rudolf Steiners „Philosophie der Freiheit" und Pestalozzis „Nachforschungen über den Gang der Natur in der Entwicklung des Menschengeschlechts" das Thema. Auch Rudolf Steiners „Kernpunkte der sozialen Frage" und der „Nationalökonomische Kurs" wurden durchgearbeitet. Das ist nur eine kleine Auswahl der durch Eymann impulsierten Kulturarbeit. Man darf sagen, der Kanton Bern sei zu einem geistigen Werkplatz geworden. Alles geschah in voller Freiheit mit einem von Begeisterung genährten Eifer, ohne äußere Veranlassung und winkendem Lohn.

Die Zusammenarbeit zwischen Eymann und Leist setzte sich auch nach Eymanns Wegzug aus Eggiwil fort. 1936 trug sie eine bedeutende Frucht in Form einer 90seitigen Schrift: *„Anthroposophische Pädagogik und Staatsschule"*, in der sie Rechenschaft ablegen wollten über ihren Versuch und dessen philosophisch-pädagogisch-menschenkundliche Begründung.

In deren Eingangskapiteln lesen wir: „Beide in der staatlichen Schulaufgabe tätig, der eine seit mehr als einem Jahrzehnt an der staatlichen Lehrerbildung mitbeteiligt, der andere fast ebenso lang in der bernischen Landpraxis drinnen stehend, glaubten sie es sich schuldig zu sein, in dieser Form einen ersten und vorläufigen, aber möglichst entschiedenen Hinweis zu geben, *daß auch der Staatsschule eine geistige Hilfe* in der *anthroposophischen Pädagogik* angeboten ist. Sie glaubten voraussetzen zu können, daß es auch innerhalb der Staatsschule noch vereinzelte Persönlichkeiten gibt, die Sinn haben für die Tatsache, daß die Schule, auch dort wo sie vom Staat getragen wird, eine rein menschliche Angelegenheit ist und daß sie ... angewiesen ist auf Erkenntnisse der geistigen Grundlagen, die mit der Erziehung des Kindes zum Menschen gefordert sind. Die Verfasser könnten es nicht verantworten, um eine große Hilfe in der Gegenwart gewußt und geschwiegen zu haben. Pestalozzi war ein wahres Bild vom Menschen geschenkt worden. Wir müssen es uns heute wieder erringen. Die Voraussetzungen dazu sind gegeben durch die Anthroposophische Menschenkunde. Alle, die darum wissen, haben die Pflicht, dies immer lauter zu sagen."

Eymanns Wirken in den immer weiter sich ausbreitenden Lebenszusammenhängen war überall ein erstaunlich starkes Wachsen, Gedeihen und Blühen beschieden. Und die Art und Weise dieses Wirkens, nämlich durch das gesprochene Wort von Mensch zu Mensch und zu Menschengruppen, die ihn immer wieder hören wollten, und zu den Schülern an Seminar und Hochschule, war einzigartig und ist ohne Beispiel in der ganzen bernischen und schweizerischen Geistesgeschichte. Aber diesem hellen Faktum steht ein dunkler Kontrapunkt gegenüber. Die über alles geliebte Gattin starb ihm mit 33 Jahren von vier unmündigen Kindern weg. Einer seiner vielversprechendsten und liebsten Schüler starb ebenfalls mit 33 Jahren. Die älteste Tochter, die ihm wegen ihrer Reife und Charakteranlage am nächsten stand, starb durch Krankheit im blühenden Alter von 29 Jahren. Zwei seiner stärksten Freunde und Mitkämpfer für die Sache der Anthroposophie, Roman Boos und Curt Englert, starben vorzeitig, mitten aus ihrem arbeitsintensiven Leben heraus. Und Marie Steiner, deren Mitarbeiter Eymann geworden war in der Herausgabe von Werken Rudolf Steiners und in der Tätigkeit ihrer Sektion für musische Künste am Goetheanum, starb hochbetagt 1948, eine noch aussichtsreiche Zusammenarbeit abbrechend.

Eine ganz andere dunkle Strähne brach in sein Wirken ein durch die Feindschaft gegen Rudolf Steiner und dessen Werk von seiten kirchlich-religiöser und politisch-staatlicher Kreise. Infolge der unseligen Verquickung von Staat und Kirche im Kanton Bern konnte die unaufhörliche Hetze gegen den „anthroposophischen" Religionslehrer und dessen „unevangelische" Lehre es so weit bringen, daß die staatlichen Behörden, denen die Wahl der Seminarlehrer oblag, es mit der Angst zu tun bekamen – es wurde mit einem „Sturm aufs Seminar" gedroht – und die Regierung beschloß, Eymann als Religionslehrer am Seminar abzusetzen. Eine Empörungs- und Protestwelle durchlief hierauf den Kanton. Einer seiner ehemaligen Eggiwiler Lehrer, Mitglied des Parlamentes, reichte aus freien Stücken eine Motion ein, um eine Revision des Regierungsaktes zu verlangen, der als offenes Unrecht und großer Irrtum bezeichnet wurde. Die Motion wurde durch das Übergewicht der regierungstreuen bürgerlichen Parteien mit 2 : 1 Mehrheit abgelehnt und damit die Absetzung Eymanns sanktioniert.

Dabei blieb es jedoch nicht. Von Regierungsseite her wurde offen die Absicht ausgesprochen, binnen zweier Jahre die anthroposophisch orientierten Lehrer aus der bernischen Schule zu eliminieren. Eymann dachte keinen Moment daran, etwa nach Dornach „auszuwandern", wie es die Machthaber in Kirche und Staat gehofft hatten. Er blieb in Bern im Kreise seiner vielen Schüler und Freunde. Diese selbst blieben standhaft gegen alle Versuche der Schulinspektoren, ihre Stellung bei den Schulkommissionen der Gemeinden zu untergraben. Sie erwarben sich das Vertrauen der Eltern durch ihre hingebungsvolle Schularbeit und kulturelle Initiativen in der Gemeinde. Dank der Tatsache, daß die Lehrer durch die Gemeinde gewählt werden, wurde kein einziger der von oben diskriminierten Lehrer nicht wiedergewählt.

Eymann wich keinen Fuß breit von seiner pädagogischen Zielsetzung zurück und schrieb einem seiner Lehrerfreunde: „Wir haben die anthroposophische Pädagogik einem Staat als soziale Hilfe angeboten, was unsere Pflicht war, und dies ist für ihn Schicksal geworden. Wir werden nun von jetzt an alle Energie auf die stille Arbeit richten und die gegenseitige Förderung hierin. Auch gilt es, so viel wie möglich die Eltern für die Frage der Erziehung zu gewinnen und wo es geht, mit diesen zusammenzuarbeiten versuchen. Dies ist der reale und einzig wirksame Kampf gegen den Staat. Es kann eben alles, was wirklich christlich ist, also auch die anthroposophische Pädagogik, nur sauerteigartig wirken." Im Jahre 1939, das Jahr nach seiner Absetzung, hat Eymann seine Vortragstätigkeit durch gewichtigste Themen neu gesteigert: „Die geistigen Grundlagen des menschlichen Lebens", „Betrachtungen über das Matthäusevangelium", „Christentum und Anthroposophie", „Die Wiederverkörperung des Menschen".

Außerdem entwickelte er ganz neue Initiativen, um den entstandenen Situationen zu begegnen: Er gründete die Zeitschrift „Gegenwart", um dem freien Wort im Kampf gegen die Niedergangskräfte der Zeit ein Podium zu verschaffen. Gleichzeitig entstand aus der Mitarbeit von treuen Helfern der „Troxler-Verlag" in Bern, der nicht nur die Zeitschrift herausgab, sondern in pausenloser Folge verschiedenste Bücher und Schriften zur Anthroposophie, Philosophie, Theologie, Geotheanistischen Naturforschung, soziale Dreigliederung und Schriften über unterrichtliche Gegenstände für die pädagogische Praxis. Zu nennen wären mehrere Vortragszyklen von Rudolf Steiner, die Schriftenreihe „Zur Soziologie der Freiheit" von Eymann, Boos und Rudolf Saurer, die Neuauflage der zwei Hauptwerke von Troxler: Vorlesungen über Philosophie 1835, Naturlehre des menschlichen Erkennens 1828 die drei Bände von Hermann v. Baravalle über „Physik als reine Phänomenologie", die drei Hefte über „Das Geometrische im menschlichen Skelett" von Werner Schüpbach, die Reihe der Legenden- und Märchendichtungen von Jakob Streit und vieles andere mehr. In unermüdlicher Treue besorgte Dorothea Münger von Bern die ganze Arbeit der Administration und des Verkaufs sowohl für die Zeitschrift „Gegenwart" wie für den Troxler-Verlag weit über Eymanns Tod hinaus bis zu ihrem eigenen Ableben im Jahre 1979. Zur Begründung der Zeitschrift „Gegenwart" schrieb Eymann: „Den Finsternissen der Gegenwart reines Menschentum abzuringen, all den verödenden, aushöhlenden Tendenzen die Idee einer dem Wesen des Menschen gemäßen Volks- und Jugenderziehung entgegenzustellen, den Sinn für individuelle Freiheit zu wecken und zu stärken und in diesem Zusammenhang Verständnis zu schaffen für die große kulturelle Aufgabe der Schweiz in der Gegenwart, den Boden vorzubereiten für ein geistgemäßes Christentum, das zusammenfällt mit dem Rein-Menschlichen, aufmerksam zu machen auf die Gefahren der Verstaatlichung des Menschen und die Verkirchlichung des Christentums, um so, was in der Gegenwart aufs äußerste bedroht ist, einem freien Geistesleben als Grundlage einer gesunden Kultur, nach Kräften vorzuarbeiten, diese Aufgabe stellen sich einige Männer aus dem Bernbiet (bernischen Gebiet) in dieser Zeitschrift."

Einen Monat nach dem Abschluß seiner Lehrtätigkeit am Seminar begann er eine monatliche Folge von öffentlichen pädagogischen Tagungen in Bern im Raum der offiziellen Berner Schulwarte ganztägig jeweils an Sonntagen. Jedes Mal wurde ein bestimmtes Fach zur eingehenden Behandlung aufgegriffen und von Eymann und Leist und nach und nach auch von weiteren Mitgliedern der Bewegung dargestellt. Durch die vielen Militärdienste während des Zweiten Weltkrieges wurde die Arbeit sehr erschwert, und trotzdem waren die Tagungen immer gut besucht. Es war ein Wille zum Durchhalten am Werk. Eymann gab allen das unverwüstliche Beispiel. Und mitten im Krieg, anfangs 1942, schlossen die Lehrer und Lehrerinnen der im ganzen Kanton verstreuten kleinen Gruppen sich zu einem Schutz- und Trutzbündnis zusammen, indem sie mit Eymann zusammen die

„Freie Pädagogische Vereinigung des Kantons Bern“ konstituierten, um der Bewegung noch mehr Entschiedenheit und Kraft zu geben. Ihre Hauptaufgabe sah sie in der Erarbeitung der anthroposophischen Menschenkunde und die Ausgestaltung aller unterrichtlichen Themen, wie überhaupt die allseitige Weiterbildung ihrer Mitglieder auf der Grundlage der anthroposophischen Pädagogik, wie auch Gelegenheit zu schaffen, daß neue junge Menschen diesen Impuls kennenlernen können. Seit 1948 wird in diesem Sinne jeden Herbst eine Arbeits- und Studienwoche zur Einführung in Idee und Praxis der neuen Pädagogik durchgeführt. Im Staat waren unterdessen andere Menschen in die Ämter gekommen und niemand sprach mehr von Eliminierung der Eymann-Schüler. Bei Gelegenheit einer Lehrplanrevision wurde der Präsident der Freien Pädagogischen Vereinigung in die Kommission gewählt und bekam die Möglichkeit, z. B. dem wichtigen Anliegen des Epochenunterrichtes zum Durchbruch zu verhelfen. Der enge Platz des Buches verbietet es, die ganze Entwicklung der von Eymann geführten Bewegung darzustellen. Es genügt zu erwähnen, daß 1946 in Bern eine Rudolf-Steiner-Schule als Frucht der Eymann-Bewegung gegründet wurde und daß ab 1970 in Biel, Spiez, Langenthal und Langnau weitere Schulen im Kanton Bern entstanden sind unter Mitarbeit von Kollegen der Berner Schule und der Freien Pädagogischen Vereinigung, nicht zu reden von den Schulgründungen in Genf, Lausanne, Lugano, Solothurn und Aargau, bei denen auch Berner Freunde mitgewirkt haben. Eymanns Kampf und vollmenschlichen Einsatz muß man betrachten vor dem Hintergrund der europäischen Ereignisse, die in den dreißiger Jahren unaufhaltsam zum Zweiten Weltkrieg hinsteuerten. Für ihn war schon 1933 klar, daß die Machtergreifung Hitlers zu einer großen Katastrophe führen werde. Weil auch in der Schweiz faschistisch-totalitäre Tendenzen am Werk waren, wollte er alles dran setzen, den Freiraum, den die Schweiz noch darstellte, zu nutzen, auf daß die Befreiung der Schule von der staatlichen Bürokratie und die volle Geistesfreiheit in der Kirche Wirklichkeit werde, beides um einem Weiterwirken des Christusimpulses freie Bahn zu schaffen und dem totalen Staat bewußt Widerstand zu bieten, wohl wissend, daß er das radikale Gegenteil des totalen Staates anstrebe. Er sah immer deutlicher, daß das, was er mit vielen anderen als Ziel sah: die umfassende geisteswissenschaftliche Erfassung des Menschenwesens als Grundlage für alles andere, vorläufig nur ganz anfänglichen Charakter haben könne und nur von wenigen einzelnen zur Lebenswirklichkeit heranreifen könne, welche „wie Missionare im Urwald alle Brücken nach hinten abgebrochen haben, mutig und unentwegt den ungeheuerlichsten Schwierigkeiten Trotz bietend, sich in einer bescheidenen Schulstube ein kleines Territorium freien Geisteslebens erkämpfend und durch keine Mißerfolge sich entmutigen lassend, um sich allmählich die Bewußtseinskräfte zu erringen, welche notwendig sind, um das Wesen und die Entwicklungsstufen der Kinder zu gewahren und den Forderungen zu genügen, welche das Kind als werdender Mensch an sie stellt. Er sah eine zukünftige Kultur ganz auf die Idee der Erziehung zentriert, wie sie einmal kommen muß und kommen wird. Darum konnte er im Pestalozzi-Jahr 1946 sagen: „Noch ist das Zeitalter der Erziehung auf dem Grunde eines freien Geisteslebens nicht angebrochen. Aber damit es jemals anbrechen kann, dazu müssen Pioniere vorangehen und ihm den Weg bereiten. Kein Einsatz ist zu hoch, kein Opfer zu groß, daß sie nicht gerechtfertigt wären durch die Größe, Erhabenheit und Schönheit der Aufgabe."

Gewiß dachte er dabei an Pestalozzi, Troxler und Rudolf Steiner. Aber im Grunde hat er mit diesen Worten auch sich selbst charakterisiert.

Zum Schluß ist noch ein Hinweis auf die Gestalt Troxlers notwendig, denn dieser Mann steht sowohl mit Eymann und Bern wie auch mit Wien in besonders enger Beziehung. Nach seinem Medizin- und Philosophiestudium in Jena wählte Troxler Wien als ersten Wirkensort, gewann dort die Freundschaft Beethovens und schrieb seine ersten medizinischen und naturphilosophischen Schriften in seinen 6 Wiener Jahren. Es waren alles vorbereitende Stufen zu seinem ersten bedeutenden Wurf: „Blicke in das Wesen des Menschen", die nach seiner Rückkehr in die Schweiz erschienen. Die zwei späteren Hauptwerke, von Eymann neu herausgegeben, enthalten schon eine Sicht des Menschen, die er selbst als *Anthroposophie* bezeichnete, in der er den Menschen in seiner Totalität der Viergliederung erfaßt als Geist, Seele, Leib und Körper. Damit wurde er zum Vorverkünder der Anthroposophie. Während seiner 19 Jahre Professur der Philosophie an der Universität Bern hat er dort als erster eine Anthroposophie gelehrt, sodaß sich Eymann als sein Fortsetzer verstand. Auch in den pädagogischen Ansichten stimmten die beiden überein. Auch Troxler verlangte eine von Staat und Kirche unabhängige freie Schule, die er schon praktisch verwirklichte. Auch Troxler wurde wie Eymann aus fruchtbarster Lehrtätigkeit abgesetzt und anschließend von begeisterter Schülerschar mutig gegen die Regierung verteidigt. Nachdem Troxler lange Zeit vergessen war, war es Rudolf Steiner, der neu auf ihn aufmerksam machte und einen seiner begeisterten Schüler – Hans Erhard Lauer – veranlaßte, die „Blicke in das Wesen des Menschen" mit großer Einleitung neu herauszugeben. Lauer schrieb auch seine Doktor-Dissertation über Troxler, hatte aber damit in Deutschland keinen Erfolg, worauf er sie anläßlich des großen West-Ost-Kongresses von Rudolf Steiner 1922 in Wien der Universität Wien anbot und akzeptiert wurde. Eymann hat Troxler, angeregt von Steiner und Lauer, sehr genau studiert, sodaß er wie ein Freund in ihm lebte, und es war daher tief begründet, daß sein Verlag den Namen Troxler erhielt. Damit ist aber auch der interessante Zusammenhang Troxlers und damit Eymanns mit Wien dokumentiert.

Kapitel 4

Kurt Brotbeck

VOM MÜHSAMEN RINGEN DES ABENDLANDES UM EINE MENSCHENGEMÄSSE BILDUNG UND ERZIEHUNG

Wenn von der Waldorfpädagogik gesprochen werden soll, dann lohnt es sich, den Gesichtskreis etwas weiter zu ziehen und sich die Frage zu stellen: Wie steht diese Pädagogik im Strom des zweitausendjährigen Bemühens um ein menschen- und zeitgemäßes Bildungsstreben. Fassen wir zunächst die jüngste Vergangenheit ins Auge.

DER SPUTNIK-SCHOCK UND SEINE FOLGEN

Als die Russen im Jahre 1957 den ersten Sputnik in die Atmosphäre schossen, ahnten sie sicher nicht, daß sie damit den Startschuß zu einer weitreichenden und tiefgreifenden Bildungsrevolution im Westen Europas und in den Vereinigten Staaten auslösten, einer Revolution, die alsdann auf den ganzen übrigen, nicht-kommunistischen Planeten ausstrahlte. Und doch war dem so.
Im Westen wirkte der Vorsprung Rußlands im Bereich der Weltraumforschung und -erschließung niederschmetternd und aufrüttelnd zugleich. Der Schock, den das künstliche Gestirn am Himmel zeitigte, riß den Westen aus dem „dogmatischen Schlummer" seines Überlegenheitswahns und ließ ihn erkennen: Die Russen sind uns voraus. Wir sind stehengeblieben. Man suchte nach Sündenböcken und fand sie – bei unseren Schulen. Unsere Schulmethoden und Schulziele sind veraltet, hieß es. Es ist Zeit, unser Schulwesen von seinem romantischen Beiwerk zu befreien und den Unterricht auf eine streng wissenschaftliche Grundlage zu stellen. In den Vereinigten Staaten begann man, die Lehrmethoden ganz neu zu erforschen – wir kommen noch darauf zu sprechen – in der Bundesrepublik Deutschland erschien die Artikelfolge von Georg Picht über „die deutsche Bildungskatastrophe", in der es hieß, die Bundesrepublik sei in ihrer wirtschaftlichen Konkurrenzfähigkeit bedroht, das Land müsse sich zu höchster Anstrengung aufraffen, um „in jenem Leistungswettbewerb nicht zurückzustehen, der das Gesicht der heutigen Welt bestimmt". „Wir brauchen ein Notstandsprogramm ... Es müssen im Zeitraum von zehn Jahren rund 300.000 neue Lehrer aller Schularten ausgebildet werden."
Solche und ähnliche Töne wurden überall im Westen laut. In einem Leitfaden zum reformierten Mathematikunterricht der OECD hieß es zum Beispiel: „Die höhere Wachstumsrate bedingt eine gesteigerte Nachfrage nach Fachkräften, die aber nur über Schulen herangebildet werden können. Bildung wird nicht mehr so

sehr begriffen als die Erziehung des Menschen zur Persönlichkeit, sondern Bildung wird neben den herkömmlichen Aufwendungen an Arbeit und Kapital als ein wesentlicher, wenn nicht sogar als der entscheidende Produktionsfaktor (third factor) angesehen, der wirtschaftliches Wachstum in dem verlangten Ausmaß überhaupt erst ermöglicht. Es gibt, für uns neu und erregend, auf einmal so etwas wie eine Planwirtschaft der Bildung mit dem Ziel, das Arbeitskräftepotential (the human manpower) bereitzustellen, das eine moderne, hochentwickelte Wirtschaft verlangt."
Was fällt uns an solchen Äußerungen auf? Die Schule erhält eine ganz neue Motivation. Der personbezogene Ansatz, den die abendländische Erziehungs- und Bildungsarbeit seit zweitausend Jahren befolgt hat, wird preisgegeben. An die Stelle der Persönlichkeitsbildung, der Erziehung zum Menschen, wie sie von Plato bis zu Pestalozzi, Wilhelm von Humboldt u. v. a. immer gegolten hat, tritt die fach- und wirtschaftsorientierte Berufsbildung. Im Hintergrund aber steht immer wieder, mehr oder weniger offen deklariert, das Kampfbewußtsein. Wirtschaft ist ein Kampffeld, die Politik ist ein Kampffeld, das Militärwesen dient nur dem Kampf, und nun wird – deutlicher denn je – auch die Schule zur Vorschule für das breit angelegte Kampffeld unserer Gesellschaft. Hinter dieser Zielsetzung sind – wie wir noch sehen – ganz bestimmte menschenkundliche Ansätze verborgen, die den Bildungsauftrag der Gesellschaft pervertieren.

WIDER DIE RELIKTE DES FEUDALISMUS

Der Sputnik-Schock löste in der Folge zahlreiche Initiativen zur Reformierung unseres Schulwesens aus. Aus dem breiten Feld solcher Neuerungen greifen wir drei Modelle heraus. Sprechen wir zunächst über die *„Integriert-differenzierte Gesamtschule"*. Dieser Schultypus, der sich seit damals besonders stark in der Bundesrepublik, aber auch ansatzweise in der Schweiz und in Österreich entwikkelt hat, gründet auf sozialpolitischen Überlegungen. Man sei aufmerksam geworden – hieß es –, daß das dreigegliederte Schulsystem auf der ursprünglich feudalistischen Standesgesellschaft ruht. Es spiegelt in seiner Gliederung in Volksschule, Sekundar- oder Mittelschule und Gymnasium die Gliederung der herrschenden Gesellschaft in die arbeitende Unterschicht, die über eine Berufsbildung verfügende Mittelschicht und die akademisch gebildete Oberschicht. Da nun aber das schichtspezifische Bildungsklima im Familienhaus den Aufstieg aus einer unteren Sozialschicht in eine höhere kaum gestattet, neigt das herkömmliche Schulsystem dazu, die herrschenden Verhältnisse immer wieder zu tradieren, zu reproduzieren. Unterschichtkinder werden Unterschicht-Erwachsene, Mittelschichtkinder werden als Berufsleute, Beamte, Angestellte folgerichtigerweise Mittelschicht-Erwachsene, und nur die Oberschichtkinder werden mit ihren besseren schichtspezifischen Start- und Aufstiegsmöglichkeiten in die leitenden Stel-

len der Gesellschaft vorrücken. Das herrschende Schulsystem verewigt also die in der Gesellschaft herrschende soziale Ungleichheit.
Wir sind überzeugt, daß die Selektionsmechanismen unseres traditionellen Schulwesens viel Not, manche bittere Enttäuschung, oft tiefdringende Minderwertigkeitskomplexe erzeugen. Wir glauben auch, daß die Überwindung der in unser Schulwesen eingebauten Hürden und Barrieren eine dringende Forderung an ein menschen- und vor allem kinderfreundliches Schulwesen darstellt. Aus solchen Einsichten gelangte man auch zum Postulat: *Abschaffung der Selektion, alle Schulzüge unter ein Dach.*
Das große Wort der Stunde hieß: *Chancengleichheit.* Alle Kinder sollen im Rennen um Qualifikationen und Promotionen, mindestens am Start, die gleichen Chancen haben. Um diesen Forderungen zu entsprechen, sind die Gesamtschulen entstanden, welche alle Schulzüge unter einem Dach zusammenfassen und die größtmögliche Durchlässigkeit zwischen den einzelnen Schulzügen erlauben. Der Integration (Zusammenfassung) der drei Schulzüge wird eingeordnet die Differenzierung, welche den einzelnen Kindern erlaubt, entsprechend ihrem Auffassungsvermögen und ihrer Leistungsfähigkeit eine höhere oder tiefere Ausbildungsstufe zu wählen. Für die Schwächeren wird der *Lento*-Zug eingerichtet, für die Mittelbegabten der *Moderato*-Zug und für die Begabtesten der *Accelerato*-Zug. (Felix Cube, „Gesamtschule – aber wie?“) Und da erscheint nun das alte System, das man überwinden wollte, in neuem Gewande wieder: Alter Wein in neuen Schläuchen! Denn um zu bestimmen, in welchen Zug ein Schüler einsteigen kann, braucht es Noten, Prüfungen, Qualifikationen, Klausuren usw. Die Gesamtschule hat zwar die äußeren Formen und Namen geändert, nicht aber das Wesen und Wesentliche der Bildungspraxis. Wir werden bei der Waldorfschule sehen, wie ganz anders man eine Gesamtschule im wahren Sinne des Wortes, nämlich im Sinne einer Integration aller Begabungen und Talente, betreiben kann.

DIE SCHULE ALS RENNBAHN

Eine andere pädagogische Reformströmung zielte nicht auf Strukturveränderungen des Schulsystems, sondern auf eine Verbesserung der Unterrichtsweise. Wir meinen die *Curriculumsforschung.* Curriculum bedeutet Lauf, Wettlauf, Umlauf, Rennwagen, aber auch Rennbahn. Der Bildungsforscher gab dem Wort einen weiteren Sinn: *Lehrplan.* Genauer: den Plan jener Posten, welche der Läufer (hier der Schüler) auf der Rennbahn „Schule“ anzulaufen hat. Als Triebkraft der Curriculumsforschung wurde die Forderung nach Wissenschaftlichkeit der Bildungsarbeit genannt. Wissenschaftlichkeit aber wird von Karl Frey, dem Leiter der „Freiburger Arbeitsgruppe für Lehrplanforschung“ mit folgenden Worten umschrieben: Man habe begonnen, „die Schule unter ökonomischen Ge-

sichtspunkten als ‚Produktionseinheit' zu berücksichtigen, weil die Schule im andern Falle ein unbestimmtes Element im wirtschaftlichen Gesamtgefüge geworden wäre". Man staunt! „Wissenschaftlichkeit" besteht nicht darin, neue Erkenntnisse über den Menschen und die erzieherischen und bildenden Maßnahmen zu suchen, sondern sie besteht darin, der Schule ihren Platz als Produktionseinheit im Wirtschaftskampf anzuweisen und zu sichern.
Die Curriculumspädagogik ging nun daran, den Unterrichtsgang in einem entsprechenden Fach in kleine Lerneinheiten, Lernschritte zu gliedern, die jederzeit wieder kontrolliert und quantifiziert werden können. Der Lernstoff soll meßbar gemacht werden. Das führte zu einem manchmal komisch wirkenden Drang, überall Zahlen einzusetzen: Der Schüler einer dritten Klasse kann zum Beispiel „in 3 Minuten 15 zwei- bis dreisilbige Worte richtig trennen" (Wörter sollte es zwar heißen.) „Er kann innerhalb 15 Minuten 10 gegebene regelmäßige Adjektive steigern." Und so weiter. Man erkennt den additiven, aneinanderreihenden Charakter der Lernziele, die einseitige Betonung des intellektuell Faßbaren; man ahnt vielleicht auch etwas von dem Gespensterhaften, Unwirklichen solcher Curricula, die Schreibtischatmosphäre, die sie hervorgebracht hat. Vor allem fällt uns auch hier die sträfliche Mißachtung der subtilen Lernprozesse auf, die jedem menschenformenden Unterricht zugrunde liegen sollten.

SCHULE ALS INSTRUMENT DER GESELLSCHAFTSVERÄNDERUNG

Die dritte Strömung, der wir uns hier nur ganz kurz zuwenden können, die „Neue Linke" oder „Linkslinke" wird getragen von jenen Kräften, die an der Industriegesellschaft leiden. Diese Menschen empfinden die Ohnmacht des einzelnen in den großen Organisationen, das Eingeengtsein in Sachzwänge, das Verwaltet-Werden durch eine anonyme Bürokratie, den tötenden Leistungszwang. Sie möchten darum den Menschen zu „wahrhafter Selbstbestimmung" führen und die Schule „in den Dienst gesellschaftlicher Ziele" stellen: „Erziehung zum Sozialismus" ist „Aufhebung der Ausbeutung des Menschen durch den Menschen". Diese radikale Richtung spricht viel von „kritischer Rationalität", „Vernünftigkeit", „Mündigkeit", Fähigkeit zur „Selbstbestimmung" und „Selbstverwirklichung", „allseitiger Entfaltung der individuellen Möglichkeiten", Bewußtsein des „Rechts auf individuelles Glück". „Emanzipation" ist ein oft gehörtes Schlagwort. Der Mensch soll ein „emanzipiertes Individuum" sein mit der „Bereitschaft zum Widerstand". Diese schönen Begriffe aus dem Wortschatz der humanistischen Pädagogik stehen nun aber ganz im Dienst einer totalen Gesellschaftskritik. Die „emanzipierte Persönlichkeit" ist der Mensch, „der sich innerlich von allen Bindungen an die ‚spätkapitalistische' Gesellschaft und ihrer Institutionen befreit hat. Es ist das negative Ideal eines Menschen, der mit jeglicher Tradition gebrochen hat, der die in seiner Gesellschaft geltenden Wertungen und

Normen ablehnt, der sich jeder Verpflichtung entzieht, die von den herrschenden Autoritäten ausgeht. Es ist die Haltung der ‚absoluten Weigerung‘.“ Hinter den schön klingenden Worten „Mündigkeit“, „Selbstverwirklichung“, verbirgt sich der Aufruf zum Widerstand, zum Kampf gegen die herrschende Ordnung. Die Schule wird zur Pflanzstätte der Gesellschaftsfeindlichkeit und der Aggressivität. Ein wichtiges Mittel, die Emanzipation des kritischen Individuums zu fördern, besteht darin, daß schon im Kindesalter die freie sexuelle Betätigung gefördert wird. Man behauptet, es bestehe ein enger Zusammenhang zwischen der autoritären Gesellschaftsstruktur und dem Verbot sexueller Betätigung im Jugendalter. „Wer sexuelle Enthaltsamkeit fordere, der fordere ‚in direkter Folge auch politische Enthaltsamkeit – denn eines gehört logisch zum andern‘. Die Ideologie der sexuellen Befreiung hat ... sogar zu der Forderung geführt: ‚Die Schule hat das Lernen der (geschlechtlichen) Liebe zu ihrer wichtigsten sozialpädagogischen Aufgabe zu machen.‘ Zu diesem Zweck sollen Räume geschaffen werden, ‚in denen die Kinder beider Geschlechter unkontrolliert verweilen können und die Möglichkeit erotischer Kommunikation besitzen‘.“ (Wolfgang Brezinka, „Die Pädagogik der Neuen Linken“). Die an sich berechtigte Forderung nach „Emanzipation“ der „Persönlichkeit“ schießt mit der Empfehlung ungehemmter sexueller Betätigung im Jugendalter weit über das Ziel hinaus. Wer einem ungehemmten Sich-gehen-Lassen das Wort redet, verkennt all das Zarte, Verhaltene, was als Schamgefühl die Seele des Jugendlichen in der Phase der Pubertät zurückhält vor einer zu frühen geschlechtlichen Hingabe. Der junge Mensch wird in ein Verhalten hineingedrängt, das ihn so stark in das Leiblich-Triebhafte hineinpreßt, daß er seelisch-geistig nicht voll ausreifen kann. Dadurch aber wird er in seiner personalen Entfaltung zurückgehalten. Die Neue Linke verkennt die positive Bedeutung des Adoleszenzalters, und sie mißbraucht die freigewordenen Kräfte aus dem verbreiteten Mißverständnis, der Mensch sei mit dem Eintritt der Geschlechtsreife genauso am Ende seiner Entwicklung angelangt wie das Tier. Es wird verkannt, daß zwischen Geschlechtsreife und Ehereife die persönlichkeitsbildende Phase der Schulung liegt, eine Phase, die ganz auszunützen jedem Menschen gegönnt sein müßte.

AUF WELCHEN SÄULEN RUHT UNSER BILDUNGSWESEN?

Die dargestellten Reformtendenzen – die Gesamtschule, die Curriculums-Pädagogik und die Schule der Neuen Linken – ruhen alle auf dem Wissenschaftsgeist unseres Jahrhunderts mit seinem Glauben an die Machbarkeit aller Dinge, an die Technifizierbarkeit all unseres Tuns, auch des pädagogischen, und an die weitgehende Bestimmbarkeit des Menschen. Dieser Geist aber ist getragen von jener Wende, welche das Bewußtsein des Menschen während der Renaissance vollzogen hat. Während das Denken und Trachten der abendländischen Menschheit im

Mittelalter weitgehend auf die göttliche Welt hin orientiert war und in dem Dienst an Gott, d. h. an der Kirche, den zentralen Lebenssinn gesehen hat, wandte sich der Mensch während der Renaissance der Erde zu; er begann sich für die Gesetze der Natur zu interessieren, er wollte die unbekannten Gebiete der Erde erkunden, und so trat an die Stelle der das Mittelalter beherrschenden Gottes-Wissenschaft (Theologie) die Naturwissenschaft, aus der sich im Laufe der letzten vier Jahrhunderte die uns heute weitgehend umgebende und bestimmende Technik und Industrie entwickelt haben. Nun hat sich aber die Wissenschaft in dieser Zeit vor allem in dem Bereich der toten Welt, des Mineralischen entwickelt, während die Bereiche des Biologischen, des Psychologischen und des Pneumatologischen (Geistigen) ganz in Anfängen steckengeblieben sind. Was ist Leben? Was ist Seele? Was ist Geist? Das sind bis heute die großen Rätselfragen unseres Daseins geblieben. Und damit hängt zusammen, daß der Mensch immer mehr zu einem unbekannten Wesen geworden ist. Wir haben zwar eine hochspezialisierte Wissenschaft aufgebaut. Immer mehr Wissenschafter wissen von immer weniger alles. Nur eines fehlt uns: eine Wissenschaft vom Menschen. Es gibt zwar Anthropologie, Biologie, Psysiologie, Histologie, Psychologie, Philosophie und Theologie. Aber es gibt keine offiziell anerkannte Wissenschaft vom Menschen als einer Gesamtheit von Leib, Seele und Geist, außer der Anthroposophie, die aber – wie bekannt – weit herum noch als mystisch und unwissenschaftlich abgetan und darum totgeschwiegen wird. Und doch ist diese Anthroposophie als eine Erweiterung und Ergänzung der wissenschaftlichen Anthropologie schon vor 150 Jahren von dem Schweizer Arzt und Philosophen Ignaz Paul Vital Troxler begründet worden. Scharf hat damals Troxler die damaligen philosophischen und anthropologischen Vorstellungen – die heutigen sind nicht besser! – kritisiert, indem er schrieb: „Was habt ihr in eurer Theorie und Praktik aus dem Menschen gemacht? Ein Wesen ohne Grund und Ziel – von den einen zum Gespenst verflüchtigt, von den andern zum Leichnam verdichtet. Zwei Todes- und Mordarten." Troxler fand schon damals, daß „kaum in irgendeinem Fache mehr Irrtümer verbreitet, größere und schädlichere Mißgriffe getan" wurden „als in dem pädagogischen". „Dieses mußte notwendig geschehen, solange das Wesen der menschlichen Natur mißkannt, die Verhältnisse desselben entstellt und die einzig wahre Bestimmung der Menschheit außer acht gelassen wurde."

Diese von Troxler entworfene Anthroposophie hat Rudolf Steiner auf Grund eigener Forschungsresultate zu einer umfassenden Wissenschaft vom Menschen ausgebildet.

Die offizielle, an den Universitäten gelehrte Wissenschaft hat nicht an den Geist Troxlers angeknüpft, hat auch die von Johann Heinrich Pestalozzi, Immanuel Fellenberg, Heinrich Zschokke, Friedrich Fröbel und vielen anderen gelegten Fundamente kaum beachtet, sondern ist ganz in das biologistische Fahrwasser geraten, das den Menschen in das Tierreich einordnete und in Darwins Lehre vom

„Kampf ums Dasein“ den Schlüssel zum Verständnis der Entwicklung von Mensch und Tier zu finden glaubte. Und an diesen Strom hat auch die moderne Bildungswissenschaft angeknüpft, als sie, nach dem Sputnik-Schock, daran ging, neue Lehrmethoden zu entwickeln. Man ist nämlich dazu übergegangen, an Experimenten mit Mäusen, Ratten, Katzen, Tauben und anderem Getier zu erforschen, wie ein biologisches Wesen lernt. Alsdann hat man diese Erkenntnisse auf den Menschen übertragen und so die Methoden entwickelt, die wir hier angedeutet haben. Der 1983 plötzlich verstorbene deutsche Biologe Joachim Illies, Professor für Zoologie an der Universität Giessen, hat in seinem Buch „Zoologeleien“ humorvoll die Einseitigkeiten und Übertreibungen der modernen Bildungswissenschaft glossiert. In dem Gedicht „Die Rattenplage“ schreibt er:

„Um Menschenkenntnis zu erlangen
– so sagt er – muß man Ratten fangen.
Die züchtet man, und ihr Verhalten
hilft uns, den Unterricht gestalten.
Den Weg, wie dies zu machen sei,
weist uns die Zoologelei.“

Und Arthur Köstler hat in einem seiner Bücher festgestellt, daß „die anthropomorphe Sicht der Ratte durch die rattomorphe Sicht des Menschen“ ersetzt worden sei.

Es braucht nicht besonders betont zu werden, daß es unmöglich ist, mit einem Menschenbild, das sich an Ratten und Mäusen orientiert, eine gesunde, befreiende, zukunftgerichtete Schule zu begründen. Die Bildungskrise, unter der unser heutiges Schulwesen landauf landab leidet, ist also in erster Linie eine Krise des Menschenbildes, ein weitgehendes Unverständnis für das Wesen des Menschen. Dieses Unverständnis ist nun viel folgenschwerer, als wir meinen. Warum? Weil der Mensch das einzige Wesen der Welt ist, das vom Schöpfer nicht abgeschlossen wurde, das Bruchstück, Fragment geblieben ist. Der Mensch ist, wie Arnold Gehlen betont hat, ein „Mängelwesen“. Alle Wesen erreichen von Natur aus das Ziel ihrer Bestimmung, die Rose wird Rose, die Katze wird Katze, der Löwe, der die Gazelle frißt, erreicht sein Ziel ebenso wie der Buchfink auf dem Futterbrett. Einzig der Mensch wird in einem unfertigen, embryonalen Zustand von der Mutter Natur entlassen. Darum nannte ihn auch Herder den „ersten Freigelassenen der Schöpfung“. Und Schiller unterstreicht, Herder ergänzend, den geistigen Ursprung des Menschen:

„Ein Säugling ist der Mensch,
Natur ist seine Amme,
Sie lehrt ihn, bis er weiß,
Daß er aus ihr nicht stamme.“

Ärmer als jedes Tier betritt der Mensch die Erde. Aber mit einem Reichtum an Möglichkeiten, mit denen er jedes andere Wesen übertrifft. Nur muß der Mensch zur Befreiung dieser inneren Anlagen erzogen und herangebildet werden. Aber das Bilden setzt ein Bild voraus, dem sich der Mensch zu-bilden, das er in sich aus-bilden muß. Darum aber hat das Bild, das der Erzieher sich vom Menschen macht, einen existentiellen Charakter. Es wird wesenbildend, seinsgestaltend. Von ihm hängt weitgehend ab, welche Kräfte im jungen Menschen entwickelt und freigelegt werden. So wird das an Ratten orientierte Menschenbild nur das Niedere, Animalische und Bestialische im Menschen zur Entfaltung bringen: der Mensch versinkt in Animalität, Bestialität und Kriminalität, er gerät *unter* die Stufe dessen, was er als Mensch werden muß und werden soll. Wir können diese Entwicklung bereits an den Ereignissen der Gegenwart ablesen.

HUMANISMUS UND REALISMUS

Wir haben die Renaissance als Wurzelgrund für die Entwicklung der modernen naturwissenschaftlich-technischen Kultur bezeichnet. Nun bot diese Epoche aber auch den Boden zu den mächtigsten Säulen des traditionellen Schulwesens: dem humanistischen und dem realistischen Bildungsideal. Der *Humanismus* des 16. Jahrhunderts war bemüht, den Menschen ins Zentrum zu stellen, sich zu lösen von der gottbezogenen, erdflüchtigen Haltung des christlichen Mittelalters. Er verband den Willen zur integralen Menschenformung mit der Rückwendung zur Antike, und zwar zunächst zur römisch-lateinischen Kultur. Darum bildete für ihn das Studium der lateinischen Sprache und das Gut-Sprechen-Können in dieser Sprache das Alpha und Omega einer integralen Menschenbildung. Der *Neuhumanismus* der Goethezeit, der von Winkelmann eingeleitet, von Wilhelm von Humboldt und August Friedrich Wolf ausgebildet worden war, konzentrierte sich mehr auf die griechische Sprache und Kultur und fand in der Nachahmung der Griechen die bevorzugte Möglichkeit einer ganzheitlichen Menschenformung. „Der Mensch muß sich dem gleichmachen, was er auffassen will." So formulierte Wilhelm von Humboldt das Leitbild, das den hohen Idealismus des Neuhumanismus rechtfertigte. Nicht entscheidend war, ob sich ein Wissen im praktischen Alltag anwenden lasse, entscheidend war der menschliche Bildungswert für die Entfaltung eigener geistiger Kräfte und Fähigkeiten. Weniger auf ein Können, mehr auf ein Sein war der Humanismus ausgerichtet.

Trotz all dem Positiven dieses heute noch bestehenden Bildungsprogramms kann nicht übersehen werden, daß das neuhumanistische Gymnasium Seele und Geist des Jugendlichen an ein vergangenes Lebensbild fesselt und ihn blind sein läßt für das, was heute geschieht und morgen getan werden müßte.

Gegen diese Rückwärtsgewandtheit des humanistischen Bildungsideals hat sich früh schon das *realistische Bildungskonzept* entwickelt, das auch an den Geist der Renaissance anknüpft. Es wurzelt im Willen, den Menschen zur bürgerlichen Tüchtigkeit und Brauchbarkeit zu erziehen; es steht somit ganz stark im Dienst der damals sich entfaltenden Städtekultur, die vom Handwerk und dem Marktwesen getragen wurde. Der Realismus legt das Schwergewicht auf die *Muttersprache,* die jedermann versteht, auf die *Naturwissenschaften* (Naturwissenschaft war damals auch noch ein Weg zu Gott: „Wer viel Werke der Natur versteht, erkennt und weiß, der ist hoch im Glauben, denn der Schöpfer ist sein Lehrer". So Paracelsus) und auf die *Mathematik,* die dem Menschen geholfen hat, die Phänomene der Natur in der Form von Gesetzen festzuhalten. Das realistische Bildungsideal beschränkte sich in seinem Ausbildungsprogramm vor allem auf *die* Kräfte und Fähigkeiten, welche der Jugendliche in seinem späteren Berufsleben vor allem brauchte. Nicht der Mensch als Mensch ist sein Anliegen, sondern der Mensch als Arbeiter, Berufsmann, wirtschaftlicher Produktionsfaktor (um den bereits oben genannten Ausdruck zu brauchen). Er erzieht den Menschen für die ihn umgebende *Gegenwart.*

WAHRE MENSCHENBILDUNG MUSS ZUKUNFTSORIENTIERT SEIN

Der Humanismus bindet den Menschen an ein längst vergangenes Lebensideal, der Realismus richtet den Blick auf die jeweilige Gegenwart; er macht den Menschen zivilisiert, aber nicht kultiviert; er macht brauchbar für die äußeren Lebensaufgaben. Daß dies aber noch lange nicht ausreichend ist für die volle Menschwerdung, das hat ganz besonders deutlich *Johann Heinrich Pestalozzi* festgestellt:

„Die Tendenz der Zivilisation lenkt an sich durchaus nicht zur Veredlung unseres Geschlechts hin. Sie stellt zwar das zaumlose Leben unseres wilden Zustandes mit Gewalt still, aber sie tötet seinen Geist nicht, sie gibt ihm nur eine andere, eine bürgerliche Gestalt. Der bloß zivilisierte Mensch drängt ebensowohl als der Wilde zum vegetabilischen und animalischen Lebensgenuß unserer sinnlichen Natur hin wie hungrige Säugetiere zum mütterlichen Euter ..."

Wenn die Erziehung zur Zivilisation ausreichen würde für die Menschenbildung, würden uns heute die idyllischsten Verhältnisse umgeben: ein Mensch würde sich um den andern kümmern, jeder würde vom großen sozialen Kuchen nur soviel für sich beanspruchen, wie er braucht, keiner würde sich an der Arbeit des anderen bereichern wollen usw. Dem ist aber nicht so. Weshalb? Weil auch in den traditionellen Bildungsströmen die Beachtung dessen fehlt, was eigentlich erst den Inhalt und die Rechtfertigung aller Bildungsarbeit darstellt: die *Rücksicht auf die Individualität,* die mit jedem Kind geboren wird und die in jedem Menschendasein sich entfalten und bewähren will. Auf diese geistige Individualität hat schon Pestalozzi deutlich hingewiesen:

„Ich besitze eine Kraft in mir selbst, alle Dinge dieser Welt unabhängig von meiner tierischen Begierlichkeit und von meinen gesellschaftlichen Verhältnissen, gänzlich nur im Gesichtspunkt, was sie zu meiner Veredlung beitragen, vorzustellen und dieselben nur in diesem Gesichtspunkt zu verlangen oder zu verwerfen. Diese Kraft ist im Innersten meiner Natur selbständig, ihr Wesen ist auf keine

Weise eine Folge irgendeiner andern Kraft meiner Natur. Sie ist, weil ich bin, und ich bin, weil sie ist."

Und das ist der Sinn und die Aufgabe der von *Rudolf Steiner* begründeten Waldorfpädagogik, daß sie in den ihr anvertrauten Kindern diese innere Keimkraft der sich inkarnierenden ewigen Individualität voll zur Entfaltung bringen will, und daß sie weiß, wie diese Kraft durch viele Hüllen hindurch allmählich den menschlichen Körper ergreift und sich diesen zu einem Instrument für ein kraftvolles Wirken zubildet. Darum ist die Schule im Sinne Rudolf Steiners in erster Linie eine *Pflanzstätte* zur Befreiung und Stärkung eigener Kräfte und Anlagen, und wahre Pädagogik ist Hebammenkunst, Mäeutik (wie die Griechen sagten), Geburtshelferdienst an einem neu die Erdenbahn betretenden Geistkeim, der in vergangenen Erdenläufen sich Erfahrungen, Absichten, Willensimpulse erworben hat, die sich in diesem Leben offenbaren möchten.

Eine solche Pädagogik wird nicht den Schüler an ein vergangenes Ideal binden wollen – obgleich es ihm die Kenntnis des Vergangenen keineswegs versagen wird, ist doch jeder Mensch auch durch dieses Vergangene selber gegangen –, sie wird ihn auch nicht nur für seine ihm umgebende Gegenwart abrichten wollen; nein, sie wird wissen: die Schule muß den Blick auf die *Zukunft* richten. Und wo ist die Zukunft in einem jungen Menschen? Er trägt sie in sich, in seinem Wesenskern, in seinem Schicksalsauftrag. Darum ist das Hinblicken des Lehrers auf die in jedem Schüler und in jeder Schülerin zutage tretenden Möglichkeiten und Anlagen eine der zentralsten Aufgaben des Lehrers und Erziehers. Diese inneren Keimkräfte aber werden dann für die Zukunft erschlossen, wenn der *Wille* gestärkt wird. Wie dies zu geschehen hat, das werden die folgenden Aufsätze in der verschiedensten Weise darstellen.

Wer in dem geschilderten Sinne die Schule versteht, wird auch an dem Zentralereignis unseres geschichtlichen Äons nicht vorbeisehen können: an dem Christusereignis. Denn mit dem Eintritt des Christus in die Erdensphäre ist dem Menschen ein Führer erwachsen, der ihm hilft, durch alle Gefährdungen und Versuchungen hindurch den Weg zu finden zur wahren geistigen Freiheit. Und Erziehung zu dieser Freiheit will auch die Waldorfschule anbieten. Darum betonte Rudolf Steiner, daß der Lehrer in der paulinischen Haltung des „Nicht ich, der Christus in mir" vor seine Schüler treten solle. Nur wenn der Christusgeist hinter der tagtäglichen Schularbeit steht, wird diese fruchtbar und wesenhaft sein können. Denken wir an das Wort des Angelus Silesius:

„Wird Christus tausendmal zu Bethlehem geboren
Und nicht in dir, du bleibst noch ewiglich verloren."

Kapitel 5

Eva Kienast

ORGANISATIONSSTATUT, DYNAMISCHE LEHRER, BEWEGLICHER LEHRPLAN

Die Waldorfschule nennt sich eine *freie* Schule. In welchem Sinn? Setzt sie sich über Gesetze hinweg, kann darin jeder tun, was er will, ist sie willkürlich?
Rudolf Steiner hat in seinen Vorträgen und Büchern über die soziale Frage die sogenannte „Dreigliederung" zum Bewußtsein gebracht und dabei das Zusammenspiel von Wirtschaftlichem, Rechtlichem (Staatlichem) und Kulturellem klargelegt. Überall dort, wo Menschen in der Neuzeit Grundsätzliches im gesellschaftlichen und staatlichen Leben – ohne den Hintergedanken der Machtpolitik, sondern ehrlich – regeln wollten, kamen sie auf Dreigliedriges und auf die Zusammenhänge, wie sie Steiner deutlich gemacht hat: man findet solches in Verfassungen von Staaten, aber auch vor allem in der Menschenrechtskonvention. Im Grundsatzartikel wird das, was Steiner als unabdingbar für gesundes soziales Leben aufgezeigt hat, als Grundrecht des Menschen statuiert: die Freiheit in der Kultur, die Gleichheit vor dem Recht und die Rücksichtnahme und brüderliche Gesinnung im Wirtschaftsleben. Karl Rössel-Majdan hat diese Beziehungen in seinem Buch „ Rundfunk und Kulturpolitik" und in „Kultur als 3. Kraft" eingehend behandelt und gezeigt, wie jede Verwischung und Verschiebung einen Irrtum und eine Quelle für Mißbrauch mit bis katastrophalen Folgen bedeutet. Er hat die Ausführungen dahingehend erweitert, als die Natur als Quelle für wirtschaftliches Tun, und der individuelle menschliche Geist als Quelle für die Kultur zwar außerhalb des sozialen Lebens stehen, aber Ursprung und Grundlage sind.
Freiheit ist also in der Kultur am Platz, und eine Schule ist eine Einrichtung der Kultur. Sie sollte daher frei sein von staatlicher und wirtschaftlicher Bevormundung, also weder den Tendenzen der Normierung und Bürokratisierung des Staates, für den der Zweck der Schule die Erziehung der Kinder zum Wähler, zum Soldaten oder Steuerzahler ist, noch den Machtansprüchen der Wirtschaft unterliegen, die in den Schulen nur die Produktionsstätten von Nachwuchs für ihre Fabriken sieht. Keinesfalls ist aber mit Dreigliederung eine Dreitrennung verbunden, sondern organisch müssen die Kräfte zusammenwirken.
Doch die Schule als Organismus hat nicht nur pädagogische Aufgaben, sie hat auch eine Verwaltung und rechtliche und wirtschaftliche Fragen existentieller Art zu lösen, also auch hier wieder eine Dreigliederung: in die eigentliche pädagogische Arbeit, in die rechtlichen Aufgaben, die durch den Schulerhalter und die Organisation gelöst werden müssen, und in die finanziellen Aufgaben, in die wirtschaftliche Verwaltung.

Für die rechtlichen Fragen in einer „Privatschule" – alle Nicht-Staatsschulen sind privatrechtlich organisiert und fallen unter das „Privatschulgesetz" – ist nach österreichischem Recht der „Schulerhalter", der Schulträger zuständig, ob das nun eine einzelne Person als Inhaber, oder ein Verein oder eine ähnliche juristische Person ist. Im Privatschulgesetz sind die Auflagen geregelt, die ein Schulerhalter erfüllen muß, damit überhaupt eine Schule betrieben werden kann:

1. Er muß einen verantwortlichen Schulleiter nennen.
2. Er muß die den baulichen und schulbehördlichen Auflagen entsprechenden Räumlichkeiten, Einrichtungen und Lehrmittel zur Verfügung stellen.
3. Er muß ein entsprechendes Organisationsstatut angeben und seinen Lehrplan erstellen (wenn es nicht der öffentliche sein soll).
4. Er muß geeignete Lehrer bereitstellen.

Eine gewisse Diskrepanz und Quelle für folgenschwere Mißverständnisse bedeutet die sogenannte „kollegiale Führung" (bereits ein mißverständlicher Ausdruck!) einer Muster-Waldorfschule. Einerseits wird von Waldorfschulen oft Kollegialität mit Kollektivismus verwechselt (siehe Kapitel 2), oder wird „Führung" ganz weggelassen, anderseits wird die „kollegiale Führung" auch auf nichtpädagogische Belange ausgedehnt, obwohl Rudolf Steiner in seinen Plänen dafür einen „Geschäftsführer", also einen verantwortlichen Verwalter, vorgesehen hat. Die von Rudolf Steiner gemeinte pädagogische Leitung einer Schule durch ein Lehrerkollegium, in dem jeder Lehrer, der dazu berufen ist (es muß ein Nachweis der Fähigkeit und des Mitdenkens und Mittragens erbracht worden sein, nicht jeder Lehrer gehört automatisch dazu), schließt nicht aus, daß einer dieser Lehrer als primus inter pares das Vertrauen des Kollegiums hat, die Schule nach außen zu vertreten, und auch selbst das Vertrauen in das Kollegium hat, daß ihm nichts gegen sein Gewissen zugemutet werden soll. Eine gewisse Garantie dafür gibt die geforderte Einstimmigkeit der Beschlüsse im Kollegium.

Daß eine solche Schulführung auch einen Lernprozeß für die Lehrer bedeutet, ist klar, ebenso wie daß diese Art der Schulführung nicht unabdingbar ist. Da Waldorfpädagogik eine Methode ist, kann sie in jeder Schule, auch in der staatlich bürokratisch gelenkten, eingeführt werden, sofern die Lehrer diesen methodischen Freiraum haben. Im österreichischen Schulgesetz ist die „Methodenfreiheit" verankert, und unter anderem wurde die Lehrerschaft bei der Tagung „Waldorfpädagogik als Alternative" 1981 von der obersten Schulbehörde in Wien aufgefordert, die Waldorfmethode in die Schulen zu tragen (siehe „Erfolg und Folgen der Tagung Waldorfpädagogik als Alternative" Seite 78 ff.).

Professor Friedrich Eymann hat mit der Aufforderung Rudolf Steiners (dessen Plan, selbst die Waldorfpädagogik an einer Basler öffentlichen Schule zu etablieren, war fehlgeschlagen), die Waldorfpädagogik in die öffentliche Lehrerbildung zu bringen, ernst gemacht, und eine ganze Waldorflehrergeneration im Berner Kanton für die öffentliche Schule ausgebildet, als er Hochschullehrer am öffentlichen Ausbildungsseminar war. In Wien versteht sich die „Friedrich Eymann-Schule“ auch als privater Schulversuch zum Studium der Waldorfpädagogik für die öffentliche Lehrerschaft und hat daher auch die berufsbegleitende Ausbildung zum Waldorflehrer dort eingerichtet.

Wie weit die „kollegiale Führung“ einer Waldorfschule funktioniert bzw in welchen Bereichen sie mit gutem Gewissen eingeführt werden kann, hängt natürlich sehr von der persönlichen Entwicklung der Lehrer, aber auch von den Eltern ab. Es ist jedenfalls besser, eine mehr hierarchisch organisierte Schule mit klaren vorbestimmten Verantwortlichkeiten zu haben, wo gute Waldorfpädagogik gemacht wird, als unerfahrene und überforderte Lehrer auch noch mit nichtpädagogischen Aufgaben zu belasten, sodaß die eigentliche Lehrerarbeit mit den Kindern schwer darunter leidet. Viele Schulgründungen hatten lange Jahre der Schwierigkeiten, weil man in allen Bereichen alles auf einmal ideal haben wollte, und vergaß, daß diese ideale Art der demokratischen Führung von allen Beteiligten am Schulgeschehen erst gelernt werden muß.

Eine Gemeinschaft, die gemeinsame Ziele hat, muß erst entstehen, und jedes Jahr wiederentstehen, man kann sie nicht statuieren. Und selbst solidarisches Verhalten, welches der erste Schritt zu einer Gemeinschaft ist, muß erst einmal erlernt und geübt werden. Und bis zu dem Ideal einer funktionierenden organischen Gemeinschaft, in der starke Individualitäten ihre persönlichen Meinungen zugunsten einer gemeinsamen Idee freiwillig opfern und nur mehr aus Geisterkenntnis handeln, ist in der heutigen Zeit ein weiter Weg.

Auch die Elternschaft hat einen Lernprozeß vor sich, wenn sie ihre Kinder einer Waldorfschule anvertraut. Tief eingebaut nicht nur in den pädagogischen Prozeß, sondern bis in die Schulverwaltung und -erhaltung mit aller Verantwortlichkeit hinein sollen die Eltern mitgestalten, und wieder muß nicht jeder alles tun und wissen, sondern freiwillig werden sich langsam „Organe“, Handlungs- und Verantwortungsschwerpunkte bilden für den einzelnen. Nicht nur Feste, Schulküche, Reinigung und Raumpflege, Schulgarten, Spendensammlung, Basare sind die – üblichen – Betätigungsfelder für die Elterngemeinschaft, sondern auch Erweiterungsbauten, Planungen, sowie public relation und Behördenvorsprachen zugunsten der Schule. Über den Ruf einer Schule informiert „man“ sich über die Eltern, über die „Mundpropaganda“.

Natürlich nimmt sich die Waldorfschule der Information der Eltern besonders an. Nicht nur in Elternabenden oder Hausbesuchen durch den Klassenlehrer, sondern auch bei eigenen Eltern-Informationsabenden und Schulungskursen wird versucht, Verständnis für die Waldorfmethode zu wecken, um den Erziehungsprozeß zu Hause dem in der Schule anzunähern. In der Friedrich-Eymann-Schule sind die Eltern zu den berufsbegleitenden Ausbildungsseminaren für die Lehrer ebenfalls eingeladen.

Oft wird den Waldorf- und Steiner-Schulen vorgeworfen, sie seien „Eliteschulen". Wenn man das kulturell meinte, daß sie eine Elite an Menschen hervorbringen, so wäre das ja gut, jedoch ist es fast immer dahingehend gemeint, daß nur eine „Geldelite" ihre Kinder dorthin schicken könnte, da ja eine Privatschule Schulgeld verlangen muß. Es gibt ja in Österreich kaum öffentliche Unterstützungen. Daß eine Waldorfschule ohnehin nach ihrem Spendenaufkommen auch Freiplätze und ermäßigte Plätze hat, daß fast immer Schulgelder Richtpreise sind und ihre Höhe mit den Eltern abgesprochen wird, wird übersehen; man bedenkt auch nicht, daß die Steuergesetze in Österreich so sind, daß die öffentliche Schule aus Steuermitteln finanziert wird und daher „gratis" ist, daß aber Eltern, die das verfassungsmäßig zugestandene Recht der Lernfreiheit und freien Wahl der Schule in Anspruch nehmen, nicht nur keine staatliche Refundierung der Schulkosten bekommen, sondern nicht einmal die Schulgelder von der Einkommensteuer bzw. Lohnsteuer absetzen können. Einem Kind die, der Meinung der erziehungsberechtigten Eltern nach, besser geeignete Schulbildung an einer Privatschule zukommen zu lassen, wird Luxus.

In fast allen westlichen Ländern bekommen die Waldorfschulen namhafte Beträge aus öffentlichen Mitteln. Eine zweite Hilfe und Grund, warum es im sonstigen freien Europa so viele Waldorfschulen gibt (und bei uns erst so wenige und seit so kurzer Zeit), ist die Steuerfreiheit von Spenden, die nicht nur private, sondern auch Industriegelder namhafter Größe (die bei uns in Form von Werbekosten, in einem x-ten Auto etc. vom zu versteuernden Gewinn abgesetzt werden) für die kulturellen und sozialen Initiativen flüssig macht (siehe auch „Kultur als 3. Kraft").

Für eine österreichische Privatschule ist die Finanzfrage immer eine Art Gratwanderung. Manche Schulen helfen sich dadurch, daß die Lehrer freiwillig auf Teile ihres Gehaltes verzichten, oder indem sie aus einem „gemeinsamen Topf" leben – es gibt da in der Schweiz und auch sonst interessante und idealistische Modelle –. Aber leben müssen die Lehrer können.

In Österreich ist die Privatinitiative der Eltern durch die durchorganisierte und kostenlose öffentliche Schule weitgehend erlahmt. – Dieses Phänomen haben wir allerdings bereits im gesamten kulturellen und sozialen Bereich (ist das Ende ein sozialer Staat mit asozialen Bürgern?), und sogar die Wirtschaft klagt über mangelnden Unternehmergeist und das Überhandnehmen des Sicherheitsstrebens auch auf dem Arbeitsplatz. Und fast alle Regelungen und Verordnungen gehen dahin: wer nicht egoistisch nach persönlichem Gewinn strebt, ist „schwach", eine selbstlose Handlungsweise, wie es z. B. die Erziehungsarbeit mit Kindern sein muß, ist Liebhaberei oder Luxus.

Dabei hat die öffentliche Hand vielfach selbst festgestellt, daß die Privateinrichtung oder -initiative, die Selbsthilfe im allgemeinen viel billiger ist, als die des Staates, und langsam beginnt man amtlicherseits umzudenken. Es setzt sich auch schon durch, daß z. B. eine private Schule nicht mehr als „Konkurrenz" zur

öffentlichen aufgefaßt wird, sondern als notwendige Ergänzung. Wie weit ist es aber noch bis zur Erkenntnis eines Rudolf Steiners, daß Erziehung als Teil der Kultur eine Sache der Kultur ist, die autonom und von eigenverantwortlichen Menschen partnerschaftlich zu Staat und Wirtschaft durchgeführt werden sollte.
Und Lehrer müssen eigenverantwortliche Menschen sein, es kann ihnen diese Last der Verantwortung für das – in gewissem Sinne – gesamte weitere Leben des Kindes nicht durch Gesetze und Verordnungen abgenommen werden. Die Ausrede auf „Befehlsnotstand" kann nicht greifen, nicht nur aus moralischen Gründen. Wir haben daher in der öffentlichen Lehrerschaft schon sehr oft die Eigenkritik der Zurückentwicklung und Degeneration des Lehrerberufes gehört, und viele gute Ideen wie z. B. die der Integration von behinderten Kindern in normale Klassen, die von obersten Schulbehörden gewünscht werden, scheitern bei der Durchführung an mangelndem Einsatzwillen und Interesse der Klassenlehrer. Ein Beamter muß, den gegebenen Gesetzen entsprechend, nach bestem Wissen und Gewissen verwalten. Ein Lehrer muß kreativ schöpferisch, frei von nivellierenden Regelungen (jedes Kind, jede Klasse ist verschieden von der anderen), nach bester Erkenntnis und bestem Können selbstverantwortlich erziehen. Daher kann ein Lehrer eigentlich gar kein Beamter sein.
Im Rechtsleben, in den Augen des Beamten, kann es nur Gleichheit geben. In der Wirtschaft gibt es die Gleichartigkeit der Waren. In der Kultur aber kann es nur die Gleichwertigkeit geben, den Begriff der Qualität; eine Vielfalt von gleichartigen oder gleichen Dingen ist noch immer eine Einfalt, erst die verschiedenen Werte – und gar nicht quantitativ gereiht – ergeben eine echte Vielfalt. Hat nicht zum Beispiel eine Handelsschule ebensolchen Wert wie ein Technikum, je nachdem, ob ich einen Kaufmann oder einen Ingenieur brauche, und je nachdem, ob ich einen technisch oder wirtschaftlich begabten Schüler habe? Im österreichischen Privatschulrecht bzw. im Schulpflichtgesetz wird vom Unterricht an einer Privatschule gefordert, daß er der öffentlichen „mindestens gleichwertig" sei. Was ist, nach dem Willen des Gesetzgebers, damit gemeint? Einerseits ist da die Verfassung, die eine authentische Auslegung gibt, nach der auch meist von den Spitzen der pädagogischen Hierarchie im toleranten und demokratischen Sinn gehandelt wird, andererseits aber gibt es immer wieder in der Durchführung aus ideologischen linksradikalen oder konservativ-dogmatischen oder auch nationalrechtsgerichteten Gründen eine Ablehnung eines liberalisierten Kulturlebens und die Auslegung der Gleichwertigkeit als Gleichheit. Doch infolge des stark in Bewegung geratenen öffentlichen Schulwesens mit den vielen verschiedenen Schulversuchen und mit all den Schwierigkeiten, die die moderne Zivilisation und kindfremde Lebensart für die Erziehung und Schule mit sich bringt, öffnet man sich für neue Wege.
Einsichtig ist, daß der Gesetzgeber von jeder Privatschule einen „Lehrplan", eine Art Zielvorstellung verlangt, sowie einen Organisationsstatus, eine innere Ord-

des Unterrichtes. Dabei können Ferien, Schulbeginn, Schülerzahl, Klassenorganisation usw., frei geregelt werden. In einem solchen Status ist frei die Möglichkeit gegeben, der Waldorfpädagogik autonom entsprechende Regeln festzulegen, wie verbale Beurteilung statt Noten, Klassenlehrer bis zur 8. Schulstufe, Gespräche und Monatsfeiern statt Prüfungen und Schularbeiten etc.

Nach österreichischem Recht ist es möglich, für eine solche Organisationsstatutsschule, z. B. eine Waldorfschule, das Öffentlichkeitsrecht bzw. die Erfüllung der Schulpflicht zu erhalten. Nicht nur, daß damit überhaupt erst die Möglichkeit einer öffentlichen Subventionierung verbunden ist, sondern jetzt erst fällt die Pflicht für die Eltern – und von diesen auf die Schule übertragen – weg, den Kindern Externistenprüfungen an jedem Schuljahresende an öffentlichen „Prüfungsschulen", theoretisch nach dem schuleigenen Lehrplan, praktisch aber nach dem jeweiligen öffentlichen Lehrplan, ablegen zu lassen, weil ja die Prüfungslehrer nicht in Waldorfpädagogik ausgebildet sind, den Lehrplan nicht oder höchstens fast nicht kennen, und weil die öffentlichen Lehrer ja nur die Wissensprüfung, nicht die Fähigkeitsüberprüfung gewohnt sind.

Der „Waldorflehrplan" geht eigentlich nur von der Kindesentwicklung aus. Einerseits entspricht die praktische Durchführung des Unterrichts dem jeweiligen Fähigkeitsrahmen des Kindes und ist schulstufenmäßig verschieden, andererseits korrespondiert der „Stoff", das jeweils erarbeitete Fähigkeitsgebiet auch mit der Menschheitsentwicklung. Rudolf Steiner hat nämlich in seinem Werk auf die Tatsache hingewiesen und vielfach bewiesen, daß nicht nur vom menschlichen Körper die Naturentwicklung wiederholt wird, sondern daß das Kind in seiner geistig-seelischen Entwicklung die Kulturgeschichte der Menschheit wiederholt.

Der sogenannte „Waldorflehrplan" kann daher nur entscheidende Anregungen für die schöpferische pädagogische Arbeit mit den Kindern geben.

Je nach geographischem Ort, nach sozialer Schichtung, nach nationaler und kultureller Verschiedenheit, in jeder noch so verschiedenartigen Situation muß der Waldorflehrer trachten, Stoffwahl und Unterrichtsdurchführung aus der konkreten Lehrer-Schüler-Beziehung zu entwickeln und die Schützlinge, deren Entwicklung er helfend begleiten soll, zu initiativen, tüchtigen und kreativen Menschen werden zu lassen. Der Waldorflehrplan ist ein lebendiger Lehrplan, und wenn es schriftliche Zusammenfassungen gibt, wie zum Beispiel die von Stockmeyer oder von Caroline von Heydebrand, so sind das Darstellungen aus den Angaben Rudolf Steiners zu einem Lehrplan, ergänzt durch die Erfahrungen der Lehrer aus der Praxis. Für den Tagesablauf, den Epochenablauf, den Jahresablauf bleibt der Lehrer frei und muß sich dies aus der Klassensituation heraus jedes Mal neu erarbeiten. Er hat also im Lehrplan kein Rezept, das ihm das Vorbereiten für den Unterricht abnimmt, dieser kann ihm nicht zur Routine werden.

Vergleicht man nun den sogenannten Waldorflehrplan mit dem österreichischen öffentlichen, so ergeben sich – nicht im methodisch-didaktischen, aber im Stoffgebiet in der Unterstufe (erste vier Schuljahre) viele Parallelen. Sieht man davon ab, daß der Schulbeginn, der Schulpflicht nach, an die Vollendung des 6. Lebensjahres gebunden ist, in der Waldorfpädagogik jedoch an die Schulreife des Kindes, bemerkbar am Beginn des Zahnwechsels, so lernen die Kinder nach beiden Methoden in den ersten zwei Jahren Schreiben und Lesen. Aber immer ist mit dem öffentlichen Plan die additive Methode verbunden, z. B. zuerst Lesenlernen, dann Schreiben, mit der Steiner-Pädagogik die künstlerische, vom Tun zum Wissen, vom Malen und Zeichnen zum Schreiben und dann zum Lesen. Jede Abstraktion, wie zum Beispiel der Mengenbegriff im Rechnen bleibt weg, und selbst in diesem Fach wird vom Teilen und Verteilen ausgegangen, nicht vom Zusammenzählen. Mit diesen Vorgängen sind nämlich auch moralische Werte verbunden; ein Kind in diesem Alter ist eigentlich noch gar nicht von Natur aus egoistisch, sondern liebt das Verschenken. Dies wird an dem folgenden Beispiel recht gut deutlich: Ein sogenanntes debiles Kind, das eine öffentliche Sonderschule besuchte und im Comenius-Institut jeweils von einem Behindertenautobus in den anderen umstieg, weinte einmal bitterlich, weil es die Rechenaufgabe nicht verstand. Es sollte ausrechnen, wieviele Äpfeln es hätte, wenn es von dem einen Baum 2, vom nächsten 3 und vom dritten 5 Stück wegnehmen würde. Es konnte zu dem richtigen Ergebnis erst kommen, als man die Frage umdrehte und fragte, wieviele Äpfel es zu verschenken hätte, wenn es dem einen 2, dem nächsten 3 und dem letzten Freund 5 schenken könnte. Mit glänzenden Augen sagte es die richtige Antwort.

In der Mittelstufe (5. – 8. Schulstufe) zeigt sich beim Vergleich der Lehrpläne, daß der öffentliche zu einer mehr aphoristischen Stoffverteilung neigt, der Waldorflehrplan zu einer Überblicke gebenden. War in der Unterstufe der Waldorflehrplan scheinbar mit dem Wissensstoff zurückgeblieben, so zieht er jetzt gleich, in einzelnen Fächern beginnt er sogar vorauszugehen. Ganz bemerkenswert anders ist die Verteilung der Fremdsprachen, die bereits in den ersten Klassen mit zwei verschiedenen beginnen, und wo in den fünften Klassen zwei weitere dazukommen, eventuell Latein und Griechisch. Diese sogenannten toten Sprachen werden wieder lebendig gemacht und als Sprachen auch gesprochen und nicht konstruiert. Es tritt jetzt auch das Handwerkliche stärker heraus, es werden im Werken z. B. einfache Gegenstände, Spielzeug für die Kleinen hergestellt, oder in einer Gartenbauepoche lernen die Kinder die Natur „hautnah" kennen – und lieben. Dies fehlt weitgehend im öffentlichen Lehrplan. In der Musikerziehung wird nicht nur das Singen gepflegt, sondern viel Bedacht auch auf das Beherrschen und Kennen von Instrumenten gelegt. Schulorchester, Schultheater, eurythmische Darbietungen sollen nun bereits beginnen können, nicht nur Charaktererziehung, sondern auch das ästhetische Element tritt in den Vordergrund.

In der Oberstufe geht die Waldorfpädagogik der öffentlichen Pädagogik in vielem weit voraus. Wenn die öffentliche Schule Wissen über Wissen häuft, das dann ohnehin von den Kindern nach der Prüfung je schneller je lieber vergessen wird, versucht die Waldorfpädagogik den jungen Menschen zum selbständigen Denken zu bringen, zum eigenen Erarbeiten von Sachgebieten, zum empirischen Forschen, zum Durchschauen von Zusammenhängen, aber nicht zu Kritikastertum und Besserwisserei. In sehr starkem Maße wird der „Stoff" realitätsbezogen, praktisch, wie zum Beispiel die Epochen „Feldmessen", „Spinnen", „Buchbinden", „Technische Mechanik", verbunden mit Industriebesuchen und ähnlichem zeigen. Es gibt auch Waldorfschulen, die ihren Unterricht mit einer Lehre oder Berufsausbildung verbinden, aber zugleich auch das Rüstzeug für die akademische Weiterbildung geben.

Waldorfpädagogik geht heute bis in die Hochschule hinein. In Deutschland wurde die erste freie Hochschule auf dieser Basis errichtet (in Herdecke, anfangs mit der Studienrichtung Medizin), es gibt Fachschulen mit öffentlich anerkanntem Abschluß und Seminare. Aber immer hängt der Erfolg solcher pädagogischer Initiativen von den sie tragenden Lehrerpersönlichkeiten und deren Einsatz ab. Überall dort, wo es Waldorflehrer gibt, werden sie zu Trägern auch für andere kulturelle und künstlerische Aktivitäten; da sie selbst schöpferische Menschen sein müssen, wirken sie auch durch Theater, Konzert, bildende Kunst, durch Vorträge, Kurse, Seminare. Sie lehren nicht nur, sie lernen auch ihr ganzes Leben. Und aus der Waldorfschule sollen ebenso Menschen kommen, die frisch und offen der Welt gegenübertreten und die Fähigkeit zur Bewältigung des Lebens erworben haben. Was für ein Unterschied, wenn sich ein zwölfjähriger Waldorfschüler vor die versammelte Elternschar in einer „Monatsfeier" hinstellt und frei von der Leber weg den Lehrstoff erklären kann, zu dem er sich zum Teil eigene Gedanken erarbeitet hat!

Die Waldorfschule muß nicht „verspielt" sein, sie muß nicht Spielerei und Unterstützung von Lernfaulheit sein, im Gegenteil, sie kann viel Leistung vom Kind verlangen, die dann von diesem mit Leichtigkeit, spielend erbracht wird.

Kapitel 6

BILDUNGSSTOFFE

Elisabeth Rössel-Majdan

ZEICHNEN, SCHREIBEN, LESEN

Wenn für ein Kind der „Ernst des Lebens“, die Schulzeit beginnt, so heißt dies noch lange nicht, daß es nun Dinge tun muß oder gelehrt bekommt, die mit dem bisherigen Leben nichts zu tun hatten. Obwohl es manchmal den Anschein haben mag, wenn man etwa das Lesen und Schreiben verglichen mit dem ausgelassenen Spiel auf der Wiese betrachtet. Und doch ist es nicht so. Der „Ernst des Lebens“ besteht vielmehr in einem zunehmenden Verlust der Unbekümmertheit, in einer Entwicklung zum Ernst hin, zum bewußten Erleben. In dieser aufkeimenden neuen Neigung des Betrachtens, des Vorstellens, erkennen wir die Schulreife. Was vorher unbewußt nachgeahmt und wie im Traum erlebt wurde, weicht nun dem Bestreben, in zunehmendem Maße bewußt und wach in der Welt zu stehen. Es gilt daher für den Lehrer, dem Kind bei dieser Entwicklung zu helfen, durch ihn hindurch, also durch seine Persönlichkeit, ein neues Verhältnis zur Welt zu bekommen. Das Kind bringt Bewegung in äußerlich wahrnehmbarer Form mit, aber auch innere Bewegtheit: Jeder Hügel muß abgelaufen werden, auf jeder Mauer muß es balancieren. Aber auch das Bedürfnis, Polaritäten und Bewußtseinskontraste zu erleben im Kampf heller und dunkler Gestalten aus Märchen und Legenden, erfreut und stärkt seine innere Beweglichkeit, seine Gefühls- und Empfindungswelt. Nun ist es eine wunderbare Entdeckung, wenn die Spur einer Bewegung als Linie auf einem besonders dafür ausgesparten hellen Raum, auf dem Papier als Schattenspur sichtbar festgehalten wird. Alles wird jetzt vom Lehrer abhängen, wie weit das Kind die Besonderheit dieser Tätigkeit erlebt. Es gilt dabei, das Erlebnis am Tun zu stärken und nicht das Resultat wichtiger zu nehmen als den Entstehungsweg. Im Erleben von Gegensätzen wird das Bewußtsein für Unterschiede wach; so werden die beiden Grundbewegungen aller Form, der Strahl und der Bogen, der Punkt und der Kreis, oder Zusammenziehung und Ausdehnung vom Lehrer in vielfältigster Form mit den Schülern geübt. Er wird einige Wochen dafür verwenden, Gerade und Krumme vor den Kindern entstehen zu lassen, von den Kindern nachbewegen und schließlich auch sorgfältig und farbenprächtig – also liebevoll und mit innerer Anteilnahme – zu Papier bringen zu lassen. Nur das eigene, vom Lehrer selbst erlebte Aufrichten in der senkrechten Linie wird die Kinder zu einem Nacherleben bringen können und die unmittelbare Überzeugung der Existenz einer Geraden vermitteln. Vorstellung, Phantasie und motorische Geschicklichkeit können bei Ergänzungen der Symmetrieübungen geübt werden. Z. B.: der Lehrer zeichnet eine Gerade an der Tafel vor (von oben nach unten), links davon eine Krumme als Hin- und Wegbewegung von der Mitte (von unten nach oben).

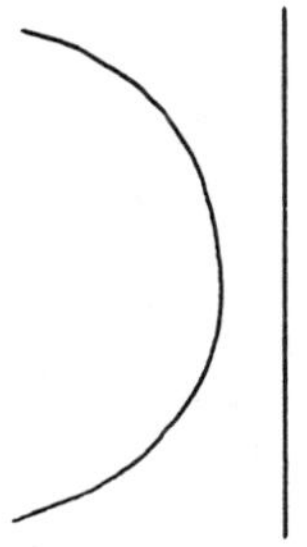

Die Schüler werden nun aufgefordert, die spiegelbildliche, fehlende Form auf der rechten Seite zu ergänzen.

Derartige Übungen können im Laufe der folgenden Jahre im Formenzeichnen auf vielfältigste Art geübt werden. Etwa mit Spiegelungen nach unten, rechts und links. Nach einigen sorgfältigen Versuchen wird jeder Erwachsene bemerken,

wie stark hier seine Vorstellungskraft, sein Gefühl für Gleichgewicht und sein Gestaltungswille eingesetzt werden müssen, wie er selbst durch höchste Konzentration – obschon Gesetzmäßigkeiten folgend –, schöpferisch tätig wird.
Als Spur der Bewegung hat die Linie ihre volle Berechtigung für das Kind, nicht aber als Grenze zweier Flächen, besonders wenn diese vom Kind nicht als solche wahrgenommen werden. Das heißt die *Wahr*-nehmungen sollen für das Kind das sein, was sie sind, sie sollen für wahr genommen werden. Wenn also ein Kind einen Baum zeichnet, etwa so:

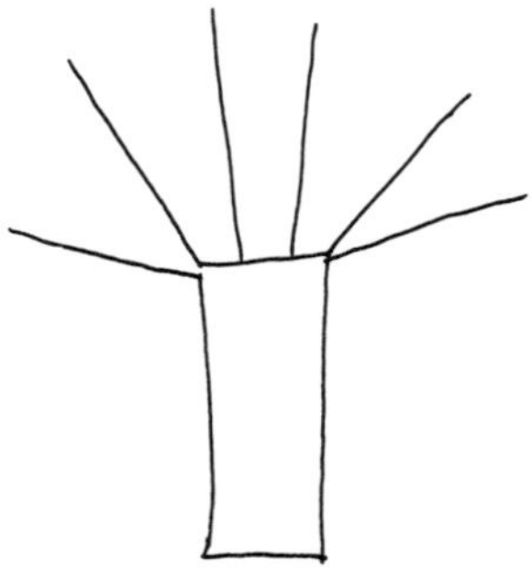

und ganz befriedigt ist von seiner Darstellung, so zeigt das, daß es das zeichnet, was es von einem Baum weiß, das heißt, wovon es ein Bewußtsein hat. Es will sich ein „Bild" machen mit der zureichenden Möglichkeit, ein Lebendiges in eine feste Form zu bringen. Es ist daher dem Erleben und dem Können des Kindes viel entsprechender, wenn wir den Baum dem Bereich der Malerei, also der Farbe und Fläche überlassen, und die vorhandenen Linien als das gelten lassen, was sie sind: strahlende Formen, Bewegungsspuren. Wenn sich Bewußtsein für die Linien und ihre vielfältige Darstellung lebendig entwickeln können soll, kann Zeichnen nur als Formenzeichnen im weitesten Sinn aufgefaßt und fortgeführt werden bis in das freihändige geometrische Zeichnen oder das von Pflanzen und Tieren. Zusammenziehung und Ausdehnung als Quellen der Formkraft hatten ihre symbolische Darstellung in immer gleicher Folge als Ausdruck des Ewigen auf den Friesen griechischer Tempel, im Zwiebel- und Palmettenmotiv

und in anderen Kulturen als Mond- und Sonnendarstellungen. Wenn sie nicht keimhaft im Ewigen verbleiben, sondern in Entwicklung, im Zeitlichen erscheinen sollen, müssen sie sich mischen, ergänzen und spielerisch abwechseln, sie müssen mit Bewegung durchdrungen werden.

Die Freude der Schüler an rhythmischem Tun wird viel Betätigungsmöglichkeit in Formen, wie den folgenden haben, zum Beispiel:

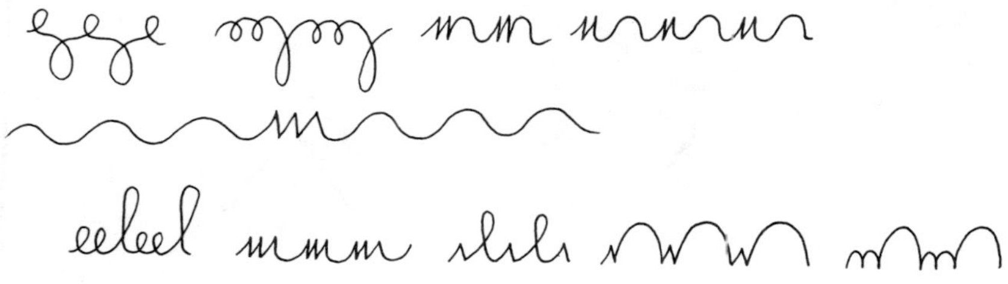

Ebenso wird lebendiges Entwickeln des Bewegungsflusses in Metamorphosen vielfältigst geübt.

Die Entwicklung der Menschheit zeigt uns deutlich, wie aus der erlebten Bilderwelt nach und nach Zeichnungen und zuletzt Zeichen werden. So haben die alten Germanen aus den geworfenen Buchenstäben den Götterwillen gelesen, nach und nach auch festgehalten durch Zeichen. Im Lateinischen kommt schreiben von scribere = kritzeln, ritzen, eingravieren. Das Kind ist im ersten Schuljahr in einer ähnlichen inneren Stimmung, wie die Menschheit es gewesen ist zu einer Zeit, als ihr der unmittelbare Zugang, die unmittelbare Gefühlsbeteiligung am Wirken der Naturkräfte, zu ihrer Götterwelt verlorenging. Mit dem Bewußtwerden beginnt das Entwickeln der eigenen Innenwelt, auch wenn sie zunächst, sofern sie nicht verbildet ist, gläubig auf den Erwachsenen, auf sein Erleben der Welt gerichtet ist. Die Muttersprache stellt eine gemeinsame „Weltanschauung" dar, sie ist eine gefühlsbetonte, vokalreiche, oder formbetonte, konsonantenreiche Sprache, sie ist kehlig oder nasal mit vielen Variationsmöglichkeiten, aber immer wird sie eine bestimmte charakteristische Form haben und als solche Ausdruck einer bestimmten inneren Haltung der Welt gegenüber sein. Die Laute des

Ausrufs: Ah! Eh! Ih! Oh! Uh! können eindrucksvoll in dramatischer Gestik oder eurythmischer Bewegung dargestellt und auch nach und nach aus dem Bild heraus „festgehalten“ werden. Die sich öffnende staunende Gebärde

wird zum **A**, um hier nur ein Beispiel zu nennen. Die Konsonanten finden wir in allen Formen der Außenwelt als „gefrorene“ Bewegung. Über den phantasievollen Weg eines Buchstabenspiels kann man das Lesen aus der Bewegung entwickeln (siehe am Schluß dieses Kapitels). Über einzelne Märchen oder Geschichten, in denen der Laut zum Buchstaben wird, erleichtern wir das Schreiben und Lesen durch Entwicklung aus den Bildekräften heraus.

Nun wird auch der Buchstabe geübt, sorgfältig in vielen Farben nachgezogen, sodaß das Blatt ganz bedeckt ist.

Die einzelnen Laute werden in der Sprache wiedergefunden und „festgehalten“. Das Schreiben soll nun als freudvolles Tun geübt werden; sorgfältig und mit Hin-

gabe. Buchstaben werden zu Worten gefügt. Nun genügt nicht mehr die „Wiedererweckung" des geschriebenen Buchstabens beim Lesen, sondern noch ehe er verklungen ist, muß der nächste schon zu „leben", zu tönen beginnen. Aus diesem zeitlichen Ertönen und Vergehen kann der Sinn des Wortes als etwas Neues, Überraschendes erlebt werden, das nicht im einzelnen Buchstaben liegt. Groß- und Kleinbuchstaben werden zunächst als Brüder hingenommen und in einzelnen Wörtern und kurzen Sätzen geübt. Nun wird die Schreibbewegung von links nach rechts immer deutlicher. Die Gestaltung der Schrift, die Bewegungsrichtung, Haar- und Schattenstrich kann auch in bunter Form und selbst mit Wachskreiden ein schwungvolles, lebendiges Schriftbild ergeben. Obwohl das Schreiben als Schreiben, als eigener Vorgang für sich sinnvoll ist, sollte das Lesen in dem Maße sich daran fügen, daß nicht schneller gelesen wird, als geschrieben werden kann.

Je später mit dem „Lesen nach Inhalt" begonnen wird, um so mehr Freude werden die Kinder daran haben. Der „lautierende Vorgang", die Erweckung des Buchstabens zum Leben, muß spielerisch und leicht werden, dann kann das Sinnerfassen in seiner ganzen Bedeutung etwa um das 9. Lebensjahr wie von selbst dazu kommen und zur Freude am Lesen führen. Diese Kinder werden erleben, welche Welt sich öffnen kann auf ein paar weißen Seiten mit Schattenzeichen, die über Raum und Zeit hinausführen.

Die Schrift – du faßt ihr Wesen kaum –
löst auf den Raum,
hält an die Zeit,
ist Niederschlag der Ewigkeit!

(Karl Rössel-Majdan)

Bei dem früher genannten Buchstabenspiel „Die Schnuppenkinder" werden zu den Zeilen und Abschnitten und auch zu den Buchstaben entsprechende Bewegungen im Reigen, der den Himmelskreis darstellt, und die geeigneten eurythmischen Bewegungen ausgeführt:

Karl Rössel-Majdan

Die Schnuppenkinder

Der große Himmel dachte sich:
Ich hab die Welt sooo lieb!
Er lacht und leuchtet wunderlich
und drehte sich und schrieb.
Er schreibt ans weite Himmelszelt
mit Funkelflimmerschrift.
Sternbildchen drehn sich durch die Welt
um seinen Sonnenstift.
Und manchmal kommt ein Wandelstern
zu einem Bild. Den Spruch,
den sie sich sagen, wüßt ich gern
im Himmelsbilderbuch.
Paß auf! Zur Zauber-Mitternacht
Sternschnuppen erdwärts sprühn
Und sind, wenn dann der Tag erwacht,
in allen Dingen drin.
Da treiben sie's und sind versteckt
und sind erst wieder frei,
wenn sie ein Menschenkind entdeckt:
dann hört es allerlei.
Und wer gut schaut, der sieht vom Licht
ein Schattenbildchen hier,
das läßt die Schnuppe ihm zurück
auf seinem Schreibpapier.
Da schleicht der Zauberer herbei,
der Ahripokus, sacht,
und zaubert – hokus, eins zwei drei,
die Schnuppen schwarz wie Nacht.
Unkenntlich in ihr Schattenbild
sind sie ganz starr gebannt,
von Himmelsheimweh ganz erfüllt,
„Buchstaben“ jetzt genannt.
Die Wandelsterne aber sind
entwischt und fort im Nu.
Der Ahri hört sie schrein geschwind
laut: „A, E, I, O, U!“
Die Sternenkinder warten nun,

ob einer sie erlöst.
Das aber könnt ihr Kinder tun,
wenn ihr die Zeichen lest:

Das EFI ist flink wie der flitzende Fisch
im Fluß. Es fliegt auch fröhlich und frisch.

Das TEDI steht fest, wie es Türme tun,
läßt Teller und Tassen auf Tischen ruhn.

Das BEPI baut den Birnbaum schwer,
es brummt in Brust und Bauch beim Bär.

Das ESCHI entwischt, es schlängelt sich schlau
und rasch verschwindet es. Schau!

Das ESSI sitzt im Sessel still,
versteckt sich beim Eschi im Buchstabenspiel.

Das GEKI Gruben gräbt und Grab,
und Grieß dem Gackelgockel gab.

Das ELI lang am Löffel leckt,
im Lehnstuhl liegt es, klug versteckt.

Das EMI macht das Mauserl und
macht Papas Mütze, Mamas Mund.

Das ENI Berg und Tal uns trennt
und Nagetier und Nashorn nennt.

Das EWI, Wasserwellen gleich,
den Weg sich windet weit und weich.

Das ERI rollt und rudert bloß,
doch reckt sich's auf, wird's riesengroß.

Das HACHI hebt den hohlen Halm,
baut Haus und Hütte auf der Alm.

Auch gibt es manche Zwillingsbrüder,
bald weich geformt, hart hin und wieder.
Entfernt Verwandte kommen munter
und mischen sich da auch noch drunter:

Das DEDI deutet mit dem Daumen
und deckt uns dicht mit Dach und Daunen.

Das PEPI, schwupp!, die Puppe packt,
mit Pfoten ihr den Podex prackt.

Das KAGI – Achtung! – Kanten kündet,
steckt eckig auch im kecken Kinde.

Das CECI steckt beim Ha im Rachen
und Rechen, stärkt das Ka beim Hacken.

Das ZETI zischt und zuckt und zappelt
im Zickzackzaun zusammgestappelt.

Das VAUWI vielen Vögeln vorlebt,
im Evi ihm das Wewi vorschwebt.

Das QUUQUI ist des U Geselle,
quillt aus dem Quarz, kühl wie die Quelle.

Das IXI ist ein Faxenmaxi,
feixt wie die Hex' mit Arm und Haxi.

Vom Fixsternhimmel, weit und fern,
fährt laut daher ein Wandelstern,
der will die Schnuppenzeichen lesen,
die Sternchen aus der Schrift erlösen.
Jetzt, Kinder, kommt der große Jux!
Er faßt an ihren Händchen flugs
zwei stumme Kritzikratzizeichen,
dem Ahripokus zu entweichen.
Ein Silbenwort wird plötzlich laut,
da hat der Zaub'rer dumm geschaut!
Ganz wütend hat er dann gezappelt,
gezischt, gestampft und bös gerappelt.
Und Wandelsterne recht am Ort,
die formen Sätze, Wort für Wort,
Und A, E, I, O, U, AU, EI,
sind alle Schattenzeichen frei!

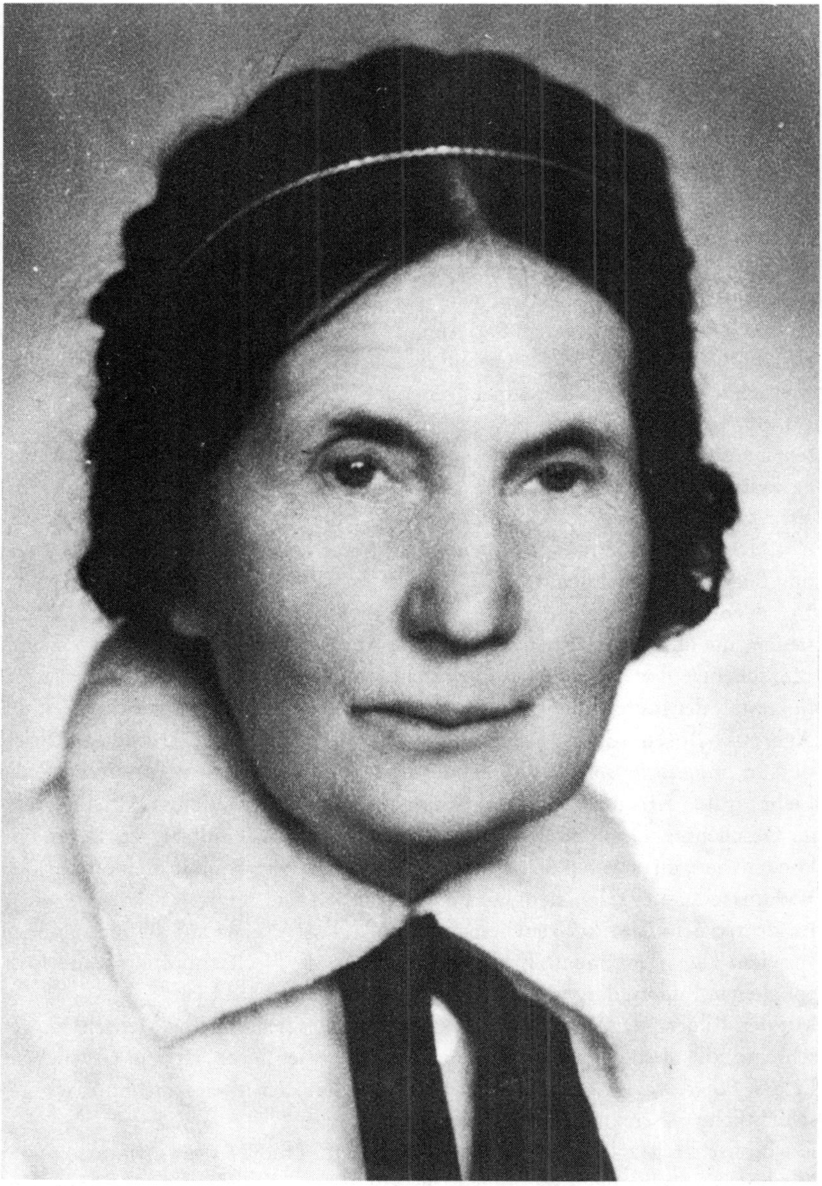

Helene Soldan (1889-1973). Begründerin des später nach ihr benannten ältesten Waldorfkindergartens Österreichs (in der Hitlerzeit wegen Verteidigung der Judenkinder gesperrt).

Jakob Streit

ZUM GESCHICHTSUNTERRICHT

Wenn wir den Kindern in den unteren Schuljahren viele *„Geschichten"* erzählen, bereiten wir ihre inneren Bilderlebens-Fähigkeiten vor, um nach dem zwölften Altersjahr eigentlichen Sinn und Interesse für die „Geschichte der Menschheit" zu entwickeln. Was geben wir in Märchen, Legenden, biblischen Erzählungen des alten Testamentes und in den Sagen der Mythologie? Wir beleben in den Kindern Bildgeschehnisse, bei denen sie in aktiv mitgehender Phantasie ihr inneres Gemüt miterlebend vertiefen. Sie lernen Sympathie mit dem menschlichen Guten entfalten; sie bangen mit Schneewittchen oder dem Märchenprinzen, der seine Menschlichkeit durch die widerstrebenden Fährnisse durchträgt und durchkämpft. Kinder lernen so ihre Antipathie auf all die widerstrebenden üblen Mächte zu werfen, die den Weg zum Guten verbauen und verhindern wollen. Das ganze Instrumentarium des Gemütes, des moralischen Menschen wird angesprochen, bereichert und sensibler differenziert. Alle Seelenstimmungen der Bangigkeit, der Erschütterung, des Mitleides, aber auch der Mitfreude, der Beglückung und Begeisterung werden rege.

In den christlichen Legenden spiegeln sich Bilder aus dem Leben von Persönlichkeiten, die durch ihre Taten zu Leitbildern der Menschlichkeit geworden sind. Menschentaten werden hier zu Geschichten. *Georg,* der Drachenkämpfer, Symbolgestalt der muterfüllten Auseinandersetzung des Menschen mit der Welt des Aggressiv-Bösen. Ritter *Martin,* seinen Mantel verschenkend, Urbild des Mitleides. In *Franziskus von Assisi* wird die Barmherzigkeit zu dem Aussätzigen, die Liebe zu aller Kreatur bis hin zum Sonnengesang erwärmendes, von Liebe erfülltes Geschehnis. Das Märchenhafte vor allem im ersten Schuljahr, das Legendäre konzentriert im zweiten Schuljahr, war die Anregung Rudolf Steiners für den Waldorfschul-Lehrplan, dem wir im weiteren folgen.

Im *dritten Schuljahr* konzentrieren sich die „Geschichten" auf die Erzählungen aus dem alten Testament. Erstmals werden in der Weltschöpfung weite Erdepochen in Bildern dargestellt (Jakob Streit, „Und es ward Licht").

Mit den Bildern der Vertreibung aus dem Paradies beginnt eine Menschheitsgeschichte, die noch ganz „oben" beheimatet ist, orientiert nach dem Göttlichen. In der Folge weben sich zu den mythisch-religiösen immer mehr irdisch-geschichtliche Geschehnisse ineinander.

Die biblischen Erzählungen des Alten Testamentes führen vom „Himmel", vom Mythos, zum Geschehnis auf der Erde, zur ersten Historie, noch verankert im Religiösen (Jakob Streit, „Ziehet hin ins gelobte Land").

Für das *vierte Schuljahr* regte Rudolf Steiner für den Lehrplan an, Geschichten und Mythen der Germanen der nordischen Strömung Europas zu erzählen. Diese bildeten einst die Wurzel nördlicher Kultur, die der römische Geschichtsschreiber Tacitus in vielem bewunderte neben der römischen Dekadenz. Die germanische Mythologie gibt in klaren, kräftigen Bildern die Trilogie der drei Welten: *Asgard,* der Garten der Asen, der Götter, Walhalla, die Welt des schöpferischen Lichtes. Ihr steht entgegen die finstere, unheilwirkende Unterwelt *Hel* oder Schwarzalfaheim, deren Unholde und Ungeheuer die Götter bedrohen und die Menschen in ihren Bann ziehen wollen. In der Mitte steht *Midgard,* der Garten der Mitte, der Menschen, die nun zwischen dem Göttlichen und dem Widersachertum ihren Weg suchen müssen. Es sind naturhafte, stark prägende Bildgeschichten, die von Thor und den Riesen, von Odin, vom Sonnengotte Baldur erzählen (Dan Lindholm, „Götterschicksal, Menschenwerden").

Erlebend wird so das Kind mit seinen Phantasiekräften durch die Bilder vergangener Zeiten geführt, in denen von überzeitlichem Ringen der Menschheit berichtet ist angesichts der drohenden Götterdämmerung.

Zur Methodik ist hier zu empfehlen, daß man an gewisse historische Überlieferungen anknüpft, wo das durch die Umgebung möglich ist. Es können alte Namen von Flüssen, von Hügeln, Bergen und Wäldern sein, die in jene Frühzeiten zurückragen. Es gibt Grabfunde, Heidensteine usw., die die Verkettung ferner Zeiten mit unserer Zeit aufzeigen. Man erzählt vom täglichen Leben dieser ganz in der Natur und mit dem Jahreslauf lebenden Menschen, von ihrem Hausbau, der Jagd, dem Heiligen Hain, der Thingstätte, wo Recht gesprochen wurde. Man läßt den Barden auf Besuch kommen, der die Göttergeschichten erzählt. Man besucht einen greisen Kämpfer, der um Heldensagen weiß. (In Vorbereitung für 1985: Jakob Streit, „Geron der Germane".)

Die Nibelungen- und Siegfried-Sage schließt die Tragik der nordischen Götterdämmerung in sich. Der Held erliegt den verfinsternden Mächten. Hier läßt sich die Botschaft der irisch-christlichen Glaubensboten einfügen, die als erste in das nördliche Europa bis hinein nach der Schweiz und Österreich ein Christentum brachten, das sich unmittelbar an die Mythologie der Kelten und Germanen anschloß (Jakob Streit, „Sonne und Kreuz").

Später flutete von Süden die römisch-kirchliche Mission darüber hinweg und hat weithin die Pionierarbeit der Iro-Schotten für ein christliches Abendland vergessen lassen.

GRIECHISCHE MYTHOLOGIE (5. Schuljahr)

Die Bilder der großen Mythologien schlummern archetypisch in jeder Menschenseele. Sie erzählend und gestaltend zum Leben erwecken, heißt Kräfte der Ur-Charakteranlage im Kinde aktivieren. In der germanischen Mythologie finden wir das Ringen der Mächte zwischen Licht und Finsternis als Grundthema. In der griechischen Mythologie, vor allem in den Heldensagen, treten die Werdestufen der menschlichen Individualität hervor. Im elf- bis zwölfjährigen Schüler, hin zur Persönlichkeitsformung der Pubertät, findet individuell dasselbe statt, was in einer Herakles-Sage und in den Schicksalsirrungen des Odysseus geschildert wird. In diesem Alter ist Denken und Verstand noch eingehüllt in die Phantasie. Deshalb können mythologische Bilder seelisch die Gesinnung befruchten, das Denken durchbluten und durchwärmen in Begeisterung, daß es nicht zu abstrakt-sterilen Formen schrumpft.

Aus dem Ur-Chaos erschaffen die griechischen Götter die Welt, die Erde und den Menschen. In der Prometheus-Sage wird bildhaft eine noch nicht vom Geist erfaßte Vormenschheit geschildert, die dumpf dahinvegetiert. Athene, die Weltenseele, gibt ihren göttlichen Hauch. *Prometheus* erbarmt sich der Geschöpfe, schafft ihnen Feuer und verleiht ihnen dadurch kulturschöpferische Ich-Kraft. Zeus bestraft ihn, weil er meint, das wäre vorzeitig, den göttlichen Weltenplan störend, geschehen.

Die *Herakles-Sage* stellt in Bildern dar, wie das menschliche Ich (Herakles) an den Widerständen von zwölf schweren Arbeiten heranwächst. Überwinden und Prüfungen stärken die Ich-Kräfte. Herakles wird so zum Befreier des Prometheus am Felsen. Doch die Wucht seiner sich durchringenden Persönlichkeitskräfte erzeugt auch viel Tragik, die er auf sich nehmen muß. Er verwirklicht das Griechen-Götterwort: „Den lieb' ich, der Unmögliches begehrt!" Die griechische Mythologie pflanzt in die Schüler einen idealistischen Zug.

Begegnen wir in Herakles der Tat-Natur des Menschen, so in der *Odyssee* dem Feld der Schicksalsprüfungen des erleidenden Sich-Zurechtfindens im Schicksalsgeschehen. Odysseus, der Kluge, wendet durch Menschendenken die üblen Situationen zum Guten. Er geht durch viele Einsamkeiten, wird endlich zum Bettler, der einst ein König war, um Ithaka als gewandelter Mensch wieder zu betreten.

Eine hohe moralisch-idealistische Stärkung können die Bilder der griechischen Sagenwelt dem Kinde vermitteln (H. R. Niederhäuser: „Von griechischen Göttern und Helden").

KULTUREPOCHEN DES ORIENTS (5./6. Schuljahr)

In den Zusammenhängen der Staatsschule wird es vorkommen, daß ein Lehrer des 6. oder 7. Schuljahres eine Klasse bekommt, die weder von der germanischen noch von der griechischen Sagenwelt je etwas gehört hat und ebensowenig von den alten Kulturen des Orients.

Nachholen ist dann immer wieder eine mögliche Hilfe. Natürlich muß Auslese

und Dichte des Stoffes rationell bedacht sein. Aber was Rudolf Steiner für den Geschichtsunterricht der oberen Klassen anregte, gilt auch hier. Er sprach davon, daß vor jeder Geschichtsepoche so etwas wie eine kurze Wiederholung der ganzen Menschheitsgeschichte gegeben werden könnte, woran sich dann das Neue anschließt. Mythologie wäre der der Geschichte vorangehende Teil.
In den Kulturen des Orients (Eduard Schuré: Die großen Eingeweihten / Rudolf Steiner: Wendepunkte des Geisteslebens / F. Eymann: Das Christentum und die vorchristlichen Religionen) kann im fünften Schuljahr ein Überblick im Gange der Menschheitsentwicklung gegeben werden, wie er von Asien her eingeleitet wurde. Zunächst kann angeknüpft werden an „das Land vor der Sintflut", an die alte Atlantis, die als Kontinent und „Wiege der Menschheit" im 10. Jahrtausend vor Christi Geburt untergegangen ist (Rudolf Steiner: Aus der Akasha-Chronik). Der biblische Noah ist derselbe wie der altindische „Manu", der in Zentralasien das geistige Kulturzentrum für die nachatlantische Entwicklung inaugurierte. Die nachfolgenden Hochkulturen sind Früchte dieser asiatischen Ur-Kultur.
In erlebbaren Bildern erzählt man den Schülern von der altindischen Veden-Kultur, ihrem Opferdienst. Man erzählt von Krishna und (Jahrtausende überspringend) von der verwandten Kultur des Buddhismus und ihres Begründers, von Bildern und Mythen der Ganges-Welt (Dan Lindolm, „Quell der Ganga").
Es folgt die altpersische Epoche der *Zarathustra-Kultur*, mit ihrer ganz auf „Licht und Finsternis" orientierten Religiosität, ihrer Zuwendung zur Erde, zu Ackerbau und Viehzucht.
In der ägyptisch-chaldäischen Zeit können wir bis in die Bauten und Lebensformen die Fortsetzung der Eroberung des physischen Planes aufzeigen. Tempel und Mysterienstätten sind die Zentren, von denen alles geistige und soziale Leben ausgeht. Kulturgeschichte wird hier eine erste Vorstufe der späteren Kunstgeschichte.
Mit dem Griechentum befinden wir uns in der reichen Fülle einer blühenden Kultur, deren Bilder und Kunstwerke die Schüler mit dem Element der Schönheit imprägnieren. Im griechischen Drama erscheint der handelnde Mensch im objektiven Urteil des Chores. (Für diese Zeit schrieb der Autor dieser Ausführungen das Jugendbuch „Milon und der Löwe".)

BEGINN DER EIGENTLICHEN WELTGESCHICHTE (6. Schuljahr)

„Wie sich das *Kulturelle* der Menschheit entwickelt hat, das wird in Zukunft besonders Gegenstand des Unterrichts sein müssen." (Rudolf Steiner, Methodisch-didakt. Kurs)
„Die großen Gesichtspunkte sind es doch einzig und allein, die der Geschichte einen Lebenswert geben können."(Rudolf Steiner, 12. 3. 1920)

Wenn Geschichte nur eine Sammlung von Informationsmaterial bliebe, müßte sie zum Ballast der Vergangenheit werden. Wir sollten anknüpfen an das, was von dem betrachteten früheren Zeitraum noch in der Gegenwart lebendig ist. Wenn es uns gelingt, immer vom Menschen auszugehen, wie er in den verschiedenen Zeiten damit zu ringen hatte, ein menschliches Leben zu führen, dann treten die menschenfreundlichen und menschenfeindlichen geschichtsbildenden Mächte und Persönlichkeiten in ihrer Erscheinung uns entgegen. Wir beschreiten dann mit dem Geschichtsunterricht die Wege und Abwege der „Erziehung des Menschengeschlechtes" (Lessing). Von den alten Rassen und Volkskollektivismen schreitet der Gang der Menschheit unentwegt zu individueller Existenz hin, zum Sich-Befreien von Rassen- und Gesellschaftsvorurteilen.

Die *römische Geschichte* gibt nach der einen Seite eine Anschauung des Überbordens der kollektiven Macht des Staates, der vom Besitzdenken getrieben ist. Daher das fast pausenlose Kriegsführen der Römer. Andererseits überbordete im Römertum die individuell-egoistische Macht, die in Besitz- und Herrschsucht wurzelt. Cäsaren wie Tiberius, Caligula, Nero u.a. erheben Götteranspruch und vollführen Taten als Bestien. Brutalität wird geschichtsbildend. Das individuelle Heldentum (auch der christlichen Märtyrer) ragt heraus als neue menschenstärkende Kraft. Die gewaltige intelligente Zivilisation der Römer ist imponierend, und dort, wo sie in die Fußstapfen Griechenlands tritt, hat sie erhabene Bauten und Kunstwerke gebildet. Die Römer sind aber auch Väter der eigentlichen Politik und des paragraphierten Rechtes. Welcher Gegensatz zwischen Willkürherrschaft und wiederum fixiertem Zivilrecht! Welch menschliche Tragödien von Aufstieg, Größe und Heldenhaftigkeit und wiederum von Niedergang und Zerfall! (H. R. Niederhäuser: Römische Sagen und Geschichten).

Persönlichkeiten treten in die Geschichte, wie Coriolan, Mutius Scaevola, Cloelia und Hannibal, deren Mut und Unternehmungsgeist man Bewunderung zollen kann.

Wichtig für das Erleben der Schüler in der römischen Geschichte ist, daß der Lehrer lebensvoll zu diesen „Weltbildern" solche Geschehnisse schildert wie das Katakomben-Christentum. Keimhafte Zukunft lebt noch in der Verinnerlichung, buchstäblich unter der Erde. Der Weltimpuls des Christentums zeigt sich in seiner Frühform, im Katakombendasein. Farbig engagiert muß der Lehrer Geschichte erzählen und schildern! Rudolf Steiner erließ den Appell:

„Es ist wichtig, daß wir deshalb alle unsere temperamentvolle Grundlage zusammennehmen, um mit einem starken persönlichen Anteil den Kindern Geschichte beizubringen!" (Ergänzungskurs 1921).

Vom zwölften Altersjahr an wird das Kind reif, daß es auch Kausalzusammenhänge begreifen lernt. Der Zerfall des römischen Reiches durch Völkerwanderungskriege von außen, durch Dekadenz von innen, führt über Zerstörungszeiten des römischen Reiches ins frühe Mittelalter.

Immer wenn wir in das Zentrum einer Epoche Persönlichkeiten stellen können, die wie in einem Brennpunkt geschichtliche Strömungen repräsentieren, wird der Geschichtsunterricht lebendig. So gibt für die südliche Ausbreitung des Christentums *Paulus* mit seinen Reisen einen Darstellungskreis, für das keltisch-irische Christentum der Glaubensbote *Columban* und seine Begleiter. Die Intoleranz der mittelalterlichen Kirche gegenüber verschiedenen christlichen Strömungen charakterisiert sich selbst. Einen weiteren Kreis bilden die Kreuzzüge. Hier die unwahrscheinliche religiöse Begeisterung, dort der weltgeschichtliche Irrtum, daß das Christentum vom Besitz eines Grabes abhängig sei. Das mittelalterliche Rittertum und Mönchsideal bedarf lebensvoller Schilderung.

ZEITALTER DER ERFINDUNGEN UND ENTDECKUNGEN
(7. Schuljahr)

Diesen Zeitraum bezeichnet Rudolf Steiner für den Geschichtsunterricht als den allerwichtigsten, man möge besondere Sorgfalt darauf verwenden. Warum? – Weil vom 15. ins 17. Jahrhundert der Mensch zum kritisch-selbständigen Individuum erwacht, was die Schüler eben jetzt in der Pubertät bei sich selbst durchmachen. Gerade in diesem Alter trägt Geschichte bei zur Persönlichkeitsformung. Der Drang in die Weite, das Suchen nach neuen Welten darf in seiner Abenteuerlichkeit mit einem Columbus, mit einem Magellan erlebt und erlitten werden. Polar zu diesem Drange nach außen steht das faustische Suchen und Forschen nach den inneren Erkenntnissen. An einem Leonardo da Vinci wird es packend anschaubar bis hin zu seinen anatomischen Studien und seinen Flugmodellen. Prägnante Darstellung muß das Schicksal des Erfinders der Buchdruckerkunst, Gutenberg, erfahren, dessen unentwegter Einsatz mit soviel Tragik, menschlichem Leid und Enttäuschungen verbunden ist.
Der Ausbruch aus der mittelalterlichen Welt wird so auf verschiedenen Ebenen anschaubar: in der Kunst, im Religiösen der Reformation, im wissenschaftlichen und technischen Suchen und Forschen. Das Weltbild bricht aus den Fugen und führt zu einem gewaltigen Mehr an materiellen Erkenntnissen.

DIE NEUERE ZEITGESCHICHTE

Am Geschichtsunterricht kann nach und nach das „Maß des Menschlichen“ gewonnen werden. Im Pubertätsalter sollten immer wieder Geschehnisse der Gegenwart einbezogen werden. Alte überholte Rassismen bringen ebenso Unglück über die Völker, wie die Nationalistenbestrebungen des 19. und 20. Jahrhunderts. Sie lassen, verbunden mit politisch-religiösen Fanatismen, Nordirland nicht zur Ruhe kommen, sie haben den Libanon zerfetzt usw. Wir blicken hin auf Tragödien, wo das Recht beim Stärkeren sein soll wie in Afghanistan; Gewaltblöcke des Politischen und Wirtschaftlichen in Ost und West. An Individualitäten versuchen wir aufzuzeigen, wie immer wieder allmenschlich befreiende Impulse aufleben: Mahatma Gandhi, Martin Luther-King, Pestalozzi, Henri Dunant, Solschenizyn und andere Märtyrer der Menschlichkeit (siehe B. Nordmeyer: „Zeitgewissen" und „Profile des Jahrhunderts", F. M. Reuschle: „Im Zeichen der Menschlichkeit").

ZUR METHODIK

Geschichte darf nie etwas werden, was bloß zu Vergangenheitsschichten zurückführt. Ohne existenzielle Bezogenheit würde das die Schüler auch langweilen und leer lassen. Wo aber das Drama um den sich fortentwickelnden Menschen sichtbar wird und Urteilswege zur Gegenwart sich einstellen, kann ein symptomatischer Geschichtsunterricht Vergangenheit gegenwärtig machen. Auch in den Staatsschulen sollte es möglich sein, den Geschichtsunterricht in konzentrierten Epochen zu erteilen. Das Zerfasern und Langziehen über den Stundenplan eines Jahres hin mit dürftigen 1–2 Wochenstunden läßt weder Schwung noch Intensität des Geschichtsunterrichtes aufkommen. Wird er in 2–3 Epochen während eines Schuljahres erteilt, von ca. 3–4 Wochen, von Tag zu Tag, dann entsteht Leben. Im offiziellen Lehrplan des Kantons Bern (Schweiz), in dessen Rahmen der Schreibende an öffentlichen Schulen unterrichtete, steht der Passus: Der Hauptunterricht kann auch kursorisch erteilt werden. So ist ermöglicht, neben den Realfächern auch den Geschichtsunterricht konzentriert zu erteilen, eine Wohltat für Schüler und Lehrer. In einer Zeit der Zersplitterung und Zerstreutheit der jugendlichen Erlebnisbereiche lernt der Unterrichtende gerade den Epochenunterricht als vertiefende und konzentrierende Hilfe schätzen.
Mit skizzenhaften Andeutungen, wie eine Auslese symptomatologischer Geschichtsgebiete in einen menschlich engagierenden Strom genommen werden können, sollte hier auf die menschen- und charakterbildende Bedeutung des Geschichtsunterrichtes hingewiesen werden. (Die Auslese bedarf selbstverständlich der Ergänzung.) Im bloßen Stoffe verbleiben heißt hier, jenes Unbehagen über den Geschichtsunterricht verbreiten, das jene Öde erzeugt, die schließlich nach seiner Abschaffung ruft. Dann aber würde man verfehlen, echte, urteilsfähige „Zeitgenossen" heranzubilden.

Michael Klein

MUTTERSPRACHE, FREMDSPRACHEN

In den Waldorfschulen wird vom ersten Schuljahr an Wert auf die Fremdsprachen gelegt. Die wichtige Rolle, die das Wort spielt, kann außer im Sprachenunterricht auch gesehen werden im gepflegten Sprechen und Rezitieren – in der Sprachgestaltung – und in der eurythmischen Bewegungskunst, die eine Sichtbarmachung des gesprochenen Wortes darstellt. Es werden neben der Pflege der eigenen Sprache auch schon von der ersten Klasse an zwei Fremdsprachen erlernt. Im deutschsprachigen Raum sind es meist Englisch und Französisch, im englischsprachigen Raum Französisch und Deutsch (in den an Mexiko grenzenden Gebieten der USA dürfte noch Spanisch zur Wahl stehen). Latein wird geboten und nach Möglichkeit genug Griechisch und Russisch, um einen Einblick zu geben. Denn wir wollen unseren Schülern dazu verhelfen, Weltbürger zu werden. Weltbürger im üblichen Sinn, aber auch Bürger jener geistigen Welten, die durch die Kenntnis der Sprache und der Literatur eines anderen Volkes, eines anderen Landes, eines anderen Erdteiles erschlossen werden können.

Zugleich wird die Pflege der eigenen Muttersprache nicht nur als Fach für sich betrieben, sondern gerade auch durch das Studium der Fremdsprachen gefördert. Durch die Auseinandersetzung mit der fremden Sprache gewinnt man auch zur eigenen ein bewußteres Verhältnis. Mit zunehmender Vertrautheit mit der eigenen und mit den fremden Sprachen treten für den Schüler allmählich die Grenzen zurück, die zwischen den verschiedenen Sprachen liegen, und im Laufe der Jahre tritt immer mehr in den Vordergrund der gemeinsame Schatz, welcher durch eine jeweilige Sprache auf diese oder jene spezielle Weise zum Ausdruck kommt.

Die Art des Fremdsprachenunterrichtes ändert sich im Laufe der zwölf Schuljahre, dem Alter des Kindes entsprechend. In den ersten Schuljahren erfolgt der Sprachunterricht über die „Direktmethode". Wir machen Gebrauch von des Kindes Fähigkeit, unbefangen nachzuahmen. Welch Verlust wäre es, diese einmalig erscheinende Fähigkeit ungenutzt zu lassen! In diesem Alter sind die Schüler mit ihrer Umwelt intim verbunden, auch mit den darin bestehenden Sprachen, wenn wir diese an die Schüler heranbringen. Dies tun wir unmittelbar durch Lieder und Sprüche, die im gemeinsamen Chor (das Sozialgefühl wird gefördert) sowie auch einzeln gesungen und gesprochen werden. Das ergibt dann auch schöne und lebendige Darbietungen für die Monatsfeiern, in denen jede Klasse die Möglichkeit hat, sich und den anderen zu zeigen, was sie schon kann. Auch kleine Gespräche und Sprachspiele verschiedener Art werden geübt und erlernt, sie sprechen des Kindes lebhafte Vorstellungskraft an und setzen sich durch regelmäßige Wiederholung im Gedächtnis fest.

Etwa vom neunten Lebensjahr an, wenn das Kind in ein bewußteres Verhältnis gegenüber seiner Umwelt tritt, können wir beiläufig beginnen, auf die Grammatik, das „Knochengerüst“ der Sprache hinzuweisen, obschon noch nicht auf die gründliche und systematische Art, wie es dann später in der Oberstufe angemessen sein wird. In jeder Stufe aber gilt es, den Unterricht so lebendig und lebensnah, so „saftig“ und „farbfreudig“ wie möglich zu gestalten. Wir wollen eben die Säfte anregen, das „Leben in den Lehrsaal“ bringen. Auch in diesem Alter machen wir keinen Gebrauch von Lehrbüchern, der Unterricht erfolgt unmittelbar auf direktem Wege über das gesprochene Wort. Eine Vielfalt von Anregungen zur Gestaltung des Sprachunterrichtes, besonders in diesen niederen und mittleren Klassen, findet der interessierte Leser in den Literaturangaben.

In der Oberstufe, wo dann die Schüler bereit sind, den Stoff auch gedanklich zu erfassen und zu durchdringen und dies sogar wünschen, kommt die Grammatik zu ihrem vollen Recht. Dabei wird dem Schüler zur Stütze, was er bisher auf künstlerisch geprägte Art in den unteren Klassen schon erworben hat. Zum Erteilen der Grammatik gibt es für den Lehrer kein „Rezept“ außer diesem, daß er immer wieder von neuem sein eigenes Rezept schaffen muß. Als Ausgangspunkt seiner Überlegungen weiß er ja selber noch, was er seinerzeit beim Erlernen der Sprachen für wirksam und wiederholenswert hielt, und was unbrauchbar oder der Besserung bedürftig war. Nachdem er die Verantwortung trägt, die Klasse zu ihrem Ziel zu führen, ist es nur recht und billig, daß er auch selber aus sich heraus für die Mittel sorgen soll. Hier kann auch ein gutes Lehrbuch als Leitfaden – nicht als Zwangsjacke – nützlich sein. In jedem Fall wird er sich mit der jeweiligen Gruppierung Lehrstoff/Klasse/Lehrer arrangieren. Jede Klasse ist anders zusammengesetzt, ein Jahrgang ist nicht wie der nächste, sogar die Tageszeit (vor dem Mittagessen oder nachher) spielt eine Rolle. Im Sprachenunterricht gibt es auf die Frage „Wie sag ich’s meinem Kinde?“ äußerstenfalls so viele Antworten, wie es Kinder gibt, und der Lehrer wird sie alle in Evidenz halten und nicht ruhen, bevor alle begriffen haben.

Der Literaturunterricht, sei es in der Muttersprache, sei es in der Fremdsprache, bildet für Zwecke eines einführenden Aufsatzes über den Sprachenunterricht ein so großes Gebiet, daß es eigentlich separat behandelt werden könnte. Es genüge, hier darauf hinzuweisen, daß die in Betracht kommende Literatur einer jeden Sprache eine solche Fülle an Auswahlmöglichkeiten bietet, daß der Lehrer aufgerufen ist, nur mit Takt und Geschmack für seine Schüler das Beste und nach seinem Ermessen Bezeichnendste der jeweiligen Sprache herauszusuchen. Auch wird er davon absehen, die Grammatik an Hand der Literatur zu erläutern, denn das ist schlecht für die Grammatik und schlecht für die Literatur; dem Schüler verdirbt er die Lust an beidem. Nach Bedarf kann der Lehrer geeignete Beispiele selber erfinden.

Ebenfalls machen die Waldorfschulen keinen Gebrauch von der neuen Modeerscheinung im Sprachenunterricht, dem elektronischen Sprachlabor. In den vie-

len anderen Schulen und Hochschulen, in denen das Sprachlabor einen Platz gefunden hat, hat sich zunehmend die Erkenntnis verbreitet, wie sehr dieses vermeidliche Lehrwerkzeug bei den Lernenden verhaßt ist. In der einsamen Zelle im Sprachlabor fühlt sich der Schüler verlassen und verraten, was er ja auch ist, will er doch die lebendige Sprache durch einen lebendigen Lehrer lernen. Wenn dieser sich nicht zutraut, die Sprache und ihre Aussprache gut genug zu beherrschen, oder nicht erfinderisch genug ist, die einzelnen Schüler regelmäßig aufzurufen, dann muß er es erlernen oder es lassen.
Außerdem eignet sich die Waldorfschulbewegung, die inzwischen mit hunderten von unabhängigen, aber gleichartig arbeitenden Schulen in allen Teilen der freien Welt vertreten ist, vorzüglich dazu, den brieflichen Gedanken- und Erfahrungsaustausch der Schüler in den verschiedenen Sprachen zu fördern. Schüler in Oslo können ihre Deutsch- und Französischkenntnisse an Schülern in Berlin und Paris üben, und die Deutschen und Franzosen erfahren aus erster Hand etwas über das Leben und die Lebensart in Norwegen. Schüler in Frankfurt bitten ihre Altersgenossen in Amsterdam, einen kurzen Text ins verwandte Niederländische zu übersetzen, und beide Teile lernen etwas dabei – über die andere Sprache und über deren Sprecher. Schüler in Wien und Los Angeles können sich auf Deutsch und Englisch zusammenraufen, und bald fällt es kaum noch auf, wer welches spricht, da beide beides und vor allem, da beide einander verstehen.
Um den Unterricht besonders in der Oberstufe zu beleben, empfiehlt der Verfasser, die Schüler so viele Beispiele angewandter Fremdsprachen sammeln zu lassen, wie sie in ihrer alltäglichen Umgebung nur finden können, und diese in die Klasse zu bringen. Mehrsprachige Gebrauchsanleitungen und Beschreibungen – sei es zu Seifenflocken oder zu Maisflocken – kommen an die Wand des Klassenzimmers. – Ein Schüler wird beauftragt, auf der nächsten Ferienreise per Eisenbahn die Ermahnung „Nicht hinauslehnen!“ in den üblichen vier Sprachen abzuschreiben und in Plakatgröße für die Klasse mitzubringen. Ebenfalls die im Waggon befindliche Ermahnung „Kein Trinkwasser – Eau non potable.“ (Fragen an die Klasse: „Wo kennen wir sonst noch das Wort eau im täglichen Leben? – Eau de Cologne, Kölnisch Wasser. – Woher kommt der Name Cologne? – Das war einmal eine römische Siedlung, eine colonia.“) – Der Markensammler in der Gruppe (einen gibt es wohl immer) wird freundlich gebeten, Marken aus Belgien, Canada, der Schweiz, Israel und Süd-Afrika mitzubringen. (Frage an den Leser: Warum gerade die? Woran erkennen wir überhaupt die Briefmarke aus der Schweiz?) Diese werden dann besprochen. Vielleicht sind andere Schüler so freundlich, die Marken anschließend in Plakatgröße für die Wand zu reproduzieren, wo sie ein paar Wochen lang das Zimmer zieren.
Ein besonders anregendes Projekt – speziell im Lateinunterricht, aber wo liegen da die Grenzen? – ist folgendes: Fast jede Hochschule und Universität in den Vereinigten Staaten hat auf ihrem Wappen oder Siegel einen Wahlspruch. Die

meisten dieser Wahlsprüche sind in Latein, manche in Englisch, mindestens einer in Deutsch, so zum Beispiel „Lux et veritas“ (Harvard), „Et facta est lux“ (Morehouse College), „Multa lumina una lux“ (Claremont Graduate School), „Let there be light“ (University of California), „Incipit vita nova“ (Scripps College), „Our tribute to Christian civilization“ (Pomona College), „Die Luft der Freiheit weht“ (Stanford University – ein Zitat übrigens nicht, wie man vermuten könnte, von Schiller oder Goethe, sondern von Ulrich von Hutten), „Crescit cum commercio civitas“ (Claremont McKenna College), „Palmam qui meruit ferat“ (University of Southern California), und „Head/Heart/Hand“ (Bethune-Cookman College, eine von Negern gegründeten Hochschule).

Nun zum Projekt. Jedem Schüler wird die Adresse (nur die Adresse, nicht der Wahlspruch) einer solchen amerikanischen Hochschule zugeteilt, oder er darf selber wählen, sofern er eine Vorliebe zu haben meint. Nun setzt die Klasse mit Hilfe des Lehrers einen Brief in englischer Sprache auf, an den Rektor („President“) der jeweiligen Hochschule, Universität oder College gerichtet, in welchem der Schüler sich vorstellt (Schüler der So-und-so-Schule), und um Auskunft bittet über das Universitäts-Siegel, und wie doch bitte der Wahlspruch laute und wie es zu seiner Wahl kam, und ob man doch freundlicherweise ein kleines Faksimile des Siegels für den Unterricht senden könnte. (Daß die amerikanischen Colleges auf typisch aufgeschlossene Art sehr gern solche Auskünfte erteilen, ist dem Verfasser des Vorliegenden aus seiner amerikanischen Heimat persönlich bekannt.)

Jetzt schreibt jeder Schüler den gemeinsam aufgesetzten Brief an den Präsidenten „seiner“ Universität ab („Dear Madame oder Sir“) und schickt ihn, per Luftpost versteht sich, ab. Nach wenigen Wochen der Erwartung treffen die Antworten ein. Dann macht jeder Schüler in Plakatgröße eine Reproduktion des ihm zugeschickten Siegels und erklärt den Klassenkameraden, was der Wahlspruch bedeutet, und kann die Erklärung, je nach Sprachkenntnissen der Klasse, grammatisch auch beweisen oder verteidigen. Dann kommen alle Plakate an die Wand, und einige Zeit lang erstrahlt das Klassenzimmer in neuer Pracht. – Ist es Sprachunterricht, Geographie, Menschenkunde, Übung im Schreiben von Geschäftsbriefen? Wo hört das eine auf und fängt das andere an?

Die Anregungen zur Belebung des Unterrichtes lassen sich beliebig vermehren durch den Einfallsreichtum des Lehrers. Allein für sich, ohne den regelmäßigen kommulativen Sprachunterricht, machen sie freilich noch niemanden zum vollkommenen Linguisten. Aber wenn sie auch nur dazu beitragen, die Schüler mit offeneren Augen schauen und mit größeren Ohren hören zu lassen auf die vielen interessanten Mitreisenden in der großen, globusförmigen Arche Noah der Sprachen, auf der wir alle miteinander leben, dann haben sie ihren Zweck schon teilweise erfüllt.

Georg Nechay

DANKBARKEIT – VERTRAUEN – PFLICHTBEWUSSTSEIN: VOM SINN RELIGIÖSER EMPFINDUNG

Die einseitig technisch-mechanistische Entwicklung unserer Kultur wirkt schon auf die Kleinkinder schädigend ein. In unserer – immer schwächer werdenden – christlichen Kultur tritt als „Ideal" der alles überlebende körperliche Superman, der Soldatenmensch und der Wirtschaftsmanager als Folge der darwinistischen Weltanschauung auf. Auch die Pädagogik wurde in den Dienst dieses „Ideals" einer Auslese im „Kampf ums Dasein" gestellt. Der Mensch wird spezialisiert, und vom Nützlichkeitsdenken in der Industriegesellschaft durch physische Funktionen determiniert, sein eigentlich Geistiges aber totgeschwiegen.
Eine Pädagogik aber, die bestrebt ist, Vollmenschen auszubilden, muß die seelisch-geistigen Kräfte im Menschen berücksichtigen. Es bedarf eines neuen Denkens über den Menschen, über die Welt. Wenn der Jugend nicht vom ersten Schuljahr an neue geistige Impulse zugeführt werden, wird alle Bildung und Menschenveredelung Illusion bleiben müssen.
Auf dem Gebiet der sogenannten moralischen Erziehung soll versucht werden zu zeigen, wie hier die religiöse Atmosphäre entscheidend ist. Die waldorfpädagogische Menschenkunde geht davon aus, daß der Mensch im Laufe seines Lebens die Stufen der Menschheitsentwicklung wiederholt. Am Anfang der Entwicklung war noch alles Religion. Diesem Zeitalter entspricht das erste Jahrsiebent von der Geburt bis zum Zahnwechsel, in dem das Kleinkind noch gänzlich in der Umhüllung des elterlichen Hauses lebt. Zunächst wird alles dem körperlichen Wachsen untergeordnet, später entstehen, wie schon ausgeführt, auf dem Gebiet der Bewußtseinsentwicklung vielerlei Aktivitäten, von denen die wichtigste die intensive Wahrnehmung ist. Sie liegt in der unbedingten Hingabe des Kindes an seine Umwelt; das Kind ist ganz Wahrnehmungsorgan oder Sinnesorgan. Das kleine Kind ist völlig offen für die Welt, läßt diese arglos und vertrauensvoll in die eigene erwachende Seele einströmen und tritt dieser hereinflutenden Welt mit aktivem Interesse entgegen. Die Hingabe an diese Welt geschieht mit einer Kraft, die sich im späteren Leben nur mit der alles durchdringenden Hingabe eines religiösen Menschen vergleichen läßt. Was im Religiösen auf ein göttliches Wesen gelenkt wird, spielt sich beim Kinde allgemein auf leiblichem Gebiete ab. Rudolf Steiner sprach in seinen pädagogischen Vorträgen über diese „religiöse" Hingabe an die Umwelt und bezeichnete sie mit dem Ausdruck: „Leibliche Religiösität". Das kleine Kind hat ein so naturhaft unbegrenztes Vertrauen zu seiner Umgebung, daß es alles dankbar nimmt und alles nachahmt. Was es von der ersten Lebensphase lernt, wird ihm durch Nachahmung zuteil. Erziehungspraxis bedeutet hier, eine solche seelische Umgebung zu schaffen, daß alles nachgeahmt werden darf,

das heißt, die Eltern müssen sich selbst unter Kontrolle nehmen, daß sie bis in die Gedanken- und Gefühlswelt hinein nichts durchlassen, was, als geistige Atmosphäre wirkend, diese verunstalten könnte. Gerade alles dasjenige, was nicht zum Bewußtsein kommt, dringt hinunter in tiefste Schichten der Seele und bleibt dort liegen, um später Anlaß zu bestimmten Stimmungen, Gefühlen oder Handlungsweisen zu sein. Erzieherisch hat man in den ersten Lebensjahren Einfluß nur durch dasjenige, was man sich erworben hat an Vertrauen, an echter, intensiver, wahrer und somit gewissenhafter Erziehung, kurzum durch Moralität, die man in seinen Handlungen zum Ausdruck bringt. Wenn die grundlegenden moralischen Werte im kindlichen Bewußtsein in diesen Jahren durch diese eigene Redlichkeit in allem geweckt werden, wird ihm „Sittlichkeit" selbstverständlich sein können. Sonst bleibt sie Phrase und bloßes Gebot. Moral zum Wesenszug werden zu lassen, ist in keinem Falle mit Predigen zu erreichen, denn sie muß zur Gewohnheit aus freiem Antrieb werden.

Auch die Dankbarkeit liegt der noch allgemein gläubigen kindlichen Seele, aber sie soll nicht bloß äußerlich gepflegt werden, sondern als ein tiefes Gefühl der Ehrfurcht gegenüber allem Älteren, Tüchtigeren, Höheren, Wunderbaren, das ihm weiterhilft. Nicht nur eine gesunde Religiosität, sondern ein tiefes soziales Verständnis für den Mitmenschen wird als eine Art zweite Natur die Folge sein. Das Kind lernt tatsächlich im ersten Jahrsiebent mehr, als im ganzen weiteren Lebensverlauf. Vor allem erwirbt es sich die Fähigkeiten, die den Menschen vor anderen Lebewesen auszeichnen, Entwicklungsanfänge, bei denen das kleine Kind viel Wärme und eine gewisse Führung braucht. Undankbarkeit, Unhöflichkeit, Kaltschnäuzigkeit stören diese Wärme und später das soziale Leben.

Mit dem Zahnwechsel nähert sich das Kind einer neuen Phase seiner eigenen Persönlichkeitsentwicklung und entfernt sich zugleich aus der mehr traumhaften Bildwelt der Kleinkinderzeit, es kommt von der Wahrnehmung immer mehr zum inneren Gedankenbild. Die innere Aktivität entfaltet sich im Aufbauen von Bildern und Vorstellungen – in Tagträumen lebt die Eigenart des Denkens dieser Kindesperiode. Kennen wir die Tagträume in uns, verstehen wir auch das Kind in dieser Periode, und können helfen, um dem Kinde in den drei unteren Klassen die rechte seelische Nahrung zukommen zu lassen. In dieser Periode sollte ihm viel erzählt werden. Nicht abstrakt nützlichkeitsgebunden, sondern voller Phantasie, lebendig, handelnd. Der Lehrer selbst muß schöpferisch-dichterischer Wortkünstler werden. Das Kind soll – besonders in dieser noch mythisch-mystischen Entwicklungsphase – auf Regelmäßigkeiten hinerzogen werden. Daher: rhythmische Übungen, zum Beispiel regelmäßiger Tischspruch, Gebet, möglichst regelmäßiger Gang zum Gottesdienst, usw. Dies alles erzeugt größere Sicherheit im Fühlen, Ruhe im Innersten. Christian Morgenstern hat im Sinne Rudolf Steiners einen völlig überkonfessionellen Tischspruch geschaffen, der jedem möglich ist und zeigt, wie Dankbarkeit gepflegt werden kann:

„Erde, die uns dies gebracht,
Sonne, die es reif gemacht,
Liebe Sonne, liebe Erde,
Euer nie vergessen werde."

Zwischen dem 9. und 12. Lebensjahr macht das Gefühlsleben eine große Metamorphose durch: das Fühlen wird objektiviert. Das Kind erlebt oft seine Einsamkeit und ist auch kritisch geworden. Kinder beobachten ihre Umwelt sehr scharf: Unstimmigkeiten zwischen den Eltern werden als großer Kummer erlebt. Die Religionserziehung sollte diese Krise im 10. Lebensjahr von vornherein abzufangen suchen. Das Kind sollte erlebt haben, daß der verehrte Erwachsene selbst eine höhere Autorität anerkennt, eine Wahrheit, aus der heraus er lebt. Es sollte die Echtheit seiner Autorität erleben können; es will sicher geführt sein. Der Lehrer hat die Aufgabe, für das wahrhaft Gute und Schöne, welches für das Kind in diesem Alter noch dasselbe ist, eine tiefe Sympathie, und für das Schlechte und Häßliche eine ebenso sichere Antipathie zu entwickeln. Er legt damit die Grundlage für die spätere moralische Struktur. Denn für das Kind, welches ihm unbedingtes Vertrauen entgegenbringt, verwaltet er sozusagen die Wertmaßstäbe für richtig und falsch, edel und gemein, schön und häßlich. Die Ehrfurcht sucht neue Objekte. Sie sollte auf Gestalten hingelenkt werden, die über das Gewohnt-Menschliche hinausragen. Das Alte Testament und die Mythologie bieten dazu in diesem Alter geeigneten Stoff. Die Heiligen und Helden – Symbole des Aufwärtsstrebens, der Bewährung, Leistung und Überzeugung – sollten hier als leuchtende Vorbilder stehen. Führt man das innere Bedürfnis nach „Heldenverehrung" nicht auf die rechte Bahn, dann wird das Kind später nach falschen Idolen greifen. Das führt zu Enttäuschungen. Lächerlich tragikomisch in Form der Comics sind nur Tarzans, Superman, Agenten, Salondirnen und Skandalstars, nicht aber die Gestalten von Sage, Legende, Epos und Geschichte!

Mit der Zeit der Präpubertät (zwischen 12. und 14. Lebensjahr) wird die Aktivität des Kindes darauf gerichtet, die Außenwelt zu erobern. Sein Verhältnis zu ihr, wenn auch noch spielerisch, wird aber doch aggressiv; das Erleben des Triebes und der eigenen Kraft wird maßgebend. Das Kind verlangt – weil ihm die eigenen Urteilskräfte noch nicht zur Verfügung stehen, um so mehr Vorbildlichkeit seitens der Erwachsenen. Es will aufwachsen im Vertrauen darauf, daß sie zu seiner Führung berufen sind. Es weiß sich in der kommenden Pubertätskrise geborgen in diesem Vertrauen. Je mehr es diese geistige Autorität noch erleben und anerkennen kann, besonders auch von der Seite des Lehrers, umso leichter kann sich dann später der Sinn für Selbständigkeit entfalten. Das Einbeziehen der Kinder in einen begeisternden Plan für eine sinnvolle Tätigkeit, auch in Gemeinschaft, ist wertvolle Hilfe. Man soll in diesem Alter den Idealismus schätzen und stützen, über den das Kind in normalen Verhältnissen in reichem Maße verfügt. Denn er ist es, der sich nach der Pubertät in Willenskräfte umwandelt und die moralische

Struktur des späteren Menschen ausmacht. Was während dieser Zeit an Eindrükken, an Einwirkungen auf die Empfindungsleiblichkeit aufgenommen wurde, das offenbart sich als positive oder negative Lebenseinstellung in den 40er Jahren, und was dann nachher vom 14. bis zum 21. Lebensjahr angeeignet wird, beginnt sich in den 20er und 30er Jahren auszuwirken. Gerade deshalb kommt dem schulpflichtigen Alter so hervorragende Bedeutung zu, weil sich hier vorbereitet, was dann den Charakter und die allgemeine Leistungsfähigkeit bestimmt, wenn der Mensch sich überall im Leben zu bewähren hat, wenn er unter Umständen an verantwortungsvoller Stelle steht.
In der Mitte des dritten Jahrsiebents sucht das Gefühlsleben die Synthese mit der Welt. Der „moderne" Mensch fühlt sich als wichtiges Staubkorn im unendlichen Raum. Die Seele kann aber mit dieser Vorstellung nicht leben. Deshalb wird die Anti- und zugleich Synthese: Ich-Wahrnehmungswelt zur Synthese: Ich-Gemeinschaft und weiter Ich-Weltgeist. Es beginnt ein Suchen nach philosophischer, geisteswissenschaftlicher Beziehung zur Welt. Der Weg der Jugend heute ist leider das „im Suchen-Verlassen-Sein". Tiefere Gemeinschaftsbildung kann erst im Laufe des Lebens erwachen, wenn der Mensch in seinem Ego eine Beziehung zum Wesen der Hingabe, des Opfers für andere gefunden hat, das im Christus-Opfer allmenschlich gipfelt und die Grundlage für eine im eigentlichen Sinne christliche Kultur zu bilden vermag. Das ist die Periode des aktiven geistigen Suchens als natürlicher Drang. Für viele bedeutet diese Periode ein ungestümes Erwachen zu Lebenswerten, die sie im weiteren Leben begleiten, um im Laufe des Lebens zu persönlichen Werten zu werden. Waldorfpädagogik ergreift nicht Partei für Religionen, aber wo die religiöse Phase vor allem im kindlichen Gemüt versäumt wird, fehlt nicht nur die Fähigkeit zur Güte im Alter, sondern es werden Ersatzchristusse und Rauschgiftmystik auf ungesunde Weise im späteren Alter gesucht.
Die Waldorfschulen streben danach – ausgehend von der enormen Wichtigkeit religiöser Erziehung –, daß auch Kinder ohne Religionsbekenntnis auf Wunsch ihrer Eltern die Möglichkeit bekommen, sich in Form eines allgemeinchristlichen Ersatzunterrichtes mit den Grundlagen religiöser Kultur auseinandersetzen zu können, weil Religion – als kindliche Seelenhaltung – nicht als bloßes Zwangsbekenntnis mit der Entwicklung von Fähigkeiten wie Dankbarkeit, Vertrauen und Pflichtbewußtsein verbunden ist.

Robert Pfister

ANREGUNGEN ZU EINEM ERSTEN PFLANZENKUNDEUNTERRICHT

Vom neunten, zehnten Altersjahr an wird es möglich sein, in einer beobachtenden, vergleichenden und beschreibenden Art mit den Kindern Pflanzenkunde zu betreiben. Vor diesem Zeitpunkt unterscheidet sich das Kind noch zu wenig bewußtseinsmäßig von der Umwelt. Nach dem neunten Altersjahr löst sich das kindliche Erleben allmählich aus dieser Verbundenheit heraus. Das Kind kann sich von den Dingen unterscheiden. Die letzteren treten stärker als gegenüberstehende Erscheinungen ins Bewußtsein. Ein lebendiges Interesse, eine stärkere Neigung zum genauen Beobachten und ein beweglicheres Vorstellungsvermögen erwachen und bilden die Grundlage für einen objektbezogenen Unterrichtsstil. Jetzt können die Pflanzengestalten durch gemeinsames Beobachten und Vergleichen, durch mithelfendes Hinweisen und Schildern des Lehrers etwas von ihrem Eigenwesen dem Kind direkt offenbaren. Die Darstellung muß, der kindlichen Entwicklung entsprechend, ganz aus dem Sinnlich-Schaubaren heraus gegeben werden. Begrifflich-abstrakte Formulierungen kann das Kind noch nicht voll erfassen.

VORAUSSETZUNGEN FÜR DEN LEHRER

Wenn der Lehrer die Kinder in einer lebendigen Art mit der Pflanzenwelt vertraut machen will, muß er selbst durch eigenes Anschauen, durch eigenes Suchen, durch eigenes Einfühlen sich ein unmittelbares Verhältnis zu ihr herstellen. Das übliche botanische Wissen befähigt ihn noch nicht zum eigenständigen Schauen und Darstellen. Wenn er sich übt, die stummen Wachstumsgesten und Formen zu beobachten und nachzuerleben, wird er bald mit Staunen erfahren, was für eine reiche, differenzierte Welt sich ihm mitzuteilen beginnt. Als polare Wesen, erd- und sonnenverwandt, demonstrieren ihm die Pflanzen in nie geahnten Gestaltvariationen den Weg vom Erdengrund zum Licht: Im Wurzelbereich der Erde hingegeben, im Stengel-Blatt-Teil die Schwere überwindend, der Luft und dem Licht sich darbietend, in der Blüte das Sonnenabbild gestaltend, im Öffnen und Schließen den Sonnenrhythmus begleitend. Durch die sich formenden und wandelnden Pflanzenorgane hindurch lernt der Beobachter auf die schöpferisch gestaltenden Kräfte hinzuschauen. Ein tieferes Verständnis wird von uns nur erreicht, wenn wir neben der intellektuell-analysierenden Tätigkeit auch den formempfindenden Menschen, den inneren Graphiker und Plastiker mitbetätigen. Es führt dies zu einer künstlerisch-ganzheitlichen Betrachtungsweise, die von den Objekten her verlangt wird, weil sie selbst Kunstwerke der Natur sind.

KIND UND PFLANZE

Das 9-, 10jährige Kind kann mit starker innerer Regsamkeit und warmer Anteilnahme Naturvorgänge mitverfolgen. Es gilt die intensive Erlebnisfähigkeit zu engagieren. Bloß wissensmäßige Information genügt nicht. Der Lehrer muß mit dem Kind ein Form- und Gesten-nachschaffendes Gestalterleben üben. Dazu muß ein intensives Mitfühlen und Mitspüren der verschiedenen Umweltbereiche hinzukommen: Bei den Stengel-Blatt-Bildungen kann die Geste des sich dem Lichte-darbietens und die belebende und gestaltende Wirkung des Lichtes abgelesen werden. Im Stockwerkbau zeigt sich der Lichthunger unmittelbar. Ebenso stark soll der Erdengrund im Zusammenhang mit dem Wurzelwachstum mitempfunden werden. Der Lehrer merkt bald, daß die Fähigkeiten zum Betrachten geübt und entwickelt werden müssen. Der Gang des Unterrichts vom Einfacheren zum Komplizierteren muß bewußt gewählt werden, damit die Schulung möglich wird.
Der Unterricht sollte das Kind nach und nach zu einem lebendigen, gefühls- und gemüthaften Kontakt mit den Pflanzen führen. Dabei entwickelt es eine differenzierte innere Beweglichkeit. Die Kräfte des Willens, des Gefühls und der Intelligenz müssen, entsprechend den verschiedenen Gestalten, immer wandlungsfähig bleiben. Der erwachenden Intelligenz sollen nicht tote Begriffe informativ zum gedächtnismäßigen Behalten vermittelt werden. An den bildhaften Pflanzenformen erzeugt das Kind selbst im nachschaffenden Formempfinden und in der darauf folgenden sprachlichen Aussage die nötigen Gedankenformen. Ein lebendiger, vom Objekt her angeregter Intellekt, kann geübt werden. Das Kind wird als ganzer Mensch angesprochen, auch als Begriffsbildner. Es taucht selbst ein in jede Einzelheit und versucht das Erfahrene, das Erkundete, das Gefundene, das Erahnte seiner Entwicklungsstufe gemäß ganz naiv zu formulieren. Es gelangt dabei nicht zu endgültigen Aussagen, die ganze Erkundungsarbeit verläuft im Charakterisieren und vorläufigen Formulieren. Zu einem späteren Zeitpunkt soll sich das Kind nicht an diese ersten Begriffe erinnern, um sie wiederum zu reproduzieren, es wird mit gewachsenen Kräften zu neuen und feineren Einsichten gelangen können.

PFLANZE, ERDE, SONNE

Im Walde hat die Klasse Buchenkeimlinge in vielen verschiedenen Entwicklungsstadien gefunden und angeschaut. Eine eingehende Betrachtung führt zu wichtigen Erkenntnissen. Kein anderer Vorgang demonstriert uns mit solcher Eindrücklichkeit das Eingeordnetsein der Pflanze in die Polarität Unten-Oben wie die Keimung. Aus dem isolierten Samenstadium heraus entwickelt sich der Wur-

zelsproß, sobald Wärme und Feuchtigkeit die nötige Anregung gegeben haben. Er reagiert auf die Schwerkraft und dringt erdwärts in die Tiefe. Die Pflanze sucht mit einem Organ die Erde, findet sie und verbindet sich in der Wurzelbildung mit ihr. In der nächsten Phase wächst sie mit dem Stengel-Sproßteil den oberen Bereichen zu. Die Wachstumsrichtung orientiert sich wiederum an der Schwerkraft, aber diesmal reagiert die Pflanze umgekehrt, sie überwindet die Schwerkraft, zugleich sucht sie das Licht und richtet sich nach dem Lichteinfall. Das Stengelchen streckt sich beträchtlich, die Keimblätter werden emporgehoben, entfaltet und ergrünend dem Licht dargeboten. Damit hat der Keimling aus der Substanz des Samenvorrates die nötigen Organe aufgebaut und sich mit allen Stoff- und Kraftbereichen zum selbständigen Weiterwachsen verbunden. Mit Wurzel, Stengel und Keimblattpaar im Erde-Wasser-Luft-Licht- und Wärmemilieu ist er eine von der Mutterpflanze unabhängige Tochterpflanze geworden. Die neu entstehenden Blattstockwerke werden aus selbsterzeugter Substanz aufgebaut. Die schöpferischen Organe dazu sind die Blätter, in ihnen sammelt der Keimling die Stoffe und Kräfte des Umkreises und verarbeitet sie zu Bau- und Nährstoffen. Wie aus einer unversieglichen, von der Sonnenwirkung gespeisten Quelle strömt es aus den Blattorganen in alle Teile der werdenden Pflanzengestalt.
Mit Hilfe der Keimung können wir auf dieser Stufe bei den Schülern ein erstes Verständnis für die Funktion der Pflanzenorgane Wurzel, Stengel und Blatt im Zusammenhang mit ihren aktiv aufgesuchten Umweltbereichen wecken. Damit hat man die Voraussetzungen geschaffen, um mit einer Klasse die schier unerschöpfliche Vielfalt von Stengel-Blatt-Anordnungen bei verschiedenen Pflanzen zu studieren. Die dynamische Spannung zwischen Raffen, Hochstreben (Stengelkraft) und flächigem Ausbreiten (Blattkraft) drückt sich im Bau der Pflanze deutlich aus. Bei wechselständigen Blattstellungen führt der Stengel eine leichte Zick-Zack-Bewegung aus, als ob er sich losreißen müßte von der Seitentendenz der jeweiligen Blattbildung. Nur wenn zwei oder mehr Blattorgane auf der gleichen Knotenhöhe abzweigen, bleibt er gerade, hier ist eben Gleichgewicht. Manchmal wird das Blatt mit einem Blattstiel weit in den Raum hinausgetragen, bei anderen Pflanzen finden wir keinen Blattstiel, die Blattfläche wird an den Stengel herangezogen, oft umgreift sie denselben sogar mit einer Kragenbildung. Wir finden eine Fülle von dynamischen Ausdrucksgesten, welche das Spannungsverhältnis zwischen Stengelkraft und Blattentfaltung ausdrücken. Zugleich beachten wir die verschiedenen Blattformen. Welch große Wandlungsfähigkeit entdecken wir in den durchrippten Vegetationsflächen! Betrachtend, zeichnend und vergleichend schulen wir unseren Blick und unser Formempfinden.

ERSTES BEKANNTWERDEN MIT DEN GESETZEN DER BLÜTENBILDUNG

Beim Einführen neuer Themen ist es gut, wenn wir die Kinder gleich zu Beginn durch starke Erlebnisse Wesentliches vorausahnen lassen, noch bevor wir zu Einzeluntersuchungen kommen. Eine blühende Löwenzahnmatte im Vormittagslicht kann das Blütenhafte zum eindringlichen Erlebnis werden lassen. Welch leuchtendes Gelb strahlt aus den vielen Blütenscheiben. Es sind kleine Sonnen, die ihr Antlitz der großen Sonne zuwenden. Später, wenn die Sonne niedersteigt, schließen sich die Blüten so radikal, daß der ganze Farbzauber verschwindet. Blüten sind von allen Pflanzenorganen am meisten sonnenhaft. Sie künden es mit Farbe und Form, im Öffnen und Schließen und einige sogar im Mitmachen des täglichen Sonnenganges.

Ein anderes Blütenerlebnis können uns die Tulpen bescheren. Wir vergleichen die grünen Blütenknöpfe mit den intensiv leuchtenden Becherblüten. Wir bemerken die Umfärbung vom Grün zum Rot. Wir schauen von oben hinein in den sonnenbeschienenen Blüteninnenraum und bewundern den geometrisch gebauten Lichtbecher. Hier finden wir nicht bloß eine kreisförmige Blütenscheibe, sondern einen zentrumbetonten Eigenraum, der im Öffnen und Schließen rhythmisch mit dem erscheinenden Licht in Verbindung tritt.

Bei einem Besuch des Wiesensalbei am Sonnenbord erleben wir noch eine ganz besondere Überraschung: Die Biene landet auf einem dargebotenen Landeläppchen der Blüte, streckt ihr Köpfchen ins Innere und bekommt Blütenstaub aus zwei herabstoßenden Beutelchen auf den Rücken gepudert. Man kann die Beobachtung viele Male machen und ist jedesmal wieder tief beeindruckt vom gegenseitigen Verhältnis zwischen Blüte und Insekt.

Aus der Besprechung der oben erwähnten Beobachtungen ergeben sich von selbst die Fragen, die durch weitere gezielte Untersuchungen beantwortet werden können: Wie bringt es die Pflanze fertig, die komplizierten, streng geordneten Blüten aufzubauen? Eine sonderbare Pflanze, die zwar nicht zu einer glanzvollen Blütenbildung befähigt ist, kann uns einen ersten Einblick gewähren.

WIE DIE EINBEERE IHRE BLÜTE BILDET

Ein Stengel trägt vier große, grüne Blätter in gleicher Höhe als Assimilationskranz. Darüber hebt ein feiner Stengel eine gelblich-grüne Strahlenblüte in ein höheres Niveau hinauf. Ganz gesetzmäßig ist diese Blüte gebaut: Lauter Viererkränze grüner Blätter sind die Bauelemente. In der Blüte sind die Blätter stark zusammengezogen und hellgrün. Sie dienen nicht mehr der Assimilation, sie haben, sich wandelnd, neue Funktionen übernommen, außerdem lagern die fünf

Viererkränze dicht übereinander, die Knotenabstände sind sehr klein geworden. Die Einbeere läßt uns in ihre Kunst des Blütenbildens ein wenig eindringen, weil sie es auf eine erstaunlich einfache Weise fertigbringt. Die Pflanze verwendet nicht neue Organe dazu, sie verwendet fünf Knotenstockwerke mit Viererblattkränzen. Die Blätter werden entsprechend umgewandelt, es entstehen: Kelchblätter, Kronblätter, Staubblätter und Fruchtblätter. Auf kleinem Raum muß die Pflanze mehrere Organe mit verschiedenen Funktionen zu einem streng geordneten Gesamtgebilde zusammenfügen. In der Mitte, in der bevorzugtesten Stellung, finden wir den vierteiligen Fruchtknoten, umsäumt von allen anderen Blütenorganen. Er entwickelt sich zu Frucht und Samen. In der Blüten- und Samenbildung scheinen alle Gestaltungskräfte, die in der Mutterpflanze die einzelnen Teile hervorgebracht haben, wieder vereinigt zu sein. Auf kleinem Raum zusammengezogen, von der Umwelt isoliert, müssen wir uns die pflanzengestaltende Kraft im Samen ruhend vorstellen.

Die Einbeere trägt ihre Blüte mit einem dünnen Stengel hoch über das Niveau des Assimilationskranzes hinauf. Die radikale Verwandlung, welche zwischem dem großen Kranz und den zusammengezogenen und zusammengedrängten, mehrschichtig übereinandergefügten Viererblattkränzen der Blüte sich vollzogen hat, zeigt sich so unvermittelt und sprunghaft, daß die Umwandlungsspannung gar nicht wahrgenommen wird. Beim scharfen Hahnenfuß hingegen finden wir von einer bestimmten Knotenhöhe an stark verwandelte Assimilationsblätter. Die Blattstiele werden kürzer und verschwinden in den letzten Knoten vor der Blüte ganz. Die fein gegliederten Blattflächen verkleinern sich, werden einfacher, zusammengezogener, bis sie bei den obersten Knoten nur noch als winzige Zipfelchen die vorhandenen Blattanlagen andeuten. Erst nach diesem hemmenden Zurückdrängen des grünen Blattes aus der Erscheinungswelt, strebt das letzte schlanke Stengelstück mit gesteigerter Länge in die Höhe, um die gelbe Blüte zu tragen. Die Umstimmung, die in einer Pflanze vor sich gehen muß, um von der grünen Assimilationsphase zur Blütenbildung zu kommen, kann an vielen Pflanzen, die wie der Hahnenfuß ihre Blätter am Stengel verändern, abgelesen werden. Bei der Pestwurz und beim Huflattich drückt sich die Spannung so stark aus, daß beide Triebe gesondert aus dem unterirdischen Stengelbereich heraufwachsen. Nun können wir mit einem wachgerufenen Interesse und mit hinreichendem Verständnis auch kompliziertere Blütenbildungen in unsere Untersuchungen einbeziehen. Voll Befriedigung und Freude betrachten wir die symmetrischen Lichtgeschöpfe, die in Form und Farbe, im Duften und Verstrahlen, im Bestäuben und Fruchten mit eindringlicher Gebärdensprache uns Hinweise zu einem einfühlenden Verstehen geben.

Durch Erlebnisse, Beobachtungen und Besprechungen sind in den Kindern Interesse und Fähigkeiten entwickelt worden, die es ermöglichen, Pflanzen aktiv anzuschauen und sprachlich-gedankliche Formulierungen zu wagen. Sie haben differenzierte Gesichtspunkte kennengelernt, nach denen man eine Pflanzengestalt befragen kann: Wie ergreift sie die Erde mit den Wurzeln, wie baut sie die Stengel- und Blattorgane ins Luft-Lichtreich hinauf, wie sind die Blattformen, die Blattstellungen, wie die Knotenabstände und Verzweigungen, wie verwandeln sich die Blätter von unten nach oben, wie ist die Blüte gebaut, in welcher Weise sind Assimilationsteil und Blütenteil in die Gesamtgestalt hineinorganisiert, wie sind die Blütenstände, wie wirkt die spezielle Umgebung bei einer Sumpfpflanze, bei einer Trockenpflanze, bei einer Schattenpflanze, bei einer Lichtpflanze?

Es ist heute nicht leicht, Kindern einen echten, gefühls- und gedankenreichen Kontakt mit den Pflanzen zu vermitteln. Der Alltag überfällt uns mit allzu starken Reizen, denen gegenüber oft genug nur eine dumpfe, passive Seelenhaltung eingenommen wird. Die stillen Pflanzengeschöpfe drängen sich nicht auf. Wir müssen ihnen aus eigenem Antrieb eine starke, ausdauernde Zuneigung entgegenbringen und innerlich differenziert, aktiv, wandlungsfähig werden. Wo das angestrebt wird, kann in günstigen Unterrichtssituationen eine Klasse reich beschenkt werden durch die an der Pflanze abgelesene Kunde. Zugleich erfahren wir mit einem solchen Unterrichtsbemühen ein Heilmittel gegen die passive Haltung den Welterscheinungen gegenüber.

Robert Pfister

TIERKUNDE: THEMA MENSCH-SÄUGETIER

Andere Seelenkräfte werden im Tierkundeunterricht aufgerufen als im Pflanzenkundeunterricht. Eigene, wohlbekannte Gefühle, Triebe und Willensregungen kommen zum Mitschwingen bei der Betrachtung der handelnden Tiere. Jedes Verhalten der höheren Tiere löst in uns selbstverständliches Mitfühlen aus; das ermöglicht uns, ihnen gegenüber ein fast brüderliches Verhältnis zu erleben. Menschliche und tierische Existenz sind eng miteinander verflochten. Mensch und Wirbeltiere sind gemeinsam in der Evolution entstanden.
Bei den Tieren finden wir oft bestimmte Organe einseitig entwickelt und an eine dazupassende Umwelt angepaßt. Ihr zweckmäßiger Einsatz erfolgt aus einem weisheitsvollen Instinktverhalten heraus.
Beim Menschen fehlt die Spezialisierung in eine bestimmte Nische der Umwelt. Er wird nicht durch einseitige Organtendenzen in seinem Aktionsbereich eingeengt. Er ist umweltoffen. Der menschliche Organismus ermöglicht einen uneingeschränkten Kontakt mit der gesamten erlebbaren Wirklichkeit.
Die angedeuteten Wesensunterschiede zwischen Mensch und Tier geben dem Lehrer die pädagogische Leitidee zur Gestaltung des Unterrichtes.
Wir fangen mit einer einfachen Menschenkunde an. Der Schüler lernt die Gliederung der menschlichen Gestalt und die damit zusammenhängenden Grundfunktionen der Organsysteme kennen: Sinnensorgane, Atmungsorgane, Verdauungsorgane, Bewegungsorgane werden in ihrem Leistungsbeitrag zur Gesamtexistenz des Organismus charakterisiert. Es ist ein erstes einfaches Bewußtmachen menschenkundlicher Erfahrungen und Beobachtungen am eigenen Leibe ohne spezielle anatomische und physiologische Begriffsbildungen. In den nachfolgenden Tierschilderungen erleichtern die eigenen Erfahrungen das gefühlsmäßige Verständnis der besonderen tierischen Leistungen.
Die Kinder erfahren bei den Vergleichen, daß neben vielem Verwandten zwischen Mensch und Tier entscheidende Unterschiede wahrzunehmen sind, so etwa in der aufrechten Haltung des Menschen mit dem frei getragenen Kopf und mit den frei gewordenen Armen und Händen. Im Kopf finden sich wichtige Sinnesorgane zur Weltorientierung. Alles interessiert den Menschen, von allem kann er in seinem langen Entwicklungsleben lernen und Verständnis erringen.
Wie viele geschickte Vorrichtungen können die frei gewordenen Hände lernen und ausführen! Bei der Geburt konnten sie noch nichts. Mit unserem hingebenden Üben bilden wir sie ein ganzes Leben lang aus.
Die Beine haben allein das Fortbewegen übernommen. In ihnen spüren wir besonders gut den dauernden Einsatz der Kraft, den der Mensch mit seinem Willen leisten kann. Bei der Schilderung dieser Kraftentfaltung kommen wir auf die Vor-

gänge des Stoffwechsels, des Aufnehmens, Blutbildens und Ausscheidens zu sprechen. Leben ist nur möglich bei dauernder Erneuerung im Strome eines komplizierten Stoffwechsels.

Nervensystem und Stoffwechsel-Gliedmaßensystem stellen zwei polare Organbereiche dar. Im Kopf haben wir eine empfangende, reizaufnehmende und reizauswertende Tätigkeit, in den Gliedmaßen eine in die Welt eingreifende Willens- und Kraftentfaltung. Zwischen den beiden Systemen finden wir im Brustraum die rhythmischen, ausgleichenden Organe der Mitte. Einer gesteigerten Gliedmaßentätigkeit folgen sie mit intensiverer Leistung. Jede Gefühls- und Gemütsregung begleiten sie mit entsprechenden Rhythmusänderungen und bewirken dadurch die leibliche Grundlage für die Stimmungsänderung. Die Anpassungen erfolgen sowohl im Atem- wie im Blutrhythmus.

Im Zusammenhang mit dem atmenden Menschen müssen wir auch die Sprachfähigkeit betrachten. In der gesprochenen Sprache haben wir eine unmittelbare Offenbarung des ganzen Menschen vor uns. Gedanken, Vorstellungen, Gefühle und Willensimpulse beeinflußen den Sprachstrom im Rhythmus, in der Satzharmonie und in der Satzmelodie. Die Frage nach dem Unterschied von Menschensprache und Tiersprache taucht auf. Durch all diese, hier nur kurz angedeuteten Vergleiche werden die Themen für die kommenden Unterrichtsstunden schon angeschnitten und vorbereitet.

Einzeldarstellungen von typischen Vertretern größerer Gruppen (Raubtiere, Huftiere, Nager): Die jeweiligen wesenhaften Besonderheiten müssen in einer lebendigen, charakterisierenden Schilderung deutlich hervortreten. Das Kind kann in diesem Alter durch seine große Erlebnisfähigkeit viel aufnehmen und sich damit verbinden. Es erwirbt tierkundliche Wesensbilder, die den Nährboden bilden für ein wachsendes Interesse und für ein späteres mehr gedankliches Weiterarbeiten.

KATZE: Das unglaublich geschickte motorische Verhalten fasziniert uns bei diesem Tier. Wie leicht wirkt jede Bewegung, wie sicher springt sie aus dem Sitzstand in die Höhe und läuft als eine Gleichgewichtskünstlerin über den schmalen Lattenzaun. Am Ende läßt sie sich kopfvoran gelassen fallen und fängt sich weich und geschmeidig am Boden auf. Einen anderen Wesenszug verrät sie uns, wenn wir sie als Genießerin kennenlernen. Auffordernd drückt sie sich uns an die Beine: Streichle mich! Rücken und Schwanz werden beim Streicheln besonders stark entgegengehalten, um die Körperempfindung noch zu steigern. Ihre Liegeplätzchen sucht sie gerne in der Höhe. Sie sollen weich, warm und abgeschlossen sein. Gerne rollt sie sich in einem Körbchen zusammen, schmiegt sich hinein, mit einem Ausdruck: Ich möchte jetzt nicht mehr gestört sein! Was kennt sie nicht alles für Liegestellungen. Wenn es kühl ist, duckt sie sich ganz zusammen. Den Schwanz schmiegt sie an, dann ist sie drin in ihrem warmen Pelz, ruht, verdaut und genießt den Schlaf. Bei Wärme entrollt sie sich, liegt auf der Seite oder sogar auf dem Rücken. Jeder Unterlage paßt sich ihr weicher Körper vollkommen an. Wie fein ist ihr Fell, welche Sorgfalt verwendet sie auf seine Pflege. Mit rauhem, benetztem Zünglein leckt und putzt und glättet sie die Haare. Dabei krümmt und dreht sie sich nach allen Richtungen. Ein Hinterbein nach dem anderen streckt sie hoch, daß ja keine Stelle ungeleckt bleibe. Nur beim Kopf kann die Zunge nicht lecken. Da verwendet sie das angefeuchtete Pfötchen zum Reinigen. Wie ordentlich und sauber verläßt sie ein gewisses Plätzchen, wo sie ihr Geschäftchen verrichtet hat. Beim Zupacken mit den Krallenpfoten überrascht uns die Schnelligkeit und Griffsicherheit. Selbst Insekten und Fische fängt sie mit dieser Methode. Erregt ein Beutetier ihre Aufmerksamkeit, dann wird alles an ihr äußerst gespannt. Wie gezogen schleicht sie sich duckend näher. Ihre Sinne verraten das Kommen der Maus. Der Zugriff erfolgt blitzschnell. Mit unmißverständlichen Ausdrucksgesten zeigt sie uns ihre Triebstimmungen. Bald ist sie das Schmeichelkätzchen, im nächsten Augenblick warnt fauchend-drohende Gereiztheit jeden Angreifer.

KUH: Dieses schwere Tier mit dem mächtigen Leib, der von vier starken Säulenbeinen getragen wird, muß von anderen Gesichtspunkten her geschildert werden. Der Gang mit den akzentuierten, schweren Schritten ist eindrücklich, der lastende Kopf ist am Gangrhythmus mitbeteiligt. Besonders gut erlebt man die Schwere, wenn die Kuh abliegt oder aufsteht. Beides sind recht komplizierte Manöver, Kraftimpulse werden ruckartig eingesetzt. Bei der Stallfütterung können die Freßgewohnheiten beobachtet werden. Große Grasbüschel werden gepackt, eingespeichelt, zerquetscht und verschlungen. Große Mengen Gras sind in kurzer Zeit verschwunden. Aus dem weichen, schleimigen Maul kommt die schlingende Zunge. Wenn die Kuh mehrere Barren Gras sich einverleibt hat, beginnt sie liegend oder stehend mit dem Wiederkäuen. Mit einem kleinen Ruck kommt ein schleimiger Grasballen wieder aus dem Leibe herauf ins Maul. Gründlich wird mit fast mechanisch wirkenden Kieferbewegungen gemahlen, einmal von rechts nach links dann umgekehrt. Die Kuhseele döst dabei in hingebender, genießerischer Versunkenheit. Während eines großen Teiles der Nacht wird diese Arbeit geleistet. Wenn andere Wesen schlafen, wird im Kuhstall gemahlen. Ein zweites Mal empfängt der Leib den gründlich verarbeiteten Grasbrei, auf langen Darmreisen wird er weiter verdaut, und am Morgen schäumt die Milch im Kessel. Die Kuh erlebt intensiv aber dumpf die eigenen Leibesvorgänge des Verdauens, des Aufbaues, des Lebens mit. Ihre Sinne sind nicht wach nach außen gerichtet. Der Blick ist weich, fast saugend, und die Augen sind mit den langen Wimpern immer halb verhängt.

GEMSE (sehr kurze Charakteristik): Hier zeigt ein Huftier einen Lebensstil, der uns die vital-kräftige Stoffwechselnatur nach einer anderen Seite offenbart. Wir haben ein unglaublich geschicktes und gewandtes Bewegungstier vor uns. Der Körper ist nicht massig, doch kräftig gedrängt, ein wenig hinterlastig, der Hals aufgeschwungen. Steile Bogenhörnchen und große Augen mit weit gerichtetem Blick unterstreichen noch die wache Reaktionsbereitschaft des Tieres. Atemberaubend ist die kühne Flucht in steilem Berggelände, über Grate hinauf, Runsen hinunter, springend, rutschend, wendend, jeder Geländeschwierigkeit vollkommen gewachsen. Dazu verfügt die Gemse über enorme Vitalkräfte, die ihr ermöglichen, einen Bergwinter zu überstehen. Mit den bloßen Leibeskräften widersteht sie der Kälte, dem Schnee, den Lawinen, den Feinden – bei kärglichster Nahrung. Sie kämpft sich durch, bis sie im Frühling, abgemagert, zersaust und geschwächt, wieder bessere Lebensbedingungen findet.

MURMELTIER (Vertreter der Nager): Der Lebenskampf der Gemsen im Winter macht auf die Kinder einen starken Eindruck. Die Dramatik wird noch gesteigert, wenn wir danach das Murmeltier schildern. Vorsichtig schnuppernd, lauschend und beobachtend verlassen sie am Morgen ihre Höhle. Nichts Verdächtiges wird registriert, trotzdem macht man das Männchen, um noch besser die Umwelt mit wachen Sinnen zu prüfen. Mit den seitwärts gerichteten Augen überblikken sie ein großes Gesichtsfeld. Erst wenn alles sicher ist, kommen sie, ihren walzenförmigen Körper mit kurzen Beinchen ruckartig vorwärts bewegend, hervor. Gleich vor der Höhle finden sie den idealsten Lebensraum und das beste Nahrungsangebot: auserlesene Kräutlein, warme Liegestellen, herrliche Spielplätze und klares Wasser in unmittelbarer Nähe. Sie fressen, ruhen, spielen und sonnen sich. Sie leben wie im Paradies. (Die Phlegmatiker in der Klasse schmunzeln.) Ständig wird die Umgebung überwacht. Wenn Gefahr droht, warnt ein schriller Pfiff. Der Pfiff kann bedeuten: Paßt auf! Wenn er ganz durchdringend ausgestoßen wird, heißt es: Rettet euch! Dann stürzen alle blitzschnell ins nächste Höhlenloch. Die Herzchen klopfen, aber man ist in Sicherheit. – Der Winter kommt. Die Tiere tragen dürres Gras ein, sie bereiten sich das weiche Schlaflager. Sie verstopfen die Höhle und kuscheln sich ins Heu. Ihr Schlaf geht langsam über in den Winterschlaf. Die Lebensprozesse werden auf Sparflamme gesetzt, aber das Leben glimmt noch, geschützt und behütet von der Erdhöhle. Die Winterstürme toben, die Lawinen donnern. Die Murmeltiere wissen nichts von dieser schlimmen Zeit. Wenn sie wieder erwachen, langsam, langsam zu sich kommen und in die helle Welt hinausdrängen, finden sie den Tisch schon wieder gedeckt.

Die Kinder gehen bei den beiden Schilderungen stark mit. Sie fühlen gewisse Kräfte verwandt mit der Gemsennatur, andere mit der Murmeltiernatur. Der Lehrer fragt vielleicht: Was möchtet ihr lieber sein, eine Gemse oder ein Murmeltier? Die meisten Fünftklässler wählen das Murmeltier, einige wenige sagen: Ich möchte eine Gemse sein! Wir Menschen haben alle etwas von der Murmeltierart in uns, weichen gern der Gefahr aus, gehen in die Höhle und kommen erst wieder hervor, wenn die Gefahr vorbei ist, wir lieben einen gedeckten Tisch! Aber alle haben wir auch etwas von der Gemsennatur in uns, wir wollen durchhalten, nicht aufgeben, nicht ausweichen, selbst wenn es sehr kritisch wird. Aus diesen Seelen-

haltungen heraus erleben die Kinder die großartigen Einseitigkeiten der Tiere.
EICHHÖRNCHEN: Mit dem Murmeltier haben wir einen ersten Vertreter der Nager kennengelernt. Noch deutlicher wird der Wesensunterschied zu den anderen Gruppen, wenn wir einen ganz typischen Vertreter schildern. Beim Eichhörnchen ist die phänomenale Leichtigkeit nicht durch überwundene Schwere erreicht, da ist die Leichtigkeit selber im schmalen, beweglichen Körperchen inkarniert. Sinneswachheit und nervöse, ruckartige Beweglichkeit offenbaren sich im virtuosen Turnen durchs Baumgeäst. Ein unglaublich sensibles Tierchen, das sich mit einer tollkühnen Waghalsigkeit in der Welt der Stämme, Äste und Zweige bewegt. Am ganzen Körper finden sich Tasthaare, diese vermitteln dem Tierchen einen dauernden Sinneskontakt, daß ja kein Klammergriff verfehlt werde. Stammauf, stammab, über Äste und Zweige findet es seine Wege, immer wieder kurz anhaltend, um dann hastig wieder weiter zu wirbeln. Selten kommt es auf den Boden. Überall sucht es nach hochwertiger Nahrung. Die Nüsse am Haselstrauch sammelt es ein und deponiert sie als Notvorräte für den Winter in vielen Verstecken. Die honigschwitzenden Blätter der Bäume schleckt es ab. Sämereien, Vogeleier und andere Leckerbissen sucht es auf seinen Streifzügen zusammen. Mit großer Geschicklichkeit fügt es Zweige zu einem schützenden Kugelnest zusammen. Darin ruht es und schläft, darin zieht es seine Jungen auf. Es braucht einen solchen abschirmenden, hüllenden Kugelraum, um die so stark verausgabten Kräfte zu regenerieren.
Nachdem die Kinder durch solch charakterisierende Einzeldarstellungen möglichst viele Vertreter (nicht nur die hier als Beispiele angeführten) der Huftiere, der Raubtiere und der Nager kennengelernt haben, verfügen sie über einen Vorstellungsreichtum, aus dem heraus in einer späteren Phase weitergearbeitet werden kann. Dem vorgerückteren Alter entsprechend, kommt jetzt das gedankliche Element und das anfängliche selber Erarbeiten stärker zur Geltung. Es wird versucht, aus dem gebotenen Material heraus den Typus des Huftiers, des Nagers und des Raubtiers zu beschreiben. Das Aufgenommene wird in der Erinnerung wieder heraufgeholt, dazu kommen neue, wacher beobachtete Erkundungen an den Tieren. Das alles wird im Lichte eines wacheren Bewußtseins verarbeitet. Die Vergleiche ergeben uns eine ganze Reihe von einfachen Erkenntnissen. Das Gefundene wird in knappe Formulierungen geprägt und zusammengestellt, nicht um ein fertig abgeschlossenes Wissen zu konservieren, sondern um im Prozeß der Auseinandersetzung ein vorläufiges Ergebnis bewußter zu überblicken, damit die nächsten Schritte getan werden können.
HUFTIERE sind in der Regel große bis sehr große Tiere. Sie verfügen über starke Vitalkräfte. Mit den bloßen Leibern meistern sie den Lebenskampf auch in schwierigen Lebensbedingungen. Sie brauchen nicht Höhlen und Hüllen. Verdauungsorgane sind sehr gut entwickelt, große Quantitäten von Pflanzennahrung mit viel Ballaststoffen werden verarbeitet und gut verwertet. Die Hingabe

beim Fressen und das dumpfe Miterleben der Leibesprozesse sind stark. Schwere Vertreter (Bison, Büffel, Nashorn) scheinen psychisch ganz zu versinken in ihren schweren Leibern. Die Gliedmaßen sind äußerst spezialisiert zum Tragen und Schreiten. Die Jungen werden ganz ausgetragen, es sind Nestflüchter. Die Sinne sind nicht aktiv suchend nach außen gerichtet. Ungewohnte Reize lösen meist Fluchtreaktion aus. Die Schädel haben mächtig entwickelte Kiefer mit großen Backenzähnen. Viele Vertreter tragen Hörner oder Geweihe. Huftiere brauchen wenig Schlaf, oft ruhen sie stehend.

NAGER sind kleine bis sehr kleine Tiere. Sie zeigen in ihren Bewegungen eine nervöse Geschäftigkeit. Sinnesreize wirken stark, oft schreckend. Die Putz- und Freßbewegungen sind hastig. Die Körperhaltung ist geduckt. Die Gliedmaßen sind wenig spezialisiert. Nager können geschickt mit Material umgehen, dabei gebrauchen sie die Vorderfüße wie Hände. Ihr Körper braucht Schutzhüllen, wie Erdhöhlen oder Kugelnester. Sie brauchen und lieben hochwertige Nahrung. Die nervöse Motorik und das reizbare Sinnesempfinden sind kräftezehrend. Nagetiere brauchen viel Schlaf. Die Jungen sind in der Regel extreme Nesthocker.

RAUBTIERE: Mittelgroße Tiere mit Streuung nach großen und kleinen Formen. Körperbeherrschung und Bewegungen sind sehr gewandt. Triebstimmungen wie Gier, Angriffslust, Drohverhalten, Imponiergehaben etc. werden mit unmißverständlicher Ausdrucksgeste dargestellt. Bei den Raubtieren wechseln Zeiten der Ruhe, des Schlafens und Verdauens mit einem, alle Körperenergien und alle Sinnesleistungen voll beanspruchenden Jagdverhalten ab. Die Sinnesleistungen sind sehr gut. Der Blick ist nach außen gerichtet, er sucht und fixiert. Die Nahrung wird in Stücke gerissen und hastig verschlungen. Die Jungen sind etwas weiter entwickelte Nesthocker als diejenigen der Nager.

Die drei Tiergruppen zeigen uns hoch entwickelte Spezialorganisationen in ihren Leibern, in ihren Organsystemen und in ihrem Instinkt und Lernverhalten. Aus diesen geprägten Tendenzen heraus suchen sie den Kontakt mit der entsprechenden Umwelt. Das handelnde Tier lebt sich darin aus und genießt in befriedigtem Drang die geniale Funktion seiner Organisation. Im Menschen und seinen Organsystemen ist keine nötigende, drängende Tendenz nach einem bestimmten Teilausschnitt der Umwelt. Das menschliche Ich wird freigelassen, es kann durch den Leib einen uneingeschränkten Kontakt mit der gesamten Welt herstellen. Nur der Menschenleib ermöglicht eine umweltoffene Haltung.

Wenn wir zum Abschluß den Gang des skizzierten Unterrichts überblicken, sehen wir, daß von Anfang an die Absicht bestand, drei Säugergruppen kennenzulernen. Zuerst konnten die Kinder möglichst lebendige Schilderungen entgegennehmen. Ihnen wurden nicht von Anfang an biologische Begriffe vermittelt. Schauen, Erleben, Einfühlen, Identifizieren, Interesse bekommen, das waren die Seelenkräfte, mit denen sie sich einen großen Reichtum an biologischen Vorgängen aneigneten. Erst aus diesem Reichtum heraus konnten später die mehr gedanklich formulierbaren Beziehungen und Einsichten erarbeitet werden. In der ersten Phase soll der Lehrer seine lebendigen Erkenntnisse in die Schilderungen hineinverwandeln. In der letzten Phase auf der Oberstufe, die hier nicht dargestellt wurde, sollen die Schüler selber ablesen und selber denken. Der Lehrer tritt nach und nach immer mehr zurück. Im Mittelpunkt steht jetzt das Objekt. Dem reifgewordenen Schüler wird zugestanden, ein Übender zu sein im Selbst-Schauen und im Selber-Denken, er darf selber zu den Quellen gehen, um das Erkenntnisgold individuell ans Licht zu heben.

Hans Mätzener

NOTIZEN ZUR GEOGRAPHIE

Wer – erstmals und ahnungslos – auf ein Buch wie etwa „Die Geheimwissenschaft im Umriß“ von Steiner stößt, wird zunächst schockiert sein über die ihm ungewohnten Vorstellungen. Die Schuld liegt nicht am Buch, sondern an der fleischfesten Seelenverfassung des Lesers, an seinen überkommenen, starren, fixierten Begriffen.

Der Unterricht in *Geographie*, der ca. mit 11./12. Altersjahr einsetzt, ist auf das schönste geeignet, das Vorstellungsvermögen, das Denkvermögen beweglicher und dadurch offener und aufnahmefähiger zu machen. Das kann in der Geographie auf mancherlei Weise geschehen. Dazu eignet sich z. B. folgendes:

Man nehme an, die Erdachse ändere ihre Stellung zur Sonne. Als Folge würde die Eiskappe am Pol schmelzen, das Meeresniveau steigt, die Formen der Kontinente ändern sich radikal. Wie würde z. B. unsere eigene, engste Heimat aussehen, wenn der Meeresspiegel 500, 1000 oder gar 3000 m stiege? Oder im Großen: Wie sähen die Erdteile aus? Welche andere Form hätten sie jetzt? Wie völlig anders ist nun das, was man gewohnt war, starr und fixiert zu sehen!

Oder man schneide aus Papier die Umrisse der Kontinente in ihrer heutigen Form aus und verschiebe sie derart, wie es Wegener in seiner Theorie von der Kontinental-Drift gemacht hat: Ein bewegliches Bild der Erde, die nun nicht mehr starr und fest ist, sondern vielmehr wie ein „weichgekochtes Ei“ erscheint, auf dem die Erdteile wie „schwimmende Schollen“ sich bewegen. Diese Vorstellung ist so radikal anders gegenüber den fixierten Umriß-Begriffen, daß das Wunder dieses schwebenden Gleichgewichtszustandes von größter Eindringlichkeit ist. So gesehen können Aussagen wie die Steiners über die Atlantis kaum mehr befremden. Ergänzt man solche Übungen durch die Sintflutsagen der verschiedensten Völker, wie sie etwa der Paläontologe Dacque gesammelt hat, wird der Eindruck einer allen Kräften offen ausgesetzten Erde, die in einem eigentümlichen Balancezustand verharrt, noch deutlicher.

Je nachdem man dies bildhaft schildert oder dann schon zu technisch-exakten Darstellungen auf Millimeterpapier kommt, – z. B. Höhenprofile quer durch die Kontinente bei verändertem Meeresspiegel oder auch von einem Fixpunkt aus, z. B. von der Jenisseimündung nach Tokio, nach Batavia zur Gangesmündung oder nach Kairo – wird man das eben bei 11-/12jährigen oder dann älteren Kindern machen. Gerade im Epochen-Unterricht, wo derartige Arbeiten die Kinder während zwei, drei Wochen bewegen, wird Geographie erst fruchtbar. Das „Gesicht“ der jeweiligen Klasse bestimmt dann das „Was“ und vielmehr noch das „Wie“. Es wird also nicht abstrakt ein „Pensum“ durchgenommen. Das wäre bloß Lernschule; Schule um des Stoffes und nicht um des Kindes willen.

Zum „Gesicht“ der Klasse: Ich hatte einmal – beispielsweise erwähnt – eine solche von 19 Buben und 5 Mädchen. Ja, da konstatierte ich dann nach einiger Zeit bei mir Anlagen zum Räuberhauptmann! Es kann spannend sein, die wilde Natur und von da aus die Handelswege in aller Welt beobachten zu lernen.
Der Reichtum der Thematik ist im Geographie-Unterricht unerschöpflich: Von der Heimatkunde ausgehend bis zu den großen Problemen unserer Tage reicht ihre Spannweite.
Ein solches Thema ist etwa auch das über *die großen Ströme* der Welt, wie Nil, Indus, Amazonas, Mississippi etc. etc., ihre Quellgebiete (die Gebirge Tibets, die Erforschung der Nil- und Kongoquellen durch Livingstone und seine Begegnung mit Stanley), ihre Durchbrüche wie die Nil-Katarakte, die Viktoriafälle des Sambesi, die Niagarafälle. Alles ist so eindrücklich wie möglich zu schildern, ihre Größe, ihre Majestät, die Verbindung der Menschen mit ihnen. Und dann kann man dem erstaunten Kinde zeigen, daß das alles ein Nichts ist gegenüber dem „unbekannten Strom“, dem Golfstrom, der „das größte und mächtigste irdische Phänomen“ (Pillsbury) darstellt. 40–250 km breit, transportiert er in der Sekunde 24 Millionen m³ Wasser, 20mal mehr als sämtliche Ströme, Flüsse und Gletscher der Erde. Seine Ufer sind kaltes Wasser, sein Lauf warmes. Die 83 km³ pro Stunde würden einen Würfel von 4 ½ km Kantenlänge füllen. Deutlicher auf Schweizer heimatliche Verhältnisse übertragen: So breit (2 km) und so lang (12 km) wie das Haslital im Berner Oberland (3½ km) und so hoch, daß nur gerade noch die Spitze des Finsteraahorns, des höchsten Gipfels der Berner Alpen darüber hinausragen würde. Man stelle sich das riesige Becken bildhaft vor, das in einer Stunde gefüllt wird. Und dies Stunde um Stunde, Tag um Tag, mit einer Strömung, welche die des Amazonas oder Mississippi übertrifft. Welche Wasserfluten!
Goethe war der Überzeugung, daß das Außen nur deshalb erkennbar sei, weil es eine innere Entsprechung habe. In seiner Genialität in Worte gefaßt: „Vor dir, wie vor dem schaumstürzenden Sturz des gewaltigen Rheins, wie vor der glänzenden Krone der Schneegebirge ... wird in der Seele rege, was auch Schöpferkraft in ihr ist.“ Gerade in diesem Sinne ist die Epoche über *Geographische Grundbegriffe* besonders aufschlußreich. In ihr können wir dem Kinde besonders bildhaft vor Augen führen, was ihm im Innern unbewußt entspricht und was hier nur ganz kurz skizziert werden kann.
Das Meer: Schiffe am Horizont, Rauchfahnen, weiße und farbige Segel, lockende Ferne, fremde Länder, fremde Bereiche. Die Hochsee, Stürme und Böen, das Wattenmeer, Hallig, Ebbe und Flut. Das Ewig-Bewegliche, Nie-Verfestigte, Immer-Fließende. Mut, sich in die Welt zu wagen:

„Dorthin will ich – ich und traue
Mir fortan und meinem Griff,
Offen liegt das Meer – ins Blaue
Treibt mein Genueserschiff.“

(Friedrich Nietzsche)

Die Küste: Steil- und Flachküste, Leuchttürme, Lotsen, Sandbänke, Fahrrinnen, Heulbojen, Klippen, Schären, Brandung. Mit dem Erreichen der Küste haben wir das ewig-bewegliche Element des Wassers – und der Seele – verlassen, festen Boden gefaßt. Die „Landfindung“ des „Fliegenden Holländers“.
Die Wüste: Gobi, Sven Hedin in der Taklamakan. Oasen, Fata Morgana. Verzweifelter, öder Marsch durch die Sanddünen. Aber es gibt Wasser in der Tiefe, und es gibt solche, die die Brunnen kennen. Aber wir wissen, wie es denen geht, die nichts von den Quellen des Lebens wissen, wir haben es erfahren. Doch die Gewißheit, daß in tiefen Schächten verborgen das Leben quillt, daß der verzweifelte Marsch nicht ins Leere geht, macht alles Leiden erträglich.
Der Urwald: Amazonas-Landschaft, Kautschuk-Sammler, Orchideen-Jäger, Sumpf, Riesenschlangen, Affenkonzerte, heiß-feucht-stickige Luft, liebliche Früchte, die das Vergessen bringen (Odysseus bei den Lotophagen), alles in verschwenderischem Übermaß, Schlingpflanzen, Vampire. Wie ein schreckhaftes Abbild wuchernder Seelenkräfte.
Und dann taucht, ferne noch, über den Wäldern, der leuchtende Gipfel des *Berges* auf. Auch dieses Kapitel in aller bildhafter Breite. Gletscher mit den Seracs und Schründen, Lawinen, Bergstürze, Moränen wie Skelette, Bergsteigen. All dies Abbilder der Gefahren, Widerstände, Müdigkeiten, die sich einem dabei entgegenstellen. Wie wir Nietzsches Gedicht allmorgendlich beim „Meer“ aufsagten, so jetzt Pindar:

„Große Fahr ergreifet nie den unbeherzten Mann.
Wer dennoch sterben muß, was sollte der ein namensloses Alter
Im Dunkel sitzend nutzlos verzehren,
Unteilhaft jeder edlen Tat?
Nein, mir sei dieser Kampf bestanden!“

All dies bleibt streng im Bildhaften. Wenn in einer Klasse z. B. ein Schüler ist, der lügt und der Lehrer predigt Moral, erledigt er sich selber. Wenn er aber in der Geographie einen Gletscher schildert, das Lauernde, Tödliche, das unter der hellen Schneedecke verborgen gähnt und in unergründlichen Tiefen lotet, spürt der Knabe bildhaft, was das ist, wenn man zu etwas nicht Vertrauen haben kann. Wenn das wirken soll, müssen *die Phänomene rein, eindrücklich und vollständig* sein. Dann kann das eintreten, was Goethe meint „ ...weil sie doch zuletzt ihr inneres Gesamtleben manifestieren müssen“.
Die Thematik um das Fach Geographie ist überreich und kaum zu fassen. Und so wie sich in der Entwicklung Puppe-Schmetterling Unzerstörbares manifestiert, so könnte sich auch aus der so skizzenhaft und knapp charakterisierten geographischen Arbeit im Laufe der Zeit eine bestimmte Zuversicht als schöne Frucht herausbilden. Die Zuversicht: Ja, einst, nach vielen Irr- und Umwegen, nach vielen Fehlschlägen und menschlichem Versagen, werde ich zu mir selbst kommen, werde ich mich finden, werde ich zum Menschen erwachen.

Rudolf Saurer

RECHNEN IN DER VOLKSSCHULE WEGE UND IRRWEGE

Seit Einführung der öffentlichen Volksschule mußte das Fach Rechnen/Arithmetik – oder, wie es neuerdings etwas anspruchsvoller heißt: Mathematik – nie um seine Anerkennung bangen oder gar kämpfen. Seine Nützlichkeit für Handel und Wandel und das tägliche Leben ganz allgemein ist offensichtlich. Demzufolge traten denn auch immer stärker rein wirtschaftliche Gesichtspunkte in den Vordergrund: Berechnen von Gewinn/Verlust, Ersparnissen, Renditen, – alles Zielsetzungen, die dem eigentlichen Mathematischen fremd sind. In dieser Hinsicht brachte die vor Jahrzehnten einsetzende Reformbestrebung der „Neuen Mathematik" willkommene Bereicherung und Ausweitung. Man wurde wieder gewahr, daß dem Mathematischen ureigene Gesetzmäßigkeiten innewohnen, die dem Schüler Gelegenheit zu einer hervorragenden Denk-Schulung eröffnen. Doch stellt sich in letzter Zeit immer dringender die Frage, ob nicht die „Neue Mathematik", insoweit sie sich der Unterrichtsmethodik bemächtigt hat, nicht ihrerseits in eine neue Abhängigkeit geraten sei: nämlich in das Schlepptau der Computertechnik und -logik? In diesem Zusammenhang ist interessant, daß im Mai dieses Jahres in Puidoux-Chexbres (Vd, Schweiz) 40 Fachleute aus 13 dem Europarat angeschlossenen Staaten die weitere Modernisierung des Mathematikunterrichtes an der Primarschule diskutierten: allgemeine Einführung von Taschenrechnern oder gar programmierbaren Rechnern, Abbau von Normalverfahren wie Dreisatz, Division mehrstelliger Zahlen. Damit würde der Mathematikunterricht doch vorwiegend zum Handlanger des technischen Fortschritts unter gleichzeitiger Vernachlässigung grundlegenden Könnens.

Dem gegenüber stellt die durch Rudolf Steiner begründete anthroposophische Pädagogik, auch Waldorfpädagogik genannt, den Schüler in den Mittelpunkt, von dem alle erzieherischen Überlegungen und Maßnahmen auszugehen haben: wessen bedarf dieses bestimmte Kind *jetzt*, damit es die ihm zur Verfügung stehenden Kräfte und Fähigkeiten mathematisch-exakten Denkens optimal entwikkeln kann? Normalerweise kennt das schulreif gewordene Kind schon einige Zahlen, kann auch sogar ein Stück weit zählen. In gewissem Sinne bringt das Kind die Mathematik schon mit, ist selber voller mathematischer Verhältnisse: wenn es geht, zählt es unbewußt ungerade/gerade. Es bewegt und tummelt sich in der Dreiheit der Raumesrichtungen, sein Atmen und Puls sind abgestimmt auf das rhythmische Verhältnis 1 : 4. Sein Skelett ist nach mathematischen Gesetzen aufgebaut: die Wirbelsäule 5 – 7 – 12, die Armknochen 1 – 2 – 3 – 4 – 5 usw. Mit dem Zahnwechsel, also um das 7. Altersjahr herum, schließt die erste Wachstums- und Entwicklungsphase des jungen Menschen ab. Gewisse Aufbaukräfte werden nun vom Organismus „freigegeben" und können Grundlage werden für aufkeimende Denk- und Gedächtniskräfte. Ein Unding wäre es, schon früher im Vorschulalter mit systematischem Rechnen einzusetzen. Wer würde auch vorzeitig und grobfingrig eine Rosenknospe aufklauben aus Ungeduld, die den von der Natur gesetzten Zeitpunkt des Blühens nicht abwarten kann? Das Kind im Vorschulalter betreibt seine „Mathematik", – wenn man will: seine „Mengenlehre" – nicht kopfmäßig bewußt, sondern im Erproben seiner Kräfte und Gliedmaßen. „Dieser Stein ist mir zu schwer"; „Er ist größer als du"; „Du hast mehr Nüsse als ich" usw. Mit dem Schuleintritt ist der Zeiptunkt gekommen, zunächst korrekt zählen zu lernen, vor- und rückwärts schreitend. Dieses Zählen unterscheidet sich von allem andern Sprechen ja dadurch, daß jedes Wort seinen unveränderlichen Platz einnimmt und zugleich die beidseitigen Nachbarn signalisiert. Anschließend werden die Reihen des Kleinen Einmaleins erarbeitet. Die Schüler stellen sich in eine Reihe, zählen schreitend und heben durch Klatschen oder Betonen die Glieder der betreffenden Reihe hervor: z. B. 1, 2, 3, 4, 5, 6, 7, 8, 9, 10, 11, 12, ...

Ist die Klasse groß, kann das, auf zwei oder mehrere Gruppen verteilt, auch mit Reigen kombiniert werden. Der pädagogischen Phantasie der Lehrkraft sind hier kaum Grenzen gesetzt.

Nach ausgiebiger Betätigung kommt der richtige Zeitpunkt für eine zeichnerisch-geometrische Darstellung. Was vorher körperlich-rhythmische Aktivität war, kommt nun zur Anschauung durch geordnete Darstellung und wird zugleich um einen Grad bewußter. Im Zahlenquadrat 1 bis 100 werden die einer bestimmten Reihe zugehörigen Ziffern farbig eingekreist und durch einen Strich verbunden. So wird der „Viererweg", der Siebnerweg" usw. anschaubar, jeder in seiner ganz speziellen „Topographie". Zeichnet man in dasselbe Quadrat zwei Reihen ein, kommen diejenigen Zahlen zum Vorschein, in denen sich beide Reihen kreuzen: 12, 18, 24 usw., d. h., alle Zahlen, die in mehr als zwei Faktoren zerlegt werden können. Sodann wird es reizvoll, die Quadratzahlen hervorzuheben und schließlich auch die „Mauerblümchen" unter den Ziffern, die in gar keiner Reihe als in der mit ihnen selbst beginnenden vorkommen: die Primzahlen. Es ist gut, wenn der Schüler korrekt auszusprechen lernt, was er an seiner Darstellung beobachtet. Daß dadurch eine solide Grundlage geschaffen wird für später, besonders für das Bruchrechnen, dürfte klar sein. Dazu kommt nun das Einüben der 4 Grundoperationen. Rudolf Steiner gibt in seinen pädagogischen Kursen Hinweise, wie dabei das Temperament der Kinder berücksichtigt werden kann. Daß dem Phlegmatiker das stete Anhäufen durch fortgesetzte Addition, dem Choleriker hingegen das raketenhafte Aufschießen in größte Zahlen durch Multiplizieren (und später Potenzieren) besonders liegt, ist unschwer einzusehen. Dem Teilen, Verteilen und Weggeben kommt eine nicht zu unterschätzende soziale Bedeutung zu, ohne daß der Lehrer darüber ein Wort verliert. Rudolf Steiner empfiehlt, bei dieser ersten Beschäftigung mit den vier Grundoperationen gleich von einer Gesamtheit, einer überschaubaren Menge von 12, 20, 24 Objekten (es können Erbsen, Spielwürfel oder Schulfarbstifte sein) auszugehen. Es ergeben sich so gleich von Anfang an die Umkehr-Operationen und dadurch Verständnis für die zwei verschiedenen Stufen von je 2 Operationen. Nach ausreichender Veranschaulichung und eigenem Hantieren mit Objekten soll nun der Schüler weg von der Anschauung und ins rein Zahlenmäßige hinein. Es wirkt mit derZeit ermüdend und verflachend, wenn man dauernd an Objekten, Bildern und tausenderlei Sachvorstellungen kleben bleibt. Das Interesse erlahmt.

Innerhalb der heutigen Methoden kann man die Tendenz beobachten, zu lange an den „Logischen Blöcken" und anderweitigen bunten Abbildungen kleben zu bleiben. Man kann das Mathematische nicht aus der Anschauung herausholen, man muß es mitbringen und ihr entgegensetzen. Es hat sich ja weit in die Kreise der Mathematiker hinein eine These festgesetzt, welche besagt, die Zahlen seien von sinnenfälligen Dingen abstrahiert. Demnach kämen wir zu den Zahlen auf die gleiche Art wie zu den Sachbegriffen: aus der Wahrnehmung über das Vorstellen durch Abstraktion zum Begriff und Oberbegriff. Dies ist nun keineswegs der Fall:

Der Begriff antwortet in aktiver Weise auf eine Erlebnisreihe, die *von außen nach innen* verläuft. Er spricht durch seine Definition das Wesen des Dinges (oder einer Gruppe gleicher Dinge) aus, mit dem er somit unlöslich verbunden ist. Der Begriff verbindet sich ausschließlich und endgültig mit denjenigen Objekten, die sich seiner Definition restlos unterordnen.

Die Zahl hat keinen Inhalt und keine Definition. Sie ist durch sich selbst mit keinem Objekt verbunden, es sei denn, ich verbinde ganz willkürlich ein bestimmtes Objekt mit einer bestimmten Zahl durch Abzählen oder Berechnen. Mit dem Wesen eines Dinges hat die Zahl rein nichts zu tun. Vom Aufwachen bis zum Einschlafen flutet die Außenwelt in ununterbrochener Folge durch meine Sinnesorgane an mich heran. Diese Wahrnehmungsflut kann ich nicht willkürlich „abstellen", ich muß sehen, hören, warm oder kalt verspüren. Völlig anders ist das beim Zählprozeß (und Mathematisieren überhaupt): dieser findet nur statt, wenn ich ihn willentlich auslöse, – *von innen nach außen*. Die Zahlen sind nicht Abstraktionen eines Außerhalb, sondern Realitäten. Nicht sinnenfällig-physische, aber geistig-reale Elemente des Denk-Willens. Die Befähigung zum Mathematisieren ist dem Menschen eingeboren durch die Kräfte, die sein Skelett und seinen Leib aufbauen und am Leben erhalten. Indem sie ins Bewußtsein hereinwirken, werden sie zu Tragkräften der Fähigkeit, mathematisierend die Außenwelt zu ordnen. Indem ich einen oder mehrere Gegenstände zähle, erwehre ich mich seines Ansturms auf meine Sinne und behaupte zugleich mein Selbstgefühl und Ich-Bewußtsein. Ein Ich-Bewußtsein kann erst erwachen, wenn es sich zu distanzieren vermag von einem Außerhalb.

Nicht nur die uns umgebende Natur bietet dem Entdeckungsfreudigen mancherlei Anreiz, auch das Reich der Zahlen birgt seine Geheimnisse und verborgenen Gesetzmäßigkeiten. Um ihnen auf die Spur zu kommen, muß man nicht stundenlang ein und dieselbe Operation mechanisch einüben an zusammenhanglosen Beispielen. Man betrachte eine Zahlenserie, z. B. die Quadratzahlen und stelle die stete Zunahme ihrer Abstände fest. Oder man erstelle eine Tabelle in bezug auf Kantenlänge, Oberfläche und Kubikinhalt eines Würfels, dessen Kante man mehrmals um eine Maßeinheit vergrößert. Ein regelmäßiges Ziffernbild weckt Verblüffung, Staunen. Das Staunen intensiviert sich zur Frage, die schließlich zum Erkennen und Verstehen der Gesetzmäßigkeit führt. Man betrachte beispielsweise die Ergebnisse folgender Gruppen:
9 x 9, x 99, x 999, x 9.999, x 99.999 ...
8 x 8, x 88, x 888, x 8.888, x 88.888 ...
oder die Zahlen der Dreizehnerreihe nacheinander multipliziert
mit 7, 77, 777, 7.777, 77.777 ...
oder die Zahlen der 33er-Reihe, alle multipliziert mit 3367.
Erst kommt stets das Tun, dann das Betrachten und Formulieren des Wahrgenommenen und erst zuletzt das Begreifen. Eine schöne und saubere Darstellung wird schon von der Sache her gefordert. Indem sich der Schüler zunächst im Bereich reiner Zahlen bewegt, – ohne dauernd mit Fetzen aus der Sach- und Vorstellungswelt belastet zu werden, – erarbeitet er sich die erforderliche Sicherheit im Handhaben der Operationen und gute Voraussetzungen für das anschließende „angewandte“ oder Sachrechnen. Auch die „Mengenlehre“, insofern sie als Lehrinhalt in die Volksschule hereingebracht werden soll, verläßt allzustark den Bereich des rein Zahlenmäßig-Mathematischen. Sie weicht aus auf Logik und computerhafte Ja/Nein-Entscheidungen. Ihre Begriffe, wie „Schnittmenge“, „Teilmenge“, „Vereinigungsmenge“ usw. sind keine primär mathematischen Begriffe, die „Leere Menge“, die Gerade und Fläche als „Punktmengen“ sind rein logische Konstruktionen und als solche völlig abstrakt. Um mit den vielen Zeichen als Symbolen für logische Sprachpartikel mit Verständnis umzugehen, bedarf der Schüler regelrechter Exerzitien in Logik. Nun aber ist der Schüler frühestens nach dem 12. Altersjahr zu logischem Denken reif. Nötigt man ihn vorher dazu, greift man in unstatthafter Weise in seine geistige Entwicklung ein und lähmt eigenständiges Denken vorzeitig. Es tritt Langeweile und Interesselosigkeit auf. Ob hier nicht ein Zusammenhang sichtbar wird mit späterem Rebellentum oder Apathie? Im ganzen gesehen ist die Mengenlehre in der Volksschule fehl am Platze. Statt abwegiger Exkurse in eine verfrühte Logik biete man dem Heranwachsenden die Möglichkeit entdeckungsfreudiger Abenteuer im Bereich reiner Zahlen. Er verschafft sich so innere Sicherheit des Denkens und gesundes Selbstvertrauen. Nirgends sonst wie in diesem Bereich kann er zur Gewißheit kommen: Es gibt Wahrheit, unumstößliche Wahrheit, gültig für alle Menschen und zu jeder Zeit.

Andreas Dollfus

PHYSIK UND CHEMIE – VON PHÄNOMEN ZUM NATURGESETZ UND ZUR TECHNISCHEN ANWENDUNG

WANN SETZT DER PHYSIK- UND CHEMIEUNTERRICHT EIN?

Schon in den unteren Klassen, besonders aber im vierten und fünften Schuljahr, erfährt das Kind mancherlei über die verschiedenen Naturreiche. In Märchen und Mythen oder auch in der ersten Heimatkunde ist von der Pflanzen- und Gesteinswelt, vom Wirken des Wassers und von den Erscheinungen des Luftkreises die Rede. Sinnreiche Fabeln werfen ein Licht auf das Seelische bei Mensch und Tier. Im eigentlichen Naturkundeunterricht in der vierten und fünften Klasse werden einzelne Pflanzengruppen und bestimmte Tiere behandelt, und die erste Menschenkunde macht den Kindern die Eigenarten der menschlichen Gestalt und die Biographie des Menschen bewußt. – All das bringt jedoch der Lehrer in bildhaft-erzählender Form vor. Von „wissenschaftlicheren" Erklärungen sieht er ab, weil der junge Mensch in diesem Alter noch nicht die Möglichkeit hat, solche Erklärungen mit innerem Verständnis aufzunehmen. Er ist nicht imstande, eigene Urteile zu bilden und soll vom Lehrer auch gar nicht dazu angehalten werden.
Dies ändert sich grundsätzlich im Alter von 11, 12 oder 13 Jahren. Es regt sich im Kinde mehr und mehr das Bedürfnis, die Naturerscheinungen auch nach ihren Zusammenhängen kennenzulernen, also *Ursachen und Wirkungen* aufzusuchen. Der Intellekt erwacht. Er braucht sinnvolle Nahrung. Diese findet er, wenn der Lehrer den Schüler in geeigneter Weise an den Bereich des Physisch-Mineralischen heranführt. Physik und Chemie liefern dazu vorzügliches Material. Hier kann exaktes Beobachten und Denken geübt werden. Das Bedürfnis nach kausaler Erklärung findet seine Befriedigung, was zur Förderung der Gesamtentwicklung des Menschen beiträgt.
In der Mathematik wird es auf dieser Altersstufe möglich und sinnvoll, die formalen, auf reinen Gedankenformen beruhenden Rechenoperationen zu vertiefen. Geometrische Figuren können mit Zirkel und Lineal exakt konstruiert werden. Im Geographieunterricht erhält der Schüler seine ersten geologischen Kenntnisse und begegnet wieder der Geometrie bei den Kristallen. – In diesem Sinne bilden alle diese Fächer einen Kanon, der ganz auf die Entwicklungsbedingungen, also das Menschenkundliche, abgestimmt ist. Der im 6. Schuljahr einsetzende regelmäßige Werkunterricht (Holzbearbeitung) leistet ebenfalls seinen Beitrag nach dieser Richtung.

VORBEREITUNG DES LEHRERS: GANZHEITLICHE NATURBETRACHTUNG IM SINNE GOETHES

Jeder Naturwissenschaftslehrer trägt heutzutage eine gewaltige *Verantwortung*, hat doch die einseitige Beschäftigung mit Physik und Chemie dazu geführt, daß die Menschheit der Suggestion des Materialismus verfallen ist und die Natur rücksichtslos für ihre Bequemlichkeit und zur Machtentfaltung ausnützt. Die Anwendung dieser Wissensgebiete auf die Waffentechnik stellt geradezu das Weiterleben von Erde und Menschheit in Frage. Man ist vom Wahn besessen, alles, was vom technisch-wissenschaftlichen Standpunkt prinzipiell machbar ist, müsse auch in die Realität übergeführt werden. Und erst wenn sich irreparable Folgen zeigen, kehrt – teilweise – die Besinnung ein. Die schwerwiegende Erkenntnis bricht sich Bahn, daß die für Maschinen und Apparate gültigen Gesichtspunkte nicht einfach auf die ganze Natur und den Kosmos übertragen werden dürfen. Die Zusammenhänge sind umfassender und geheimnisvoller, als es sich eine „aufgeklärte" Wissenschaft von der bloßen Materialität der Natur ausdenkt.

Bezeichnenderweise hat die moderne Naturwissenschaft schon seit vielen Jahren gezeigt, daß man die physikalische und chemische Wirklichkeit längst nicht beschreiben kann, indem man lediglich mit den *Vorstellungen von isolierten Teilchen,* Materieklümpchen, arbeitet. Was man im 19. Jahrhundert als Stoff und damit als ursprüngliche Realität betrachtete, hat sich längst aufgelöst in ein kompliziertes, nur mathematisch zu beschreibendes Netz von Beziehungen. Die klassischen „Teilchen" sind nichts Endgültiges, sondern *wandeln sich ineinander um.* „Masse", früher gleichsam als *die* konstante Größe betrachtet, kann sich in Energien auflösen. Man hat durchschaut, daß materielle Vorstellungen lediglich zu Gedankenmodellen, also zu Hypothesen führen. Und der Mensch, der früher glaubte, „ganz objektiv von außen" die Natur beobachten und nach ihren abstrakten Gesetzen erfassen zu können, ist heutzutage als „Mitakteur" in den Erkenntnisprozeß einzubeziehen. Ohne die Ergebnisse der heutigen Forschung auch nur zu ahnen und ohne das moderne Instrumentarium zur Verfügung zu haben, hat *Goethe vor 200 Jahren die Grundproblematik des neuzeitlichen Wissenschaftsbetriebes klar durchschaut,* nicht nur als ein in höchstem Maße künstlerisch veranlagter Mensch, sondern auch als exakter Beobachter und wirklichkeitsgemäßer Denker. Er sprach unter anderem von den wissenschaftlichen Hypothesen als von Gerüsten, die man nicht mit dem Gebäude selbst verwechseln dürfe und die man auch wieder abtragen müsse, wenn sie ihren Zweck erfüllt hätten. Statt von Hypothesen könnte man auch von Gedankenmodellen sprechen. Goethe möchte nichts „hinter" die sinnlichen Phänomene setzen, sondern diese als Fakten stehen lassen, sie sollen sich selbst in ihrem Wesensgehalt aussprechen und ihre ideellen Beziehungen offenbar werden lassen.

Rudolf Steiner setzte sich in den ersten Jahren seines kulturellen Schaffens besonders für Goethes Geistesart ein. Mit seinen frühen philosophischen Schriften lieferte er eine *erkenntnistheoretische Grundlage* zu dem, was Goethe aus seiner vollen Menschlichkeit heraus, ohne lange philosophische Reflexion, einfach tat, besonders auf naturwissenschaftlichem Gebiet. – Steiner kommt unter anderem zum Ergebnis, daß man überhaupt nicht von einer dauernden, allen Erscheinungen zugrundeliegenden „Materie" sprechen könne. Wörtlich: „Das sinnenfällige Weltbild (die Vielfalt der von den Sinnen wahrgenommenen Inhalte) ist eine Summe sich metamorphosierender Wahrnehmungsinhalte, ohne eine zugrundeliegende Materie." Dadurch hat er die Ergebnisse der modernen Physik bereits in den Achtzigerjahren des vorigen Jahrhunders vorweggenommen. – Und ein weiteres, für die folgenden Betrachtungen wesentliches Erkenntnisresultat ist das folgende: *Das Organisch-Lebendige ist das Ursprüngliche und Umfassende, das Anorganisch-Tote ist das daraus Abgeschiedene, Geronnene.* Auch die Mineralwelt, die sich nur noch durch äußere Einflüsse verändert, ist einst aus Lebensprozessen entstanden.
Die Auseinandersetzung mit solchen Fragen gehört zur konkreten Vorbereitung des Lehrers, ebenso wie das aktive Experimentieren und die zusammenfassende Betrachtung der Inhalte von Physik und Chemie. Dadurch erhält der Unterricht anderen inneren Duktus, als wenn man nur Stoff aneinanderreiht und als „Information" vermittelt.

PHYSIK: MEHR ALS NUR „KRAFT UND STOFF"

Das *Blockflötenspiel* haben die Kinder schon seit der ersten Klasse geübt. Es brauchte viel Sorgfalt, bis der Luftstrom gleichmäßig durch das Rohr geblasen und die Finger exakt und folgerichtig aufgesetzt werden konnten. Die Schüler mußten an sich selber experimentieren. Durch mancherlei Erfahrungen – schönere und weniger schöne – haben sie gelernt, was Töne, Klänge, Harmonien, Dissonanzen, Dur- und Molltonarten sind. Wenn jetzt im ersten Physikunterricht der Frage nachgegangen wird, unter welchen Bedingungen diese Erscheinungen entstehen, so wird man aus der *Welt der Töne, Geräusche und Klänge* zunächst einmal verschiedene Beispiele vorführen. Wie tönen Holzstäbe im Gegensatz zu Metallstangen, wenn man sie anschlägt? Was nimmt man akustisch wahr, wenn man eine Flasche mit Wasser füllt? Wie entstehen Töne beim Klavier, bei der Violine, bei der Pauke, bei der Klarinette?
Mit der Sopranflöte (zumeist auf C gestimmt) sind die Kinder alle vertraut. Manche spielen aber zusätzlich noch auf der Altflöte, deren Grundton eine Quinte tiefer liegt. Nun kann der Lehrer auch noch eine Tenor- und eine Baßflöte vorführen.

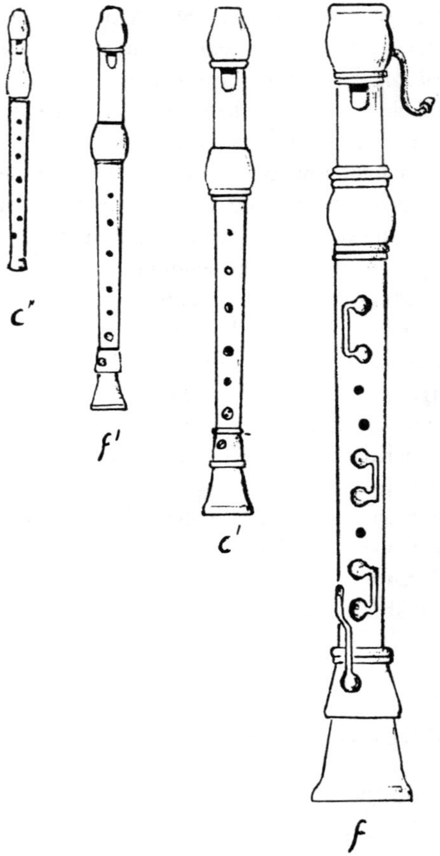

Hält man die vier Instrumente nebeneinander und achtet auf ihre Tonlage, so wird ein wesentlicher Zusammenhang zu bemerken sein: Eine Veränderung der Tonlage um eine Oktave nach unten entspricht einer Verdoppelung der Länge. Sinneswahrnehmungen des Auges und des Ohres stehen in einem eigenartigen Zusammenhang. Töne für sich sind eine Anzahl von Sinneswahrnehmungen, die sich verändern, ebenso dasjenige, was zum Begriff der Länge führt. Was verbindet die beiden Bereiche? – Das Denken!

Noch deutlicher wird diese Sachlage, wenn wir die Streichinstrumente behandeln und zu Experimentierzwecken das einfachste Saiteninstrument, das *Monochord*, heranziehen. Halbieren wir die Saite, indem wir in der Mitte einen Steg anbringen oder einfach die Saite festhalten, ertönt die Oktave zum Grundton. – Freilich kann man, wie die ein Streichinstrument spielenden Schüler gleich bemerken

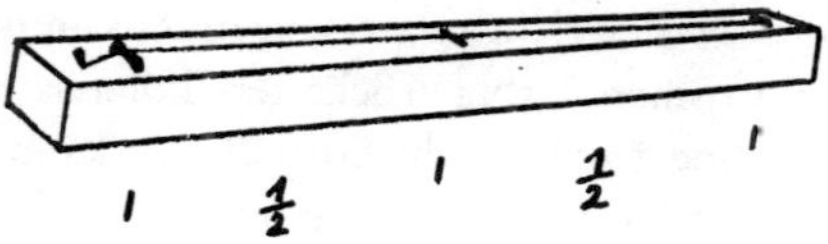

werden, auch die Spannung der Saite verändern. Aber dann haben wir es bereits mit einem anderen physikalischen Phänomen zu tun.

Für den ersten Physikunterricht ebenfalls sehr geeignet ist das Gebiet von *Licht* und *Finsternis* und der daraus entstehenden *Farbenwelt*. Farben sind ja nicht etwas von vorneherein Gegebenes und für alle Zeiten Feststehendes. Sie bilden sich vielmehr in der Auseinandersetzung zwischen dem Licht und der stofflichen, der Finsternis zugewandten Sphäre. Die Farbenlehre Goethes ist eine Fundgrube für Naturbeobachtungen und Experimente. Oft liegt im Einfachen das Schöne und Beeindruckende.

Mit einer *getrübten Flüssigkeit* in einem Aquarium kann man mit Licht und einer schwarzen Fläche bereits zwei zueinander polar stehende Farben erzeugen: Licht, das durch die Flüssigkeit abgeschwächt wird, nimmt *gelbliche* und *rötliche* Töne an. Andererseits erscheint eine durchlichtete Trübe vor einem dunklen Hintergrund *bläulich*. In der Natur läßt sich das Phänomen beim Rauch beobachten: im hellen Himmel erscheint er zumeist gelblich oder leicht bräunlich, vor einem dunklen Tannenwald hingegen bläulich.

Auch im Auge selbst lassen sich Farben erzeugen: durch die sogenannten *Nachbilder*. Blickt man längere Zeit wie gebannt auf ein stark gefärbtes, z. B. gelbrotes Papier und entfernt dieses, so hat man während mehrerer Minuten einen gleich geformten blauen Farbfleck vor sich, der sich mit der Blickrichtung bewegt. Bei einem blauen Papier erscheint umgekehrt ein gelbrotes Nachbild. Weitere Gegensatzpaare sind: grün-karminrot, gelb-violett. – Diese Farben kennen natürlich die Kinder längst aus dem Mal- und Zeichenunterricht. Jetzt geht es aber darum, die erkannte Gesetzmäßigkeit systematisch und im Überblick darzustellen: *der Farbkreis entsteht.*

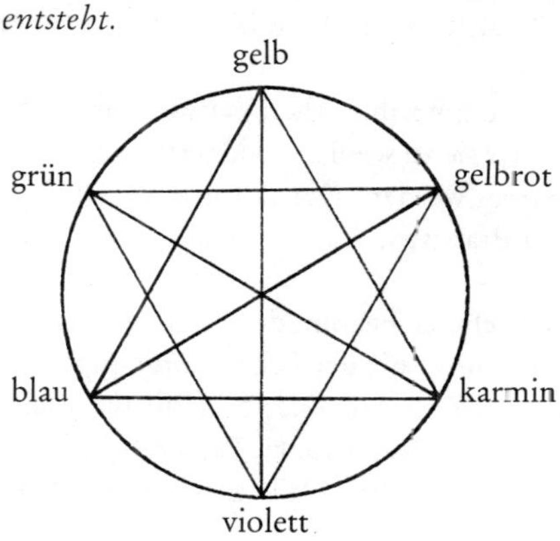

Vielfältige Beziehungen werden sichtbar, welche im Zusammenhang mit anderen Versuchen – z. B. mit Prismen, farbigen Schatten, Polarisationsfarben – wieder auftauchen. Der Kreis, eine geometrische Grundfigur, kann mit Recht herangezogen werden. Er ist keine Modellvorstellung oder Hypothese, sondern ein den Beziehungen adäquates Symbol. Und daran kann sich der Intellekt in gesunder Art heranbilden. Einerseits soll die Sinnestätigkeit und damit die aufmerksame Beobachtung, andererseits ein am Faktischen bleibendes Denken angeregt werden. Durch die erfrischende Fülle der Phänomene und die Gediegenheit der Gedankenführung erhält der Unterricht sein Niveau.
In einer ersten Physikepoche kommen noch andere Gebiete zur Behandlung, so etwa *Magnetismus und Elektrizität* sowie *Wärmelehre*. Mit der Mechanik wartet man meistens noch zu, bis ins 7. oder 8. Schuljahr, wo der junge Mensch mit der beginnenden Pubertät und dem entsprechenden Wachstumsschub das Mechanische am eigenen Leib zu spüren beginnt. Dann kann der Physikunterricht auch in dem Sinne vertieft werden, daß die *zahlenmäßigen Zusammenhänge*, die sich in Formeln und Gleichungen fassen lassen, in den Vordergrund treten. So wie der Farbkreis ein geeignetes geometrisches Zeichen ist, so bringen die mathematischen Aspekte ihren Beitrag zur vollen Wirklichkeit des physischen Geschehens hinzu. In diesem Zusammenhang soll der Lehrer auch die betreffenden *Forscher* und *Entdecker* als Menschen mit ihrem besonderen wissenschaftlichen Bestreben einbeziehen. Eine Gestalt wie Galilei kann zum Symptom für eine neu hereinbrechende Zeit werden, wenn das Charakteristische ihrer Denkweise deutlich zur Darstellung kommt. – Auf diese Art lassen sich auch Modellvorstellungen, gleichsam als historische Durchgangsstadien der neueren Gedankenentwicklung behandeln. Dadurch kann mitgeholfen werden, daß sich der junge Mensch später nicht einfach der Allmacht der Wissenschaft unterwirft und der bloßen Theorienbildung hörig wird.

CHEMIE: DYNAMIK DER STOFFVERWANDLUNGEN

Im täglichen Leben sind wir mit zahlreichen Verwandlungen der Stoffeswelt konfrontiert. Oft beachten wir sie zu wenig – oder erst, wenn diese Umwandlungen nach einer Seite hin extrem werden. Die gestörte Verdauung wird uns bewußt. Eine Feuersbrunst zeigt drastisch, welche Veränderungen die „Elemente" hervorrufen können.
In vielen Rudolf Steiner-Schulen beginnt der Chemieunterricht mit einer – freilich harmlosen – Feuersbrunst, die der Lehrer sorgfältig vorbereitet hat. „Sorgfältig", weil möglichst viele *Brennprozesse* vorgeführt werden sollen. Wie brennt trockenes Tannenholz, grünes Weidenholz, Papier, Schafwolle, Baumwolle, frisches Gras, Baumharz, Alkohol, Fett? Wie entwickelt sich der Rauch, wie sieht

die Asche aus? Alles Fragen, deren Beantwortung an und für sich nicht schwierig ist. Aber jetzt kommt es darauf an, gemeinsame und verschiedenartige Merkmale systematisch kennenzulernen. Baumwolle und Papier zeigen viel Ähnliches, vor allem der Geruch ist derselbe. In der Oberstufe wird man erfahren, daß beide Stoffe von der Zellulose als Grundsubstanz stammen. Frisches Gras und frisch geschlagenes Holz entwickeln viel Rauch und – wie man im Laufe der Epoche erfahren wird – viel Wasserdampf. Der Brennprozeß ist gegenüber getrocknetem Pflanzenmaterial stark verzögert. Alkohol und Fett unterscheiden sich vor allem durch ihre Flammenfärbung.
Hellgelbes *Schwefelpulver* wird in einem Metall-Löffel, wie ihn die Chemiker brauchen, verbrannt. Nur eine schwache, bläuliche Flamme ist sichtbar, aber ein unangenehm stechender Geruch tritt auf. Lassen wir den Schwefel eine Zeit lang in einem Glaszylinder brennen, welcher mit ein wenig Wasser angefüllt und mit einem Deckel versehen ist, wird der Brennprozeß bald zu Ende gehen, weil die Luftzufuhr fehlt. Nun ist der Zylinder mit dem Schwefel-Verbrennungsgas angefüllt. Wir schütteln, sodaß sich dieses Gas mit dem Wasser verbindet. Die Flüssigkeit schmeckt nun ausgesprochen sauer: es ist *schweflige Säure* entstanden. Wir haben im Experiment nachvollzogen, was sich in unserer Zeit der Luftverschmutzung beim sauren Regen abspielt.

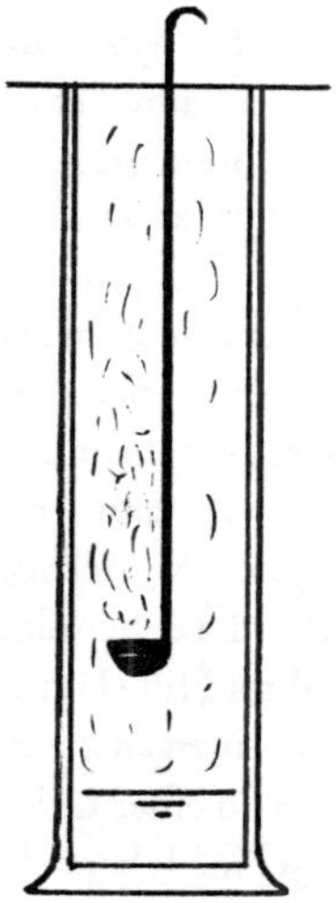

Die entstehende Säure kann durch weitere Prozesse in ihrer angreifenden, gleichsam verbrennenden Wirkung noch gesteigert werden: die Schwefelsäure. Sie muß in besonderen Flaschen aufbewahrt werden. Die menschliche Haut darf sie nicht berühren.

Auch Gase können brennen, und zwar nicht nur das zu Kochzwecken verwendete Leucht- oder Erdgas. Bringen wir Eisenpulver in Salzsäure – gleichsam eine „Schwester“ der eben besprochenen Schwefelsäure – so entweicht ein Gas und bildet Blasen. Diese können mit einem Brenner abgeknallt werden, d. h. sie verbrennen explosionsartig. Das Gas ist der *Wasserstoff.* Man kann ihn auch zu einem ruhigen Verbrennen bringen, wenn man ihn beispielsweise aus einer Wasserstofflasche durch eine feine Düse strömen läßt. Mit schwach rötlicher Flamme brennt er. An den Wänden eines Glaszylinders, in welchen man die Wasserstoffflamme hält, bilden sich Tropfen einer klaren Flüssigkeit: ganz gewöhnliches *Wasser* entsteht. Während bei festen Brennstoffen, wie wir eingangs gesehen haben, Asche entsteht, bildet sich hier Wasser. Der Sauerstoff in der Luft und der Wasserstoff haben sich im Brennprozeß zu diesem einfachen Stoff verbunden.
Der Brennprozeß kann auch noch gesteigert werden: Die beiden erwähnten Gase ergeben, im Verhältnis 2:1 gemischt, das sog. *Knallgas.* In einem geeignet gebauten Gebläse, durch das Wasserstoff und Sauerstoff strömen, kann man eine sehr heiße Flamme erzeugen. Diese bringt noch viele andere Stoffe zum Brennen, etwa *Kalkstein.* Dieser sonst ganz dem Mineralreich angehörende Stoff leuchtet sogar hell auf. *Gebrannter Kalk* entsteht, eine aggressiv wirkende Substanz. Wird sie mit Wasser überschüttet, also „gelöscht“, so bildet sich *Kalklauge.* Chemisch betrachtet bilden die Laugen das polare Gegenstück zu den Säuren. Stoffumwandlungen gehen oft in diesem Spannungsfeld von Säure und Lauge vor sich. Darüber erfahren die Schüler noch manches im Laufe der oberen Schuljahre.
Von Phänomen zu Phänomen fortschreitend lernt der Schüler die Beziehungen innerhalb der Stoffeswelt kennen. Bald kann man die Begriffe „chemische Verbindung“ und „Element“ einführen. Wenn in der Mathematik der Umgang mit Buchstaben und Gleichungen genügend geübt wurde, kann auch die Kurzsprache der *chemischen Formeln* herangezogen werden. Sie drücken einen realen Sachverhalt in Symbolen aus. Wesentlich ist aber die möglichst realistische Beobachtung und das denkerische Verarbeiten der Zusammenhänge. Die Metamorphose der Stoffe soll gedacht, nicht aber durch eine Modellvorstellung substitutiert werden. Auf dieser Basis kommen im 11. und 12. Schuljahr auch die *stöchiometrischen Verhältnisse* zur Behandlung. Mit ihrer Hilfe läßt sich insbesondere das *Periodensystem der Elemente* aufbauen. Mit seinen an die musikalischen Harmonien erinnernden Gesetzmäßigkeiten wird es zu einer Urkunde, die etwas vom Grundgehalt der Stoffeswelt offenbart. Es ist eine Übersichtstafel, auf der die vielseitigen, dynamischen Zusammenhänge im Wandel der Sinnesqualitäten zur Darstellung gebracht sind. „Stoffe“, die man in der Flasche aufbewahrt, sind eigentlich lediglich Stationen von umfassenden, mit dem Universum im Zusammenhang stehenden Prozessen. Es sind die aus den großen Lebensprozessen des Kosmos und der Erde abgeschiedenen Substanzen, die als solche aber zurückweisen auf die ursprünglichen, lebendigen Schöpfungsakte.

ANWENDUNGEN IN DER TECHNIK. ZUM LEBENSKUNDE- UND TECHNOLOGIEUNTERRICHT.

Bereits in den unteren Klassen einer Rudolf Steiner-Schule obliegt es dem Lehrer, die Kinder ihrer Altersstufe gemäß in die heutige Werkwelt einzuführen. Wer die neueste Technik verstehen will, muß aber bei den Tätigkeiten beginnen, die der Mensch seit Urzeiten ausgeübt hat.

Im Handarbeits- und Werkunterricht sowie im Gartenbau arbeiten die Schüler direkt im Sinne der menschlichen Urberufe. In der Heimatkunde wird der Blick auf die wirtschaftlichen Verhältnisse eines Gebietes gerichtet. In der dritten Klasse beginnt die eigentliche *Sachkunde.* Während einer ganzen Epoche lernen die Kinder das *Bauwesen* kennen. In einer weiteren Epoche kommt das *Leben des Bauern* zur Darstellung. Praktische Übungen wie beispielsweise das Errichten einer kleinen Mauer nach allen Regeln der Kunst bilden Höhepunkte in diesem Unterrichtsgeschehen. – Der *Geschichtsunterricht* wiederum gibt Gelegenheit, den Übergang des klassischen Gewerbes des Mittelalters zur Industrie der Neuzeit zu schildern. In diesem Zusammenhang ist es auch sinnvoll, gewerbetreibende Menschen aufzusuchen und ihnen bei ihrer Arbeit zuzuschauen. Im 7. und 8. Schuljahr gehört andererseits das Abfassen einfacher *Geschäftsbriefe* zum Deutschunterricht.

Mit diesem „Unterbau" kann der Oberstufenlehrer den eigentlichen *Lebenskunde- und Technologieunterricht* einleiten. An Themen fehlt es gewiß nicht, es kommt nur darauf an, sie in eine Form zu bringen, durch die der Schüler die nötigen Kräfte und Fähigkeiten entwickeln kann. Ein Beispiel einer Lebenskunde-Epoche aus einer 9. Klasse möge dies verdeutlichen. Eine einfache Geschäftsabwicklung einer Handelsfirma wird geschildert: Bestellung, Transport und Bezahlung der Ware. Die Schüler müssen die entsprechenden Briefe aufsetzen und die Formulare für die Zahlung – z. B. Postchecks – ausfüllen. In diesem Zusammenhang soll nun verfolgt werden, was sich in der Werkwelt real abspielt. Dazu besucht man das zentrale *Postgebäude,* durch das der gesamte Brief- und Postverkehr der Stadt flutet. Man erlebt, wie Tausende und Abertausende von abgehenden Sendungen gestempelt und in Säcke für die verschiedenen Bestimmungsorte verteilt und wie ankommende Briefe in die Fächer der zahlreichen Briefträger gelegt werden.

Ein Besuch im *Güterbahnhof* zeigt, was für den Transport einer Ware alles nötig ist. Ein emsiges Treiben herrscht auf den Rampen, auf denen die vielen Hubstapler herumsausen und schwere Lasten innerhalb kürzester Zeit in die Güterwagen verladen. – Ein Abstecher ins nahegelegene *Lokomotivdepot* der Bahnverwaltung vermittelt einen Einblick in einen besonders verantwortungsvollen Beruf: Ein Lokomotivführer erklärt seine Maschine und läßt, wenn es die Arbeitsverhältnisse erlauben, die Schüler selbst ein kleines Stück fahren. Mit einfachen Hebelbewegungen werden viele tausend Pferdestärken mobilisiert, und das gegen 100 Tonnen schwere Fahrzeug setzt sich in Bewegung. Das Strom-Meßgerät schlägt entsprechend aus. Man erlebt drastisch die in der Technik angewandte Physik.

Solche Veranstaltungen sind aber keineswegs darauf angelegt, lediglich Sensationslust zu befriedigen. Der Grund ist wiederum in den Entwicklungsbedingungen des jungen Menschen zu suchen. In der *Pubertät* sind Burschen und Mädchen oft zu stark mit sich selbst beschäftigt und glauben, ihre Probleme seien die Weltprobleme. In dieser Situation heißt die Aufgabe für den Lehrer eindeutig: *Interesse an möglichst vielem erwecken, was „draußen" vor sich geht.* Betriebsbesichtigungen ergänzen die *Praktika,* welche die Schüler während mehrerer Tage oder sogar Wochen in bestimmte Tätigkeiten einführen. Im 10. und 11. Schuljahr wird in diesem Rahmen praktische *Vermessungskunde* betrieben. Geometrie, technische Mechanik, Optik und Zeichnen begegnen sich, wenn es darum geht, von einem Grundstück einen Plan mit Höhenkurven und sonstigen Geländemerkmalen durch genaues Vermessen anzufertigen. Eine solche Arbeit, ganz nach den Erfordernissen der Praxis durchgeführt, weckt und bildet den jungen Menschen in ganz besonderer Weise.

Physik und Chemie haben, weil einseitig betrieben, der Menschheit manche schlimme Bescherung gebracht. In dem Maße als es gelingt, die physikalischen und chemischen Erkenntnisse wieder in ein lebendiges Gesamtbild der Natur einzugliedern, werden sich diese Wissenschaften wieder segensreich auswirken können. Dazu kann die Schule einen gewichtigen Beitrag leisten.

Karl Rössel-Majdan

SOZIALERZIEHUNG IST MEHR ALS STAATS- UND SOZIALKUNDE

Wie gut haben es in gewisser Beziehung die Tiere, sie brauchen nicht zu lernen, was ihnen nottut und was sie zu ihrem Verhalten in der Herde brauchen. Sie wandern und ziehen dahin, ohne einen Kompaß oder Wanderkarten zu benötigen, sie wissen Wetterstürze und Erdbeben besser voraus als alle Wetterpropheten, sie erkennen bekömmliche und giftige Kräuter ohne Botanik, sie regeln ihre Brunftzeit ohne Moraltheologie und ohne „Aufklärungsunterricht", sie spinnen Netze, Seide, weben Nester, erzeugen Papier und vieles andere ohne Gewerbeschein, sie ... – die Reihe ließe sich endlos fortsetzen. Wie weiß die Wespe mit ihrem Ganglienknoten von Gehirn, wo unter dichter Baumrinde ein Wurm steckt und wie sie so nach ihm durchstechen muß, daß sie ihre Eier derart in seinen Körper ablegen kann, daß die Brut kein lebenswichtiges Organ zerstört, wenn sie ihn allmählich auffrißt, sodaß er erst stirbt, wenn die Wespenbrut ausgereift ist?

Auch wenn man nicht bei allem und jedem einen lieben Gott als Lehrmeister bemüht – man muß doch ehrlicherweise zugeben, daß die Wissenschaft erst einen Bruchteil der Naturwunder aufgeklärt hat. Das Unvernünftigste ist es, wenn schon Kinder und Jugendliche sich so hochnäsig „aufgeklärt" fühlen, als hätten überhaupt sie die wissenschaftlichen Erfolge erzielt und als gebe es keine Wunder. Es gibt Wunder über Wunder, die noch auf tüchtige Forscher und Aufklärer warten, aber solche waren immer bescheidene Menschen, die darum wußten, daß der Mensch mit dem Verlust dumpfer aber weiser „Instinkte" sein geistiges Erwachen erkauft hat.

Der Mensch ist ein Lernwesen. Was der Natur im Schlafe gegeben ist, darf er lernen. Aber dann ist es sein persönliches geistiges Besitztum. Und er muß viel, viel üben, wenn er Fähigkeiten bilden will. Denn irgendeine abstrakte Lehre bleibt im Intellekt sitzen, ohne zu wirken. Welcher Säufer wüßte nicht, daß seine Gewohnheit, sein chronisches Laster schädlich und dumm ist?

Sozial sein muß ebenfalls – wie alles andere – geübt sein. Muß Anlage werden. Sozialkunde allein ist da viel, viel zu wenig! Überhaupt sollte die Meinung revidiert werden, man könne durch Politwissenschaft, Staatsbürgerkunde und Zeitgeschichte sozial und politisch engagierte Schulabsolventen bekommen. Oder gar eine tendenziöse Darstellung könne Anhängerschaft für irgendetwas, für Religion, Politik, Geschäft bringen. Man bekommt dadurch einige Mitläufer, besonders aus Elternhäusern, wo schon der Papa oder Onkel aus Vorteilsgründen das Farbenwechseln praktiziert hat. Man stößt aber gerade die wertvollen Schüler vor den Kopf und, wo der Druck in Form von Prüfungen, Zwangsorganisation u. v. a. dahinter steht, fördert man im besten Fall ein Dissidententum, im üblen

Fall versteckte Ablehnung, Haß, Aussteigertum, Anarchie oder gar Nihilismus und Terrorismus. All dies ist nicht Folge mangelnder Betrachtung oder gar Verherrlichung bestehender Einrichtungen und Formen der Gesellschaft, sondern Zeichen mangelnder sozialer Gesinnung, Charakterbildung und sozialen Interesses, falls nicht gar mehr oder weniger humanen Widerstandes gegen den unmenschlichen Herrschaftsanspruch von Macht, Reichtum und Ruhm.

Die wachsende asoziale Einstellung im Egoismus, in der Korruption von Mitläufern, die sich hinaufgeturnt haben, und weiter bis hinunter zum asozialen Kollektivismus, zur Bandenbildung und Massenhysterie zu übersehen oder sie statistisch wegradieren zu wollen oder nur nach mehr Zeitgeschichte und politischer Erziehung zu rufen, ist absolut verkehrt. Auch das Interesse für die „Arbeitswelt" bekommen wir nicht durch Lehrplanvorschriften in die Schule. Die griechische Erkenntnis: Ho Anthropos politikon Zoon, der Mensch ist ein soziales Lebewesen – gerade diese Erkenntnis sollte alarmierend wirken. Wenn trotz geselliger Anlage soziale Unfähigkeit auftritt, dann ist das ein wichtiger Grund, statt informationstheoretischer Kosmetik die Grundlagen unseres Bildungssystems zu überdenken.

Für die Waldorf-Arbeiterschule entstanden, müßten doch aus der Menschenkunde Rudolf Steiners wesentliche Sozialimpulse fließen?! Auch in der hier gebotenen Kürze ist es wert, sich diese Seite der Waldorfpädagogik anzusehen. Die Klasse in einer Waldorfschule ist eine Lerngemeinschaft und nicht so etwas wie eine gruppendynamische Wettbewerbsgesellschaft von Konkurrenten. Schon beim Aufnahmegespräch mit dem Klassenlehrer, wie vorher mit der Kindergärtnerin, beginnt ein Kennenlernen. Der Lehrer macht auch einen Elternbesuch, um das Milieu des Schülers berücksichtigen zu können. Werdegang und Charakter des Kindes interessieren ihn. Auch die Krankheitsgeschichte, wie umgekehrt der Schularzt den pädagogischen Werdegang kennen soll. Die Aufnahme in die Klassengemeinschaft wird dadurch zum sozialen Ereignis. Wie die Kindergärtnerin begrüßt auch der Lehrer jedes Kind mit Handschlag vor dem Betreten der Klasse. Zuspätkommen ist soziale Rücksichtslosigkeit. Fehlt ein Kind wegen Krankheit, so wird das in der Klasse bedauert und ihm Genesung gewunschen und allenfalls Hilfe zugesagt. An keinem Kind wird achtlos vorübergegangen. Im Kindergarten wird im Kreis um eine Kerze als symbolisches Mittelpunktslicht ein passender Morgenspruch gesagt. Man reicht sich die Hände. Geburtstagskinder werden umkreist. Ähnlich haben Volkstänze, z. B. der slawische Kolo, der Rad- oder Ringtanz das Zusammengehörigkeitsgefühl über das Körperbewußtsein gefördert. Die Kraft zur Gemütsbildung, die von solchen keinesfalls nebensächlichen Gebräuchen ausgeht, wurde weit unterschätzt und daher vernachlässigt.

Der Jahreszeitentisch veranlaßt zum Sammeln von Pflanzen, Früchten, Steinen, Holz und Laub und verbindet mit der Natur und den Unterricht mit dem Schulweg und der Freizeit. Erst recht bewirken das die Jahresfeste. Alles das wirkt im

Tun und nicht in der Theorie. Ohne Künstelei durch zerstreuende „Auflockerung“ des Unterrichts geht so das Gemeinschafts- und Umweltbewußtsein „in Fleisch und Blut“ über.
Schon die Behandlung des Spielzeuges im frühkindlichen Alter wirkt sozial erziehend. Puppen „durch die Gegend fetzen“, Bausteine im Schmutz liegen lassen, ist schon bei dies nicht beachtenden Erwachsenen, die oft blind für sorgsame Materialbehandlung sind, ein schlechtes Zeichen. Um wieviel mehr bei einem Kleinkind in dem Alter, da noch alles spricht, alles beseelt erlebt wird. Gerade da läßt sich leicht „Mitleid“ mit allem wecken und den Anfängen asozialen Verhaltens wehren. Gleichgültigkeit der Erwachsenen ist da ebenso schädlich, wie verständnislose Strenge. Vorleben! Miteinander tun!
Zu grüßen, „bitte“ und „danke“ zu sagen sind auch nicht blöde Höflichkeitsfloskeln. Freundlichkeit und Zuvorkommenheit erleichtern das soziale Leben. Wir müssen lernen, uns an der Freude anderer zu freuen und mit ihrem Leid mitzuempfinden. Nur das macht sozial. Dann werden wir uns später auch für die Zeitgeschichte interessieren. Interesselosigkeit ist der Tod jeder Bildung. Anteilslosigkeit der Tod der Gemeinschaft. Beides ist die Unfähigkeit, sein Ich über sich hinaus mit der Umwelt zu verbinden. Der blinde, führende französische Freiheitskämpfer Lusseyran schrieb über die „Verschmutzung des Ich“, er war Anthroposoph. Übrigens Umweltverschmutzung – heute eine soziale Massenseuche – stammt aus der Innenweltverschmutzung – woher denn sonst? – und beginnt in der Kindheit.
Es ist daher auch notwendig, daß Kinder und nicht Großmütter es bald lernen, das Spielzeug selbst wieder zu versorgen. Selbstverständlich werden auch Kleider nicht einfach fallen gelassen, und man pflegt sie sorgsam, auch wenn man nicht durch Armut dazu erzogen wird. Erwachsene müssen nicht für rücksichtslose und herzlose Kinder gleich ansprechbar sein, wie für feinfühligere. Das wäre ungerecht. Befehlen wirkt allerdings nicht. Vormachen. Mittun. Das Gleiche gilt für die Pultordnung in der Klasse. Und angerichteten Schaden – ob absichtlich oder unabsichtlich – soll der Betreffende selbst gutmachen wollen. Was Hänschen nicht lernt, lernt Hans nimmermehr! – Was soll dann noch Sozialkunde?
Werkzeug! Welche Lust haben nicht Kinder am Übergang vom Spiel zur Arbeit! Warum wird sie fast völlig aus der Schule verbannt? Trotz Glöckel'scher Reform. Otto Glöckel hätte sich nicht träumen lassen, wie wichtig die Erziehung durch die Hände in der Waldorfpädagogik wird! Werkzeug muß so geschliffen, so geführt und so versorgt werden, daß niemand gefährdet wird. Man kann es lieben lernen! Welche Erziehung zur sozialen Verantwortung! Und erst die Arbeitsteilung, die Zusammenarbeit als präzise Gemeinschaftsleistung!
Oder der für Waldorfschulen selbstverständliche praktische Gartenbau und die Landschulwochen auf dem Bauernhof! Das ist Umwelt-, Arbeitswelt- und

Sozialerziehung! – Eine goetheanistische Naturkunde gibt ja überhaupt ein ganz anderes Naturverhältnis als mechanistische analytische Darstellungen. Der biologisch-dynamische Landbau läßt Erde, Mensch und Kosmos als Lebensgemeinschaft erkennen.

Sozialerziehung ist kein bloßes Fach. Sie geht wie die Kunst als Methode durch die gesamte Waldorfpädagogik. Nicht bloß verstandesmäßig-ethisch und ästhetisch wirkt der vollmenschliche Unterricht. Schon beim freihändigen Formenzeichen – Gerade, Kurven, Spiegelbilder, Symmetrie – werden an der Tafel Ordnungssinn, Mittelpunkt- und Umweltbezug real psychologisch geübt. Und die leider heute so vernachlässigte Schönschrift! Natürlich hat die Ästhetik für Informationszeichen keine Bedeutung. Aber für die Harmonie und Gesundheit des Schreibenden – auch in Form von Spätfolgen im vorgeschrittenen Alter – haben solche Rahmenbedingungen der Entwicklung zur freien aber zugleich sozial gesinnten Persönlichkeit eine nicht zu unterschätzende Bedeutung. Ins Wesen übergegangene soziale Gesinnung, das ist „Petrus", der feste Felsgrund, auf den jede soziale „Kirche", jede geistige Gemeinschaft gebaut werden kann. Nur abstrakt programmatische Kartenhäuser werden auf den Sand der Egoismen gebaut. Sie stürzen auch ein, wenn sie hoch genug sind.

Ein Wort noch über das Kanonsingen, das Chorsprechen, das Zusammenspiel im Theaterensemble und besonders alles das in dem von Anfang an koedukativen Erziehungsprinzip der Waldorfschulen, wo die unterschiedlichen Temperamente, Geschlechter, aber auch Volkszugehörigkeiten und Religionen einander ergänzen. In den entsprechenden Kapiteln dieses Buches zur Einführung in die Waldorfpädagogik wird wohl sichtbar, welch starke sozial bildende Faktoren gerade dabei gepflegt werden.

Und schließlich wollen wir hier noch auf die Geschichte und die sozialen Wandlungen der menschlichen Gesellschaft hinweisen, die der Waldorfschüler als umfassende Geistes- und Gesinnungsentwicklung symptomatisch kennenlernt. Denken wir nicht alle mit Unbehagen an auswendig gelernte Jahreszahlen ohne lebendigen Hintergrund? Was für eine Menschheit „unbehaarter Affen", die sich auf Schlachtfeldern mordet und von Herrscherthronen verjagt, und das alles mit dem Segen von Priestern! – Kein Wunder, daß das alles lächerlich oder verächtlich werden kann, wenn die damit verbundenen Illusionen auch noch schwinden. Und daran soll sich nun Zeitgeschichte und Politik als Fortsetzung reihen?

Die Geistes- und Kulturgeschichte der Menschheit zeigt zwar auch Symptome von Krankheiten, Kriegsfieber oder gar gefährliche Geschwüre wie Faschismen und Bolschewismen, aber auch echtes Heldentum in Zeiten der Juden- und in der Christenverfolgung, eine Jeanne d'Arc, und vor allem jenen großen Gang zum Bewußtsein und zur Freiheit, der bei allem Auf und Nieder, bei allen Irrwegen doch der Jugend den Ausblick auf eine Weiter- und Höherentwicklung läßt. Es gab und gibt große Geister und Charaktere und ein hohes Streben, auch wenn es

oft nicht in der politischen Zeitmeinung zum Ausdruck kam.
Nehmen wir ein Beispiel. Die französische Revolution hat die Ideale der Deomokratie unter all den Gräueln entwickelt – libertè, egalitè, fraternitè. Rudolf Steiner hat sehr schön gezeigt, daß diese in verschiedene Grundrechte eingegangenen Bürgerideale nicht widersprüchlich sind, sondern daß sie richtig auf die ideellen, sozialen und materiellen Funktionen der menschlichen Gesellschaft angewendet werden müssen. Wie der einzelne Mensch dreigliedrig ist mit dem Sinnes-Nervensystem und dem Denkzentrum im Kopf, mit dem rhythmischen Puls-Atemsystem und dem Herz- oder Gefühlszentrum, mit dem Kraftzentrum im Unterleib, so ist auch die Gesellschaft dreigliedrig. Führt man diese Steiner'schen Ausführungen weiter, so ergibt das folgende Übersicht über falsche und richtige Bürgerideale:

	Kultur	Recht	Wirtschaft
Freiheit	FREIHEIT	Anarchie	Kapitalismus
Gleichheit	Gleichschaltung	GLEICHHEIT	Kommunismus
Brüderlichkeit	Protektions-wirtschaft	Cliquen-herrschaft	BRÜDERLICHKEIT

Und damit läßt sich sehr gut kritisch, aber auch positiv in oberen Klassen über berechtigte Ideale und Utopien diskutieren, wie sie sich in unserer Zeit entwikkeln. Die Demokratie ist dann keinesfalls „das geringste aller Übel", sondern eine entwicklungsfähige Form. – Und im eigenen Suchen nach Lösungen – nicht im Übernehmen fertiger Programme, sondern auf der Grundlage sozialer Anteilnahme und sozialen Interesses – findet auch die Gegenwart, die „Zeitgeschichte" ihren Platz. Ja mehr: Die Waldorfpädagogik ist gebaut auf den Glauben an die, von jedem erlebbare schöpferische Kraft des individuellen menschlichen Geistes, auf die Liebe zu seinem Wirken in allen Kulturen, in der Menschheit als solcher, und auf die Hoffnung auf seine Zukunft. Und somit wirkt sie von Grund auf sozialerzieherisch. Rudolf Steiner hat sich zum Ende des Ersten Weltkrieges umfassend mit der sozialen Frage auseinandergesetzt. Er zeigte, wie nur die Arbeitsteilung und nicht der spekulative Egoismus verbilligend wirkt, das Füreinander arbeiten und nicht Selbstversorgung und Autarkie. Und er stellt sein soziales Grundgesetz auf: Das Heil einer Gemeinschaft ist umso größer, je weniger der einzelne das Ergebnis seiner Arbeit für sich beansprucht. Für die Prediger des Egoismus und der Gewinnsucht als angeblichen Motor alles Wirtschaftens geradezu eine Utopie. Ihre eigene Utopie allerdings treibt in die Selbstzerstörung. Die sehr realistische Waldorfpädagogik – nur soweit wollen wir hier auf dieses Problem eingehen – kann bei dem Geiste ihres Begründers wohl nur Erziehung zur sozialen Gesinnung sein.

Elisabeth Rössel-Majdan

MALEN UND WERKEN MIT SINN UND SEELE

Begegnet man erfahrenen Waldorflehrern, so wird man immer wieder darauf hingewiesen, wie wesentlich es sei, daß der Unterricht lebendig, dynamisch, prozeßhaft, begeistern, anregend ist. All diese immer wiederkehrenden, für den Anfänger zunächst unverständlichen Ausdrücke lassen sich nach längerer Beobachtung und eigener Erfahrung zusammenfassen in dem Bild des Nacherfindens. Dies gilt zunächst für den Lehrer selbst, er muß kreativ und erfinderisch werden, – nicht in der „Technik" des „Wie sag ich's am meisten zielführend meinem Kinde?" –, sondern in seiner Betrachtungsweise und seinem eigenen Tun gegenüber Dingen, Tätigkeiten, Unterrichtsgegenständen, die ihm bisher selbstverständlich, ja für ihn selbst bisher als uninteressant, weil zu alltäglich, erschienen sind. Für den Waldorflehrer muß immer wieder eine ernsthafte Frage die Vorbereitungsarbeit für seinen Unterricht einleiten, nämlich die Frage: was tue ich, wenn ich rechne, schreibe, lese, musiziere, Geschichte betreibe, usw. ...? Was ist das Rechnen, Singen ...? Er in erster Linie ist also aufgerufen, eine Bewußtseinsentwicklung durchzumachen. Dadurch wird kein Gegenstand „ein alter Hut" für ihn werden, und er wird durch seine innere Aktivität und Begeisterung, durch seine persönliche Entdeckerfreude seine Schüler an diesem Prozeß, ihren Entwicklungsstand gemäß, beteiligen können. So könnte man über den Unterricht an einer Waldorfschule sagen, daß generell in jedem Gegenstand die Betätigung, der Weg der Zweck ist, nicht das Resultat. Das Resultat wird, wenn der Tätigkeitsprozeß stark und intensiv genug ist, nur als Stufe zu weiterem Tun empfunden und gewertet werden; man könnte, etwas herausfordernd, die fertige Schülerarbeit, das Werkstück, als „Abfallprodukt" auf dem Weg des Rechnens, des Schreibens, des Zeichnens usw. ansehen.

Malen ist meist eine der allerersten Tätigkeiten eines Waldorfschulkindes in der ersten Klasse. Um der Bedeutung dieses Tuns ein bißchen näher zu kommen, kann ein Blick in den Werdegang des Wortes „malen" helfen. In einem enzyklopädischen Wörterbuch findet man Hinweise auf die lateinische Form macula (n), ein Körperfleck; man wird an das Wort „Makel" erinnert. Bei diesem findet man ebenfalls den „Vorfahren" macula in der Bedeutung von „Fleck". „Mal" wird auch als zeitliche Markierung verstanden, „Zeitpunkt", „Zeichen", aber auch im Sinne von Wiederholung, Wiedererkennen der gleichen Merkmale oder Zeitpunkte. So kann ein neuer Gesichtspunkt zu dem wohlbekannten Begriff „malen" langsam entstehen. Im Gegensatz dazu mag uns die Tätigkeit des Zeichnens auf Verbindungen zu „Zeigen" und „Ziehen" hinweisen, also auf eine Tätigkeit des Spurziehens, des Konturierens. Wenn man also ein Gefühl für das Malen in seiner eigentlichen Bedeutung gewinnen will, muß man alle Tätigkeiten des Gravierens, Zeichnens und auch des schon Fertigen vermeiden; es muß hingegen etwas vom Immerwiederkehrenden, Prozeßhaften und Unvollendeten in der Malerei, also im „Abfallprodukt", im Sichtbargewordenen aus der malenden Tätigkeit zum Ausdruck kommen. Das Kind soll daher auch dieses Gefühl stark entwikkeln können, daß wir auf das weiße Blatt mit dem ersten Farbfleck ein Mal setzen, mit dem die Darstellung einer bestimmten „Stimmung" begonnen hat, die beim weiteren Ausmalen verändert und erweitert werden kann.

Nicht leichtfertig, laut, unkonzentriert und fahrig soll das Kind sein, wenn das Malen beginnt. Aus einer derartigen Haltung könnte höchstens ein Anstreichen werden. Beim Malen hingegen handelt es sich um Wechselwirkungen von Stimmungsausdruck und Wirkung auf die Stimmung, von Farbausdruck und Farbwirkung im ständigen Wechsel und – in ständiger Anregung zu neuer Tätigkeit. Daraus wird ersichtlich, daß es sich bei dem reinen Malen um flächige, rein aus der Farbe empfundene Bilder handelt, und daß das Zeichen in seiner reinen Form eine Bewegungsspur und nicht eine Flächenbegrenzung bildet. Konturierte Flächen anstreichen, ist der Tod jeder Kreativität im künstlerischen Sinn. Ganz ähnlich ist es mit dem Ausfüllen von Lückentexten im Deutschunterricht. Hier kommt Rudolf Steiners „Menschenkunde" zu Hilfe mit der Beobachtung von Symtpomen und Phänomenen, die auf die Wachstums- und Bildekräfte im Menschen („Bildekräfteleib") als etwas zeitlich Wirksames hinweisen. Alles Statische hemmt diese dynamischen und plastischen Bildekräfte im Kind, wo sie besonders deutlich am Werk sind und allmählich vom körperlichen Wachstum ins geistige abgezogen werden können.

Noch einige Gedanken zur Goetheanistischen Farbenlehre, die grundlegend für den Malunterricht an der Waldorfschule ist.

Zum Unterschied von Newton, der die Farben unabhängig vom Beschauer Mensch als objektive Tatsachen, meßbar, in Wellen, also quantiativ erfaßbar erforschte, sah Goethe in den Farben, wie in allen Dingen, ein Phänomen, eine Erscheinungsform. Also *eine* vorübergehende, für den momentanen Betrachter in bestimmter Weise auftretende Erscheinung. Die Farben des Spektrums, betrachtet durch das Prisma, traten als Blaugrüntönungen dort auf, wo der ins Dunkel verschobene helle Rand im Dunkeln sich auflösen mußte, während gelbrote Tönungen an dem Rand auftraten, wo die Lichtfläche des Rechtecks den durch die Verschiebung im Prisma entstandenen Rand durchlichten konnten. Ein Gleiches sah Goethe im Sonnenaufgang: Das Licht bleibt Sieger im Kampf mit dem Stoff, der Dunkelheit, es dringt bis zum Betrachter durch. Hingegen sehen wir mit dem Licht in den dunklen Kosmos und erleben ihn als Blau, indem das Licht von der Dunkelheit geschluckt wird. Er beobachtet, wie die Farbe für den Menschen Stimmung bewirkt oder ausdrückt (ein roter Königsmantel, die „blaue Blume", ein prächtiges Gelb usw.). Im Wechselspiel von Licht und Finsternis, von Leben und Tod entstehen die Farben. Wo das Licht über die Finsternis siegt, spricht

Goethe von den aktiven Farben (Gelb, Orange, Rot), wo die Finsternis über das Licht siegt (Grün, Blau, Violett), von passiven Farben. Er betrachtet die Farben als Taten und Leiden des Lichtes. Diese unmittelbare phsychische Wirkung der Farbe soll nun mehr und mehr das Bewußtsein des Schülers erfassen. Dies geschieht nicht, indem davon gesprochen wird, sondern indem die Farbe als Tätigkeit des Lichtes behandelt und geübt wird. Das weiße Blatt als farblose Lichtquelle verstrahlt im Gelb; im Kampf mit der Dunkelheit wird es nach und nach orange bis rot und violett; wo sich das Gelb mit dem dunklen Blau trifft, entstehen alle nur denkbaren Grüntöne. Zwei Farben geraten in Beziehung, setzen sich mehr oder weniger durch an verschiedenen Stellen des Blattes, an anderen Stellen bleiben sie in ihrer ursprünglichen Reinheit erhalten. So erlebt das Kind, wie aus drei Grundfarben (Gelb, Rot, Blau) alle Farben entstehen. Selbstverständlich kann das Kind auch mit Farben Gegenständliches darstellen, diese Tätigkeit kann aber nicht als systematischer Malunterricht bezeichnet werden, der das Farbempfinden und den Sinn für Nuancen schulen und fördern kann. Nach und nach wird die Farbübung auch Bilder aus der Vorstellungswelt herausbringen, zum Beispiel die einhüllende, in die Ferne ziehende Wirkung in der Blau-Übung kann in einer Grottendarstellung wirkungsvoll zum Ausdruck kommen

oder Grün als Gleichgewicht, als Ergebnis von Gelb (Licht) und Blau (Dunkelheit) im ausgeglichenen, beruhigenden Grün der Pflanzenwelt.

Damit kann auch eine wesentliche Entdeckung gemacht werden: die Farbperspektive. Ohne Fluchtpunkt und Linien. Wir tasten mit unserer Wahrnehmung die Tiefe (Dunkelheit) und Höhe (Licht) in passiven, von uns weichenden und aktiven, auf uns zukommenden Farben innerlich ab. Jede Farbe ist dunkler als das Licht, alle Farbe entsteht mit dem Stoff am Stoff. Das Kind erlebt malend und staunend, wie jede Farbstimmung, jedes Seelenerleben, jede Märchenstimmung

aus dem Licht, dem weißen Blatt „herausdunkelt“ und langsam auch in der Umwelt in Pflanzen, Tier- und Menschengestalten, in Landschaftsbildern seine Verfestigung erfährt.
So wie die Farbe ausschließlich durch den Gesichtssinn wahrgenommen werden kann, ist die Form nur über den Bewegungssinn, über den Tastsinn erlebbar. Formen sind das Ergebnis von wirkenden Kräften. Wir nehmen sie wahr durch das Nachvollziehen ihrer Entstehungsform; selbst wenn wir bloß mit den Augen Geformtes erfassen, so geschieht dies nur durch unser Bewegungsempfinden, das mit dem Sehvorgang verbunden ist. Im Bereich des Plastischen haben wir es mit Kanten und Rundungen, mit Erhebungen und Vertiefungen, mit zusammenziehenden und ausdehnenden Kräften zu tun. Bewußt wird uns dies erst, wenn wir selbst diese Kräfte in uns zum Wirken bringen und nach außen am Stofflichen sichtbar werden lassen. Auch hier ist das Ziel des Tuns das Tun selbst. Formübungen durch Höhlen und Wuchten, durch Ballen und Spreizen, durch Wegnehmen und Hinzufügen sollen harmonische Formgestalten ergeben. Geübt werden diese plastischen Kräfte ab dem ersten Schuljahr durch das Modellieren von Bienenwachs, das besonders anregend und schön vom Material her ist; wie freuen sich Kinder, wenn durch ein dünngezogenes und geknetetes Wachsstück das Licht wieder durchdringt und es zum Leuchten bringt. Wie sehr muß das Material von Willenskraft und Wärme durchknetet werden, damit es ganz durchwirkt und damit Werk des Kindes wird. Freilich können diese Bewegungskräfte auch im Reigenspiel, im Eurythmie und Gestik, in anderen psychischen Bereichen geweckt, gefördert und ergänzt werden.
Der Begriff des Werkens wird aber in den ersten Schuljahren auch im Handarbeitsbereich des Webens und Strickens liegen. Nicht zufällig bringt der Volksmund die früher sogenannten „weiblichen“ Handfertigkeiten Spinnen, Flechten, Weben, Stricken, Knüpfen mit Denkvorgängen zusammen. Hier werden unbewußt über die Bildekräfte die Denkvorgänge geschult und gefördert. Daher hat die koedukative Waldorfschule und Waldorferziehung von Anfang an Mädchen und Knaben gleichermaßen werken lassen. In der Heilpädagogik setzen wir dieses Werken dann begreiflicherweise intensiv und – wenn man um die näheren Zusammenhänge weiß – erfolgreich ein. Mädchen werden ihrerseits auch im Tonmodellieren, im Schnitzen, Metalltreiben, Buchbinden und anderes mehr unterwiesen.
Erst etwa ab dem 9. Lebensjahr wird es dem Kind möglich sein, den Stoff, das Material zu gestalten. Am stärkeren Widerstand muß es stärkere Kräfte entfalten, und an ihnen wird das Bewußtsein für die Form erwachen. Erst mit dem Eintritt der Pubertät wird der Schüler das rechte Formbewußtsein bzw. räumliche Erleben entwickeln können. Hat man vor der Pubertät Rindenschiffchen, Laubsägezwerge oder Wurzelgesichter für Kasperfiguren durch wenige einfache Verschnitte und Ergänzungen für Segel oder Bart und Mütze zuwege gebracht, so

soll nun ein plastisches Empfinden und Erleben entwickelt werden. Formbares weiches Material, wie es der Ton ist, wird zum Wölben einladen, die Wölbung wird immer wieder in der Hand erlebt werden, während beim Schnitzen am Widerstand des Materials das „Wegnehmen“ und Höhlen zum Tätigkeitserlebnis werden, um gerade die Wölbung, das Erhabene entstehen zu lassen. So sehr der Sinn all dieser Tätigkeit im Tun selbst liegen soll, sollte jedes Tätigkeitsprodukt auch Ausdruck der Sinnhaftigkeit der Form sein. Aus dem Höhlen kann eine Schale entstehen, deren Form sich nach und nach aus dem sorgsamen Tun, dem Spiel der Formkräfte, zu einem harmonischen Gegenstand ausbildet und den Gesetzen der Schwerkraft und der Benützung Rechnung trägt. Eine Schale soll z. B. gut stehen, nicht kippen, für Obst genügend Randhöhe und Raum haben, für Nüsse höher und schmäler sein. Der Tastsinn wird bei der Kontrolle der Arbeit dem Schüler mehr helfen müssen, als die Tätigkeit des Auges, und z. B. durch immer intensiveres Erleben des Wechselspiels von scharfem, geschicktem Schnitt und Befühlen die plastische Fähigkeit üben und steigern. So wird der Schüler bald den Gebrauch, die Handhabung eines Gegenstandes schon in dessen Formung einzubeziehen bemüht sein: Ein Löffel wird gut in der Hand liegen, die Höhlung und Größe wird seinem Gebrauch Rechnung tragen. Eine besondere Beachtung gilt noch dem Werkzeug, der Sicherheit und der Rücksicht, die einen ganz wesentlichen Teil des Unterrichts ausmachen. Sind bei der Tonbearbeitung noch die Hände das beste Werkzeug, so ändert sich dies sofort mit der zunehmenden Härte des Materials etwa bei der Schnitzarbeit. Wenn man die Schüler aufmerksam macht, welche Bewegungen wir mit unseren Händen (unserem „Universalwerkzeug“) machen, kommen sie selbst darauf, daß alles Werkzeug eine Fortsetzung der Wirkung der Hände ist. Ein Hinweis auf die Form des Werkzeugs als festgewordene Bewegung, die nur mit Hilfe von Stahl so leicht als möglich ausgeführt werden kann, führt zum verständigen Gebrauch und zur Achtung und Schonung von Werkzeug und Stoff. Der richtige Gebrauch, scharfes Werkzeug, Behutsamkeit und Sorgfalt können die Freude am Tun vertiefen. Durch jedes Gerät oder Werkzeug, das sich zwischen den Menschen und die Materie schiebt, hat der Mensch weniger unmittelbares Gefühl für seine Bewegung. Eben dieses kann er nach und nach bekommen, wenn er sorgsam, das heißt möglichst bewußt mit Werkzeug umgehen lernt. Dazu gehört auch die Ordnung der Werkzeuge und des Raumes nach jeder Werkstunde. So können Besonnenheit und Genauigkeit, mit künstlerischer Kreativität gepaart, schöne, brauchbare Werkstücke entstehen lassen und ein Bewußtsein für den Vorgang des Werkens und Wirkens des Menschen in jeder seiner Handlungen wecken und ihm in Zusammenarbeit mit anderen auch soziales und Umweltbewußtsein vermitteln.

Hilde Rössel-Majdan

MUSIK VOR UND NACH DER PUBERTÄT

„Wo man singt, da laß dich ruhig nieder, böse Menschen haben keine Lieder!" Tatsächlich verrät Musik das Innerste des Menschen. Besonders im Gesang ist ja der ganze Mensch Instrument, und ein guter Gesangslehrer – nicht ein Gesangstechniker – ist auch Seelendiagnostiker. Er auskultiert – wie früher die Ärzte in den Körper gehört haben – den Schüler psychisch. Oder besser: Der singende Mensch bringt ihm sein Gefühl entgegen. Eine körperlich enthemmte, seelisch aber verklemmte Jugend kann daher nur grölen und lärmen, krächzen und plärren; deshalb darf die musikalische Bildung in einer Waldorfschule nicht fehlen.
König David ein Jahrtausend vor der Zeitenwende, Konfuzius und Platon in seiner Mitte, Ambrosius am Ende Roms, Guido von Arezzo um das erste Jahrtausend, Palestrina vor einem halben Jahrtausend – sie alle durch die Jahrtausende sahen die Musik als Wertmaß der Bildung wenn nicht gar der Gesellschaft und des Staates an. Der verehrte Bruno Walter fühlte auch jetzt, am Ende des zweiten Jahrtausends seine hohe Auffassung vom Wesen der Musik in der Anthroposophie Rudolf Steiners betätigt: „Es ist herrlich, in meinen Jahren noch einmal Schüler geworden zu sein. Ich fühle in meinem ganzen Wesen die Verjüngung, die stärkend und erneuernd auch auf mein Musikertum, ja auf mein Musizieren wirkt." So können nur große Geister aus der verinnerlichenden und beschwingenden Kraft der Musik heraus sprechen. Mit Rudolf Steiner vertraute auch Bruno Walter, Repräsentant der gerade vergangenen Musikergeneration, auf die überragende Zukunft der Musik.
Neue Kunstimpulse, wenn die Sicherheit des herkömmlichen Urteils fehlt, ziehen immer auch Dilettanten und Möchtegernkünstler an. Kein Wunder, daß daher gerade unter dem Titel der schwer überprüfbaren Intuition Unvollkommenes in „anthroposophischer Kunst" Rudolf Steiner angelastet wird. Aber alles das ist besser als die üble Geschäftemacherei mit einer „modernen" Antikunst. Gerade aber das Nichtgegenständliche, „Abstrakte" der Musik hat als konkreter Ausdruck des Seelischen seinen berechtigten Platz in einer „modernen" Pädagogik, wie der Rudolf Steiners, die gerade in diesem Sinn der Verwendung von Formen, Farben und Tönen konkret seelische Erziehung betreibt.
Die Pentatonik hat entwicklungsgeschichtlich ihren Platz auch im Wiederholungszustand in der kindlichen Phase. Das Kodaly'sche System in Ungarn hat da vor allem noch die pentatonische Grundlage der magyarischen Volksmusik benützen können. Die Fünftonmusik hat auch in der Waldorfpädagogik ihren guten Platz in den untersten Klassen der Unterstufe. Es gibt auch bereits gute neuere Vertonungen in Pentatonik von Waldorfpädagogen. Steiners Darstellungen über die Bedeutung der Intervalle und aller Elemente der Musik sind sehr aufschluß-

reich. Daß unser diatonisches System erst mit dem Ende des Mittelalters nach den Kirchentonarten entstehen und seine weltweite Bedeutung gewinnen konnte, ist nicht Zufall. Nur darf Musik nie verstandesmäßig abstrakt konstruiert werden auf Grund von Angaben Rudolf Steiners zur Toneurythmie und an anderem Ort. Daß Kleinkinder noch nicht die Terz wie Erwachsene empfinden, darf nicht dazu führen, die wunderbaren kindesgemäßen diatonischen Volkslieder abzulehnen. Man sollte nur den Tonumfang der Pentatonik nicht zu sehr überschreiten. Aber gerade in diesem Rahmen bewegen sich aus früherem „Instinkt" des Volkes heraus diese Lieder.

Kodaly und Bartok haben aber vor allem eines in diesen Schulen bewirkt: daß viel gesungen wird – und zwar richtig! Dazu allerdings gehören Eltern und jedenfalls Lehrer, die keine musikalischen Analphabeten sind! Gitarre reißen oder rhythmisch ins Klavier schlagen ist da zuwenig. Es gibt heute mehr Musikschulen als je. Auch mehr Festspiele mit Wanderstars da und dort. Aber die fast ausgestorbene Volksmusikalität kann all das nicht ersetzen. Waldorfpädagogik bezieht die Eltern in die Schulgemeinde ein. Ihre aktive Teilnahme und Mitwirkung muß sich auch auf den musikalischen Werdegang erstrecken. Derzeit muß ein Musikland wie Österreich seine Orchester mit Musikern aus dem Osten aufrecht erhalten! Kein Wunder – abgesehen von der zivilisatorischen „Rückständigkeit", sprich musikalischen Unverdorbenheit mancher Gebiete –, wenn z. B. in Ungarn der Unterricht mit der Stimmgabel und einem Kanon beginnt und Vierzehnjährige die Tonsprache der Symphonie voll verstehen!

Die kindisch singende oder die Mondscheinsonate abspulende Haustochter, die allen Gästen so vorgeführt und mit gekünsteltem Fingerspitzenapplaus hofiert wurde, ist sicher nicht unser Ideal. Aber amusische Erziehung und Schulen sind unmenschlich. Musik ist für die Gemütsbildung unersetzlich.

Der lebendige Klang der Mutterstimme ins Ohr des Babys, das noch nicht viel von der Welt sieht, ist Lebenselixier. Es ist Kulturbarbarei, die Mutter durch mechanische Geräte zu ersetzen, so wenig als der Schnuller ein Ersatz für Körpernähe ist. Das Kleinkind ist, wie in anderen Kapiteln auseinandergesetzt, ganz den Sinnen hingegeben. Deshalb ist es auch noch ganz intensiv für den Klang empfänglich. Aus Bereichen kosmischer Sphärenmusik kommend – um mit Bruno Walter zu reden – physisch-chemisch zusammengezogen im Leib der Mutter, Klang nur dumpf unbewußt innen erlebend, sollte der neue Erdenbürger nun von der vertrauten Menschenstimme begrüßt werden. Sprechgesang war die Ursprache der Menschheit, Gesang ist Therapie – wenn er von Herzen kommt.

Lieder zu allen Jahreszeiten, Wanderlieder, Arbeitslieder im Rhythmus sind so kindesgemäß, wie alles rhythmische Lernen. Rhythmus ist dem Leben nachempfunden und ist dynamisch wandelbar wie Atem- und Pulsschlag. Wir verstehen darunter also nicht jene maschinenähnliche monotone Taktmusik, die fälschlich als „rhythmische" bezeichnet wird.

Für die Mittelstufe hervorragend geeignet ist der Kanon. Er entstand musikgeschichtlich, als der Individualismus von Nordwesteuropa her in den mittelalterlichen Unisono-Choral eindrang. Gerade so etwas geschieht in der Mittelstufe. Das Kinderlied in der Unterstufe, was immer sein Inhalt sei, hat der Art nach immer noch etwas Überindividuelles, allgemein Gebethaftes. In der Mehrstimmigkeit gehen die verschiedenen Stimmen zunächst nur durch zeitliche Verschiebung auseinander. Dabei singen aber doch noch alle dasselbe. Lustvoll wird gerade in diesem Alter die rhythmische Wiederholung der einzelnen Phrasen erlebt und das Ausklingen in den gemeinsamen Schluß am Ende. Der jeweils richtige Einsatz zwingt unsere zerfahrenen und nervenüberreizten Kinder zur Konzentration. Zugleich muß die völlige Selbständigkeit im Halten der eigenen Stimme geübt werden und doch auch die völlige harmonische Einordnung.
Das ist nicht verlorene Unterrichtszeit! Im Gegenteil, durch gute Einstimmung gewonnene!
Die Instrumente sind Fortsetzungen des singenden, klingenden Menschen. Ein Orchester, auch ein gutes Schülerorchester als „Klangkörper" ist eine Art klangätherischer „Übermensch", nicht bloß eine Addition von Solisten. Die vier ausgereiften menschlichen Stimmgattungen, Sopran, Alt, Tenor, Baß, entsprechen dem, was Rudolf Steiner die „Wesensglieder" des Menschen nennt. Erst in Beethovens neunter Symphonie erhebt sich am Schluß aus dem Symphonieorchester in diesen vier Klangfarben die menschliche Stimme selbstbewußt über die reiche Vielfalt der Instrumente. Die Blasinstrumente verlängern den Atem und prägen der Musik als Melodieinstrumente das Kopfelement, den „Gedanken" auf. Schlagzeug und rhythmische Instrumente werden deutlich als willensbetontes Erlebnis der Gliedmaßen empfunden. Saiteninstrumente betonen im Akkord die Harmonie und sprechen ganz stark das Gefühl an. Alles das kann bewußt in der Pädagogik eingesetzt werden. Auch in der Heilpädagogik Orffsche Instrumente sind etwas einseitig auf Rhythmus ausgerichtet
In Mode sind zur Zeit alte Instrumente im Musikleben. Es gibt auch neue, verbesserte Entwicklungen solcher Instrumente für die Waldorfpädagogik oder den goetheanistischen Musikunterricht, wie Kantelen und die hervorragenden Leiern aus besonderem Holz und mit wunderbarem Klang. Auch die Blockflöte wird – aus anderen Überlegungen, als in anderen Schulen und Kindergärten –, neben Xylo- und Metallophonen gepflegt. Sie haben in der Erziehung auch ihren entwicklungsgeschichtlich richtigen Platz. Nur soll auch daraus wieder kein Kult gemacht werden. Der Weg zurück – wie jede Verlebendigung der Vergangenheit – ist für sich allein noch nicht der Weg zum Geiste der Zukunft. Das gilt ähnlich auch von der Ausgrabung und vom Tourismus zu alten Tempelstätten.
Aus begreiflichen Gründen glaubt mancher Schüler, dem intellktuellen Zwang der Schule durch eine künstlerische „intuitive" Tätigkeit entgehen und dabei Starkarriere machen zu können. Und dann hat man all die gescheiterten Bänkelsän-

ger-Existenzen, die oft als Volkskunst-Ersatz sogar gefördert werden. Schüler sollen wie mindestens eine Fremdsprache, so auch für den inneren Reichtum ein gutes Instrument spielen lernen. Das aber weder als Spielerei, noch bloß technisch. Sie sollen den Ernst und Fleiß für die nötige Körperbeherrschung aufbringen lernen und an die Größe und Tiefe des echt künstlerischen Erlebens herangeführt werden; auch wenn sie dann nur ein anderes Hören davon ins Leben mitnehmen. Kaum sonst, wie im künstlerisch musikalischen Gefühlsleben kann die freiwillige Einordnung und kann der Dienst am „Werk", an etwas Höherem erlernt werden.

Das kleine Kind liebt zwar die Ordnung seines Bewegungstriebes im Rhythmus und es nimmt einfache Melodien und Harmonien als etwas Wundersames von außen auf, aber sein Leben ist noch nicht erwacht. Es hat noch die engelreine, nicht emotionale Kopfstimme und, während die Gliedmaßen erst allmählich im Verhältnis zum überlastigen Kopf „auswachsen", überwiegt die plastizierende Wachstums- und Bildekraft. In der Mittelstufe beginnen die Empfindungskräfte von unten her heraufzudringen, bis sie schließlich zum „Stimmbruch" führen. Jetzt kann es gefährlich sein, den Gesang zu forcieren, und die Orchesterinstrumente haben ihren vorrangigen Platz. Genau genommen ist die Stimme dann erst um die Zeit der Matura oder gar Mündigkeit ziemlich ausgereift. Da die Stimmbänder und -organe beim Hören in feiner Art mittätig werden, ist sogar das Hören von Discomusik und ähnlicher Musik für die Stimme und nicht nur für das Gehör schädlich. Aktiv und passiv erlebt, kommt für die Pubertät und die Harmonisierung der triebleiblichen Kräfte der Musik jetzt eine führende Rolle zu. Vom Wärmebedürfnis des Neugeborenen über die Sinnesübung an Licht, Farbe und Form und über das Spracherlebnis und Musikerleben erwacht der werdende Mensch zu sich, zum Eigenleben im Ich.

Der weibliche Körper zeigt die Pubertät über sein ganzes Wesen verteilt und weniger auf die beiden Pole, die Reproduktionsorgane und die Stimmorgane konzentriert. In der Weltanschauung Rudolf Steiners (man bedenke nur, daß er Wiedergeburten des Menschen im Auge hat, wie viele abendländische Denker, also einen Wechsel von Leben in ganz verschiedenen Verhältnissen von Rasse, Klasse, Volk, Religion, Geschlecht!) tragen Mann und Frau die gleiche Menschenwürde und müssen gleichberechtigt sein. Gleich aber sind sie deshalb nicht! Und das menschenwürdige Verhalten muß in der Pubertät erlernt werden. Eine mechanistische Aufklärung im Sinne der Erlernung von Techniken ist bloße Barbarei. Das Liebeslied, der Ton der Geige bekommen jetzt, da das Epos von der Lyrik abgelöst werden kann, einen neuen Sinn. – Die Verhütungspille bedeutet da eine Hormonstörung. Und mag eine medizinische Untersuchung auch gewissenhafter als seinerzeit beim Contergan und den folgenden Verstümmelungen alle körperlichen Nachteile ausschließen, der Gesangspädagoge hat dann mit den neutralisierten Mädchen seine liebe Not. Und Kunstgesang, ausgehend vom lebendigen

Ton, von der Klangfärbung im Mischen von Brust- und Kopfstimme, im Umsetzen des Atems in Klang über die Schwelle hinauf, die der Stimmbruch darstellt, offenbart den ganzen seelischen Menschen.
Es wäre gut, wenn wenigstens Lehrer damit näher vertraut würden!

Edit Nechay und Karl Rössel-Majdan

SPRACHGESTALTUNG UND EURYTHMIE – PERSÖNLICHKEITSBILDUNG

Der Verfall der Sprache wird heute oft beklagt. Das betrifft nicht nur die Schriftsprache und die Sprache der Dichter, sondern auch die Volkssprache, die vielfach in der Zeit der Internationalisierung durch unverstandene oder halbverstandene Fremdwörter und vor allem durch einen Unterwelts-Slang entstellt wird. In manchen Gegenden Österreichs, aber vor allem in der Schweiz hat sich die Volkssprache ebenbürtig neben der Schriftsprache halten können. Volkssprache darf aber dann nicht bedeuten, daß sie ordinär im Inhalt oder Klang sei. Da die Kinder im ersten Jahrsiebent Sprache durch Nachahmung gehörsmäßig erlernen und zwar wunderbar schnell erlernen, ohne sie verstandesmäßig grammatikalisch konstruieren zu müssen, ist es besonders bedauerlich, daß sie schon meistens vom Elternhaus weder eine gute Volkssprache noch Schriftsprache in die Schule mitbringen. Viel ärger ist aber, daß die Sprache auch von der Theorie her gefährdet, wenn nicht zerstört wurde. Wirklich zerstören läßt sie sich ja nicht, so lange noch Menschen empfinden. Oft scheint es aber, als hätten wir zu sprechen verlernt. Die Sprache wurde nämlich als äußeres Informationsmittel bezeichnet, wie in den Massenmedien, in der Telegrammstilsprache von Zeitungstiteln, in den Kurzfassungen der Nachrichten in Radio und Fernsehen, in hingeworfenen Notizen. Die Schreibmaschine und der Computer tun ihr übriges, sodaß schließlich diese unvollkommenen Nachahmungsmittel einer Sprache als die eigentliche Sprache aufgefaßt wurden, sie sind aber doch nur ein Aneinanderreihen von Zeichen. Das ist die Sprache aber nicht. Im abgekürzten Verfahren, wie bei der Stenographie, werden Gedanken-Schemen, feste Vorstellungsbegriffe, passive, tote Wörter, die aus Abkürzungen zusammengesetzt sind, aneinandergereiht. Während aber im englischen Raum, wo diese Abkürzung aus Neigung zur Kürze in der Mitteilung – wir wollen nicht sagen aus Mundfaulheit – besonders verbreitet war, die Abkürzungen richtig so gebraucht werden, daß sie als Buchstabe und Punkt ausgesprochen werden, also jeder Buchstabe für sich, werden sie hier aus der Tendenz zum Wortsinn, der zwischen den Lauten verbindend liegt, zu Ungetümen von Wörtern verschmolzen. Während die natürliche Sprache von der Ganzheit des geistigen Erlebens ausgeht, wird hier, wie beim Puzzlespiel, eine Bausteinsprache, eine Mosaiksteinchensprache erfunden. Wird aber damit nicht der Mensch dem unmittelbaren Erleben in der Sprache entfremdet? Ist das nicht auch eine Entfremdung von sich selbst und von der Welt? Wäre es nicht notwendig, unsere Sprache wieder zu beleben und zu erleben, sie zu empfinden, sie so zu gestalten, wie es der Dichter tut? Der Urdichter aber ist das Volk, das die Sprache nicht technisch, sondern aus sich heraus seelisch sinnlich gestaltet hat.

„Sprachgestaltung" wurde von Rudolf Steiner gefunden als das geeignete Mittel, den Sprachverfall im Leben und auf der Bühne zu bekämpfen. Daß das Prinzip einer Durchseelung der Sprache, wie es bei Steiner bis in die Laute hinein, bis in die Pausen im Sprechen hinein, bis in den ganzen Duktus in Wort und Satz und so weiter gemeint war, oft auch von seinen Anhängern mißverstanden wird, darf nicht vom richtigen Prinzip ablenken. Nicht eine Überdehnung der Hauchlaute in einer geheimnisvollen Weise oder ein Schwelgen im Gefühlsklang der Vokale ist gemeint, nicht eine Sprache, die pathetisch verzerrt ist, sondern ein Gestalten aus dem musikalischen Charakter der Vokale heraus tönend und aus der plastischen Gewalt der Konsonanten heraus plastisch bildend, kurzum eine schöne, klare charakteristische Sprache, wie man sie nur allzu leicht in der gebückten Haltung am Autosteuer, im Straßenlärm, durch den technischen Klang der Massenmedien und dadurch, daß man gar nicht mehr den Unterschied zwischen einem technisch seelenlosen Ton und einem durchseelten Ton merkt, verloren hat. Wenn dazu dann Klarheit des Gedankens, Begeisterungsfähigkeit und nicht die Absicht, den Zuhörer hineinzulegen, damit verbunden ist, dann entsteht nicht eine Sprachtechnik, sondern echte gute Rednerkunst, eine Kunst, die der Lehrer unbedingt braucht.

In der Waldorfpädagogik weiß man, daß die Sprache aus der Bewegung mit Hilfe der Sprachwerkzeuge sublimiert ist; aus den Erfahrungen mit der Bewegung des Körpers, nach dem er sich in der Kindheit richten konnte, und vor allem aus dem Betasten der Dinge durch die Hände, wird die Lautbildung abgeleitet. Diese Bewegungen verfeinern sich im Laut, und die Schriftzeichen verraten noch den Ursprung, zum Beispiel das „K" die Kante, das „G" das Ausdrücken, Auswölben, und so weiter. Man braucht nur den Ursprung der Sprache aus den Hieroglypen, aus der Bildschrift heraus verfolgen. Niemals wurden Zeichen zusammengesetzt, sondern im Gegenteil, die Schriftzeichen entstanden durch allmähliche Abstraktion aus dem Bild. Die Sprache wird als wesentliches Merkmal angeführt, das den Menschen vom Tier unterscheidet. Daß mit dem Sprachverfall die Gefahr einer gewissen Vertierung einhergeht, ist bekannt. Der Sprachverfall ist eines der Symptome dafür. Wenn die Waldorfpädagogik zur Freiheit erziehen will, dann muß sie dem Menschen helfen, sein Ich, seine Persönlichkeit in der Sprache voll zum Ausdruck zu bringen. Menschenbildung und nicht Wissensvermittlung, also Information, ist der Sinn der Schule in der Waldorfpädagogik. Noch stehen in den ersten Jahren die starken Nachahmungskräfte des Kleinkindes zur Verfügung.

Später, besonders in der Mittelstufe will das Kind seine Lunge freispielen, will singen und will sprechen. Anstelle Gegröles kann gerade hier der wirkungsvolle Sprachunterricht einsetzen. Auch hier gilt das Wort bis in den Deutschunterricht hinein: Das Was bedenke, mehr bedenke, wie! Mundfaul sprechen ist eine Rücksichtslosigkeit anderen gegenüber. Das soll der Lehrer bedenken, wenn er dazu verleitet ist, vom Katheder herunter zu säuseln oder unklar zu sprechen, besonders beim gleichförmigen Lesen; das soll er aber auch bedenken, wenn er an die Wirkung und Aufnahmefähigkeit seiner Sprache durch das Kind denkt. Es nimmt ein Märchen, es nimmt die Geschichte oder einen Aufsatz im Deutschunterricht, eine Redeübung anders aus, wenn hier in der Sprache künstlerisch gestaltet wird. Das heißt keinesfalls pathetisch! Ein Wolf aber spricht anders, als das Rotkäppchen, ein Grieche anders als ein Germane usw. Je besser die Sprache, je lebendiger das gemeinsame Erleben in der Klasse, umso weniger braucht es Bildkonserven zur Veranschaulichung. Kunst ist in der Waldorfpädagogik nicht nur ein eigener Gegenstand, sondern vielmehr ist sie Methode in der Art, wie alle Unterrichtsgegenstände dargestellt werden. Das betrifft ganz besonders die Sprache des Lehrers. Auch Mathematik enthält ihre Schönheiten und ihre außerordentlichen Wunder, sie muß nicht tot und gleichgültig gelehrt werden.

Da sich aus der Sprache heraus im weiteren Vorgang der Abstraktion auch das Denken bildet, beeinflußt die Art der Sprache natürlich dieses. Eine breite, breiige, ordinäre Sprache beeinflußt in ihrer Art auch das Denken. Eine Zeichensprache, ein Aufspießen von Begriffen wie Schmetterlinge nebeneinander, fördert ein tot-abstraktes Vorstellen und unlebendiges Denken. Das ist ja auch der Grund, warum die heute üblichen sogenannten Lückentexte mit ihrer Bausteinmethode ein solches Magengrimmen im künstlerischen Empfinden jedes Waldorflehrers erzeugen. Die Sprache eines Kindes, die Sprache eines Ausländers – wir haben heute viele Ausländer in den österreichischen Schulen – mag unvollkommen sein. Es mag sogar die Grammatik, die Rechtschreibung entwicklungsbedingt noch unvollkommen sein, wenn das Kind noch nicht zur Logik erwacht ist. Wichtig ist, daß diese Sprache, daß der Laut, daß das Wort, daß die Sprachphantasie, der konkrete Sprachgestaltungswille gesund sind. Dann wird auch ein entsprechendes grammatikalisches Denken daraus erwachsen können. Umgekehrt geht das nie.

Ein Weg zur Veranschaulichung der Sprachbildung, der Lautbildung, der Wort- und Satzmelodie ist die Nachempfindung und Nachgestaltung im ganzen Körper, das ist nämlich die sogenannte Lauteurythmie. Wenn wir uns vom Tier vor allem durch die aufrechte Haltung unterscheiden, die dann erst die entsprechende Haltung des Kopfes, das Freiwerden der Sprachorgane und weiter das Denken ermöglicht, dann können wir von der Haltung her den Kindheitsprozeß wiederholen, zumindest künstlerisch verstärken und damit der Sprache und Sprachbildung nachhelfen. Die Gestik selbst im Schauspiel – und das Schultheater und Schulspiel sind außerordentlich wichtig! – ist ja schon ein Ausdruck des innerlich empfundenen Lautes, des Wortes, der Satzmelodie. Sie ist nicht, wie es leider auch oft aufgefaßt wird, in der Sprechtechnik ein mechanischer Akt eines äußeren naturalistischen Handelns. Die Hand als Werkzeug zu gebrauchen, um ein Glas irgendwo hinzustellen, einen Blumenstrauß zu halten, ein Buch umzublättern,

das kann dazukommen. Die fragende Gebärde aber, die bewußt hinweisende Gebärde, die abweisende oder sympathische Gebärde usw. sind Ausdruck der Seele. Bevor wir aber auf die Eurythmie eingehen, muß noch ein anderer Gedanke behandelt werden. Für den Menschen der Urzeit, als die Sprache entstand, war alles Religion. Alles war magisch. Geistige, göttliche Kräfte haben die Welt geschaffen, geformt, aufgebaut. Und wie im Laut die Stimmungen, die Formen in der Umwelt ausgedrückt werden, so empfand der Mensch die Natur als das Wort Gottes, als die Sprache der Götter. Waldorfpädagogik ist bekanntlich völlig tolerant allen – auch den heutigen – Religionen gegenüber.
Wie immer man dem Mythos und der Religion gegenüber heute eingestellt sein mag, muß man anerkennen, daß darauf die Kultur beruhte. Das war nicht Theologie, das war nicht bewußt, das war mythisch-mystische Grundstimmung.
Darin aber ist heute Logik erkennbar:

„Am Anfang war das Wort, und das Wort war bei Gott, und Gott war das Wort …“ (Evangelium des Johannes 1–5)

Der Mensch fühlte sich durch die Laute und die ursprünglich einfache Lautsprache mit dem Kosmos verbunden und in jedem Laut und in jedem einfachen Lautgebilde – einsilbige Sprachen verraten es noch heute – erlebte er eine ganze Welt. Die Priester, die auch in die Geheimnisse der Sprache sogenannten „Eingeweihten“, haben die kultischen Worte singend und rhythmisch oft im Reigen mitgeteilt. Die Zuhörer erlebten in Andacht und mit starker Innigkeit die Wirkung der heiligen Laute, die sie als Ausdruck der Göttersprache verstanden. Dem heutigen Menschen tut dagegen ein bewußtes Erleben not. Dazu hilft die Sprachgestaltung. Die Laute in ihrer Charakteristik wiederbeleben aus ihrem eigenen Geiste heraus, das heißt aber auch, den Charakter formen.
Das kleine Kind ist noch ganz Leib, ganz besselter Leib, Sinneserlebnis und Seelenerlebnis lassen sich noch kaum trennen. Daher formt alles Sinnliche auch die Seele und umgekehrt. Die Wirkungen sind tiefgreifend. Der erste Diaglog, die erste Sprache ist die Liebkosung der Mutter, die körperlich-seelische Beziehung zu dem Wesen, von dem man sich gelöst hat. Die „Muttersprache“ wirkt prägend für das Kind. Ma-ma, das Ergreifende des saugenden Lippenlautes wird zum Sinnbild für die Mutter, und allmählich wird die Welt immer mehr in Lauten und Lautspielen in ihren Formen unterschieden. Sehr wichtig sind daher die Kose- und Wortspiele, Sprüche, bei denen der Rhythmus wichtig ist.

„Kinne – Kinne – Wippchen
Rot – Rot – Lippchen
Struppel – Struppelnäschen
Zupf – Zupf – Häschen.“

oder:

„Heile, heile Segen,
Drei Tage Regen,
Drei Tage Schnee,
Es tut mir nimmer weh!"

Mit den Bildekräften, die beim Zahnwechsel freiwerden, können wir dann besonders gut in der Sprachgestaltung weiterarbeiten. Das Kind erlebt jetzt stark den Rhythmus der Blutzirkulation und des Atems, also gerade jenes Systems, aus dem heraus die Sprache gestaltet wird. Daher kommt das starke Verhältnis zu Reim, Rhythmus und Takt. Da das Kind ganz Sinn ist, wie Rudolf Steiner sagt, kann es gut zuhören. Die zerstreuten Erwachsenen haben auch das vielfach verlernt. „Nur wenn man hören lernt, kann man sprechen lernen" (Rudolf Steiner).
Nicht genuschelt und gequetscht, sondern schön klar wirken Vokalübungen:

„A, A, A – ich bin da!"

oder nehmen wir einen Spruch, der gerade den Gegensatz zu diesem staunenden Sich-Öffnen der Welt gegenüber bedeutet:

„... durch Gut und Blut, durch Furcht mußt du zur Frucht durchs ‚U' ..."

oder nehmen wir den häufigsten Vokal in der deutschen Sprache:

„E erkennt und redet hell,
trennt auch schnell."

Vieles kann hier nur so aphoristisch dargestellt werden, es hat oft bis in einzelne Nuancen seinen Grund.
Eine festigende Wirkung erreichen wir mit den Konsonanten. Wenn die Lippenlaute mehr die nervendurchzogenen Lippen beanspruchen, so ist es klar, daß wir damit auch auf das Bewußtsein heilpädagogisch einwirken können. Die Gaumenlaute rückwärts drücken mehr den Willen aus. Dazwischen liegen die Zungenlaute. Mit den Konsonanten leben wir in den äußeren Formen, z. B.: Blase, Ball, Baum, Bauch, Brot usw.
Das Einhüllende des „B" können wir etwa mit folgendem üben:

„Berge bergen bunte Habe,
unter Bäumen, Bächen, Blumen,
leben Alben, haben Gaben,
bau'n Basalt- und Kupfertempel ..."

oder nehmen wir das rasche quirlende im Zungenlaut „L":

„Aus der Quelle,
laufet schnelle,
lispelnd, lallend,
quellend, schwellend
Well' auf Welle ..."

oder den willensmäßigen präzisen „K"-Laut:

„Knarrend knurren knorrige Eichen ..."

Kinder empfinden außerordentliche Lust in solcher Sprachgestaltung. Dadurch bekommen sie ein Verhältnis zu den Lauten, die dann ja auch in der Rechtschreibung aus dem Sprachgefühl heraus an der richtigen Stelle stehen, um Gedanken richtig auszudrücken. Auch durch das Chorsprechen lernen die Kinder sich in die Welt, vor allem in die soziale Welt einzuordnen. Das Zusammengehörigkeitsgefühl wird so und vor allem auch durch das Ensemble, durch das Theaterspiel gefördert. Gute Sprachgestaltung kann dem Lehrer helfen, Konzentrationsschwächen zu bekämpfen, Willensschwächen zu bekämpfen, Aggressionen zu besänftigen usw. Deutlichkeit, Flüssigkeit, Geschlossenheit des Sprechens können durch entsprechende Lautübungen gefördert werden. Gerade die Zauberwelt der Märchen, Sagen, dann die Welt der Epen, der Literatur in Erzählungen und vor allem das Theater ermöglichen, in der Sprache und in den Lauten stark auszudrücken, was sonst in Sätzen, die nur der abstrakten Logik dienen wollen, nicht möglich ist. Sprachgestaltung fördert das Bewußtsein für die Umwelt und zugleich für die Innenwelt.
Mit dem neunten Schuljahr ungefähr will das Kind einen Schritt weiter zur Selbständigkeit gehen. Wir führen es in die Charakterisierung anderer Völker, es lernt gerne Fremdes kennen. Die Griechen kann man sehr gut aus dem Hexameter, Pentameter, aus dem griechischen Rhythmus heraus kennenlernen. Die Germanen aus der Nibelungenstrophe und aus der Charakteristik der Laute in der deutschen Sprache.
Ab dem zwölften Jahr wirft die Pubertät ihre Schatten voraus. Das Kind lebt sich in sein Knochensystem hinein, seine Bewegungen verlieren an Anmut und Rhythmus, es wird sogar ungeschickter, bewegt sich eckig. Jetzt kommt allmählich das Verständnis und die Möglichkeit zum logischen Begreifen – nämlich in einer bewußten Weise – geschlossen mechanischer Vorgänge. Mit der Pubertät kommt ausgleichend die Liebefähigkeit in verstärktem Maße. Zugleich erwacht der junge Mensch zum logischen Denken und selbständigen Urteilen. Oft gibt es Schwierigkeiten in der Beziehung zum anderen Menschen, gerade da hat die Sprache ihre Funktion. Die poetische Darstellung hilft persönliche Schwierigkeiten ins Überpersönliche zu übersetzen. Die Kräfte der Sympathie und Antipathie werden geformt im dramatischen Gespräch und, wenn wir über die Pubertät hinaus immer mehr in das Seelenhafte kommen, wird die Gestaltung der Empfindungen in der Lyrik ein echtes Bedürfnis. Jetzt tritt auch ein starkes kritisch-moralisches Bewußtsein auf, und wenn man nicht mit der Umwelt in ein oft negatives Verhältnis kommen soll, aus dem Bedürfnis heraus, sich zu verselbständigen und den anderen abzulehnen, dann hilft gerade die Darstellung der Charaktere im dramatischen Spielen und im Lesen von dramatischen Texten. Die dürfen nicht grammatikalisch zerpflückt werden, sondern müssen gut gestaltet, künstlerisch gelesen werden, oder noch besser, gespielt werden. Beim Theaterspiel ist wichtig, daß nicht gewisse Egoisten sich immer als die Hauptdarsteller profilieren, son-

dern daß das Zusammenwirken auch im technischen Sinne, mit dem Beleuchtungshelfer, mit dem Handwerker geübt wird.
Und jetzt soll auf die Eurythmie noch ein bißchen näher eingegangen werden. Sie ist ein eigenes Gebiet. Hier nur wenige Andeutungen:
Die Eurythmie ist von Rudolf Steiner, als er darum befragt wurde, zur Belebung der Bühnenkunst ins Leben gerufen worden, um Sprache und Ton direkt in der Bewegung auszudrücken. Das Ballettanzen ist ja mehr auf die mechanische, zum Teil akrobatische Körperbeherrschung aufgebaut. Hinwieder die orientalischen Tänze zum Teil auch unsere Volkstänze, drücken unbewußt Gefühle oder gar auch Religiöses aus.
Vom Kindergarten bis zum letzten Schuljahr sollte – natürlich in unterschiedlicher Art – diese Kunst der Eurythmie geübt werden. Im Turnen beherrschen wir den Körper, üben das Gleichgewicht und das Zusammenspiel mit anderen in einer mehr äußerlich körperlichen Weise. Eurythmie wirkt tief auf das Seelische. Was wir von der Gestik gesagt haben, ist auf halbem Wege zurückgehaltene Eurythmie. Das Aufgehen der Arme im großen Erstaunen im „A-Laut“ kann sich fortsetzen bis in die tänzerische Bewegung, und ähnliches gilt für alle Vokale, ähnliches gilt für die einhüllende Bewegung im „B“, für die abhackende Bewegung im „K“ usw. Dasselbe gilt dann für die Choreographie, die in hinten und vorne, in rechts und links Verschiedenes ausdrückt und verschieden auf den Beschauer wirkt. Das sollte ja schon jeder Regisseur für das Schauspiel wissen. Ausdruck und Eindruck werden intensiv geschult, helles Wachsein ist notwendig für die Ausführung und für die Verfolgung der Formen. Es gibt dazu rhythmische Übungen, Schreitübungen, bei denen Kopf, Hand und Fuß getrennt agieren müssen. Alles das wirkt außerordentlich erzieherisch. In der Toneurythmie muß die Melodie vom Takt getrennt werden. Die verschiedenen Stimmen müssen ausgedrückt werden, die Tonarten kommen zum Ausdruck, die Intervalle kommen zum Ausdruck, das Gehör muß außerordentlich konzentriert der Musik folgen und wird daher schärfer geschult, als durch jedes andere Instrument. Der Körper selbst wird durch und durch Instrument. Mit einfachen Spielchen beginnt es im Kindergarten. Riesen stampfen, Zwerglein trippeln, Elfen schweben und so weiter. Der Unterricht kann gefördert werden durch Laufen geometrischer und zeichnerischer Formen in der Choreographie. Die Bewegung in der Gruppe in komplizierten Formen bedingt ein außerordentlich feines Gefühl, damit der Eindruck im großen der eines Gesamtkunstkwerkes sein kann. Viel hängt vom Eurythmielehrer oder der -lehrerin ab, die es verstehen muß, heute völlig verkrampfte, vor dem Fernsehschirm hockende und dann andererseits wild tobende Kinder zu künstlerischer Gestaltung zu veranlassen.
Das Schreibenlernen kann unterstützt werden durch die Bildhaftigkeit der Darstellung der Laute. Wenn etwa der wellende Bewegungslaut in der Körperbewegung entsteht, dann erkennt man ihn im „W“ an der Tafel wieder. Oder das Hin-

stellen des „T", wie Tisch. Das aufquellende im „L" usw.
Nicht vergessen werden soll die Bedeutung der Temperamente in der Waldorfpädagogik. Dort legt man einen besonderen Wert darauf. Schon in der Sitzordnung in der Klasse kann dies eine entscheidende Rolle spielen. Setzt man die Temperamente falsch, so darf man sich nicht wundern, wenn die Klasse unruhig ist, oder sich langweilt. Der Lehrer muß grundsätzlich verstehen lernen, was die vier Grundtemperamente sind. Leider nimmt die heutige Psychologie fast gar keinen Bezug darauf in der Pädagogik. Die Temperamente spielen im Leben, ja in der Charakteristik der verschiedenen Nationalitäten eine ganz starke Rolle. Der Lehrer muß in der Klasse mit verschiedenen Temperamenten rechnen und daher die Kinder auch verschieden ansprechen. Er wird wissen, daß eine rasche Handlungsweise eines Cholerikers anders zu beurteilen ist, als die eines Phlegmatikers. Er wird auch wissen, daß Kinder im allgemeinen und relativ zur Sanguinik neigen und daher leicht ablenkbar sind, oberflächlich sind, rasch und unruhig in den Bewegungen. Er wird dies nicht so beurteilen, wie beim Erwachsenen. Er wird aber selbst an sich Beobachtungen machen und wird sich zwingen müssen, nicht nur ein völlig einseitiges Temperament den Kindern gegenüber auszuleben. Jede Pädagogik wirkt, wenn sie mit Liebe betrieben wird, als Selbsterziehung.
Ab der vierten Klasse beginnt in der Eurythmie die unterstützende Darstellung für das grammatikalische Element der Sprache durch die Raumformen. Eine gerade gelaufene Linie erzeugt im Körper ein anderes Gefühl als eine zurückgelaufende Schleife. Der Satzduktus, die Satzmelodie, die Satzbewegungen finden ihren sichtbaren Ausdruck. Das Zueinander, das Voneinander verschiedener Kinder, die verschiedene Elemente der Sprache darstellen, hilft Sprachbeziehungen zu erleben.
Immer wieder wird dazwischen die bewußte gute Haltung, eine Voraussetzung für die Förderung des Geistes kontrolliert und geübt. Kupferstäbe auf dem Kopf in Querlage während des Schreitens und der Bewegung, ohne sie mit den Händen zu halten, zu tragen, ist eine wunderbare Haltungsübung. Kupferstäbe fühlen sich anders an, passen sich der Körperwärme besser an, als anderes Material. Alles hat hier seinen guten Sinn und darf nicht mystifiziert werden. Schließlich kommen die Schüler gerade im höheren Alter zum vollen künstlerischen Ausdruck ihrer Persönlichkeit auch in dieser Bewegungskunst, die nicht einfach Kunst ist, sondern Bewegungsgestaltung. Damit wird schon klar, daß sie eine Ergänzung ist zur Sprachgestaltung, aber auch zur Sang- und Klanggestaltung.
Da etwas zum Kunstwerk durch die Form, die Gestaltung und nicht durch den Inhalt wird, so ist die Eurythmie, bei der der ganze Körper selbst Form und Gestaltung wird und zwar nicht statische, sondern bewegte fließende, in der Metamorphose sich verwandelnde Gestaltung wird, ein ganz intensives Mittel, den künstlerischen Ausdruck für alle Künste zu fördern. Man erkennt dann sehr leicht die Beziehungen zwischen Laut und Ton und Farbe, zwischen Form und

Charakter usw., wenn man in der bildenden Kunst, in der Musik tätig ist oder eben aktiv zuschaut oder zuhört. Das Leben wird wesentlich reicher dadurch. Sprachgestaltung und Eurythmie sind eine wesentliche Hilfe, die freie, soziale,

geistig aktive, tüchtige und tätige Persönlichkeit zu entwickeln. Nicht zuletzt deshalb machen Absolventen einer Waldorfschule einen so gelösten frischen und natürlichen Eindruck im Leben und gehen so wachen Sinnes durch unsere Welt.

Eurhythmische Therapieübungen mit Freude ausgeführt, haben psychosomatische Wirkung. In den Comenius-Instituten wird auch die Integration in das gesunde Milieu gepflegt.

Rudolf Steiner:
Die Weihnachtstagung zur Begründung der allgemeinen anthroposophischen Gesellschaft (Dornach)

Bedingung ist, daß die anthroposophische Pädagogik hinausgelaufen ist auf die Methodisierung des Unterrichtes. Es handelt sich um eine Methodenschule; es handelt sich nicht um irgendeine politische Richtung, sondern um eine *rein sachliche Methoden-Schule.* Es handelt sich auch nicht um ein religiöses Bekenntnis, nicht um Anthroposophie etwa als Religionsbekenntnis, sondern es *handelt sich um eine Methoden-Schule.*

Ich habe ja schon damals, als die Diskussion angeknüpft wurde an meinen Vortragszyklus, die Fragen, die aufgeworfen wurden nach dieser Richtung, dahingehend beantwortet, daß ich sagte: *Die pädagogische Methodik, die hier vertreten wird, kann eigentlich überall, wo man den guten Willen dazu hat, eingeführt werden.*

Wenn man auf der einen Seite das tut, und auf der anderen Seite wiederum scharf betont, daß, um in weiteren Kreisen die Einsicht zu verschaffen, es sei dies die richtige Methode und eine Musterschule, wenn man diese zwei Programm-Punkte in den Vordergrund stellt, also Betonung, *daß jede Schule die Methodik haben kann, daß man aber an einer Musterschule sehen soll die Fruchtbarkeit der Methodik* und dann wirklich die Dinge reinlich herausarbeitet, – dann glaube ich, könnte man in der Schweiz doch auch etwas erreichen. Und dann müßten auf Grundlage dieser zwei Gesichtspunkte überall pädagogische Vereinigungen gegründet werden können. Aber jeder müßte wissen, daß da *nicht die Absicht besteht* – was man hier in der Schweiz als eine Schrulle ansehen würde – *möglichst viele Privatschulen zu gründen, um den Staatsschulen Konkurrenz zu machen:* das würde man nie in der Schweiz verstehen. *Dagegen wird man verstehen das Hinstellen einer Musterschule,* die für *jede Schule sozusagen den Quellpunkt* abgeben kann für eine methodische Schule. Auf andere Weise kommt man nicht vorwärts. Und es ist wichtig, daß man eine solche prinzipielle Sache immer wiederum vor die Menschen hinstellt, und überall, wo man Gelegenheit hat, sie hinstellt.

Ich glaube, es wäre gut, wenn Sie diese zwei Gesichtspunkte immer in den Vordergrund stellen. Sie entsprechen ja durchaus der Wahrheit, und *es hat uns viel geschadet, daß immer wieder und wieder betont wurde: Waldorfschulpädagogik kann nur in abgesonderten Schulen erreicht werden,* – während ich immer wieder gesagt habe, *das Methodische kann in jede Schule hineingebracht werden.*

Kapitel 7

Gerda Scheer

KLEINKIND, KINDERGARTEN – DER WEG IN DIE WELT

ENTWICKLUNG IM ERSTEN LEBENSJAHRSIEBENT

In den ersten sieben Lebensjahren können wir im Kleinen ähnlich verlaufende Vorstufen der drei großen Inkarnationsepochen finden.
Stehen wir als Erwachsene mit unserem umgekehrten Weltverhältnis der Entwicklung des Kindes im ersten Jahrsiebent gegenüber, dann erleben wir ja das Geschehen sozusagen spiegelbildlich. Während das Kind sein ausgebreitetes höheres Wesen in den Leib zusammenzieht, sehen wir, wie der anfangs fast unbewohnte, mehr schlafende Leib aufblüht, erwacht und im Laufe der Zeit immer reicher wird. Innerhalb der langsamen, fast unmerklichen Entfaltung des höheren Menschen im Erdenleib erscheinen uns dann bei eingehender Betrachtung zwei größere Wandlungsstufen als hervorstechende Entwicklungspunkte. Der erste führt das Kleinstkind zur selbständigen Ich-Empfindung. Das bis dahin völlig in den mütterlichen Schutz eingebettete kleine Wesen, das sich noch mit dem Eigennamen nannte, scheint plötzlich eine erste Erfahrung seines Selbst zu machen. In größeren Geschwisterkreisen geht dem echten „ich" oft ein nachahmendes voraus, und es bedarf genauer Beobachtung, um zu erfahren, wann das Kind mit diesem Wort „ich" wirklich die Empfindung verbindet, daß es gegenüber der anderen Welt ein eigenes Wesen ist. Bei vielen Kindern aber kann man ziemlich genau erfahren, wann sie, oft mit überraschender Plötzlichkeit, dieses ihr Ich als erste Ahnung erleben. Das geschieht ja gewöhnlich zwischen dem zweiten und dritten Lebensjahr. In einem Zeitraum von wieder ungefähr zweieinhalb Jahren scheint ein gleichmäßigeres Wachstum fortzuschreiten, bis gegen das fünfte Lebensjahr hin eine neue Art Selbständigkeit erwacht. Wieder überschreitet das Kind eine größere Stufe, es wird plötzlich erwachsener. Wer intimer auf diesen Zeitpunkt achtet, wird ihn recht deutlich ablesen können an dem nun bewußteren Phantasieleben, an wacherer Gedächtnistätigkeit, an ausgewählterer Nachahmung durch ein bewußteres Erleben der Außenwelt und an einem ersten Bedürfnis nach der Autorität seiner Erzieher. Dann folgt der dritte Abschnitt, der mit dem größeren Stufenübergang um das siebente Jahr herum abschließt und diese neu erwachten Kräfte nun erst richtig zu den Grundfähigkeiten der nächsten siebenjährigen Entwicklungsphase macht.
Es ist interessant, diese Stufen an den Kinderzeichnungen abzulesen. Wenn man die Kleinen ganz ungestört zeichnen läßt, so zeichnen sie nämlich gewöhnlich ihr ganz unbewußtes Erleben dieser Entwicklung. Wenn die Zwei- bis Dreijährigen

anfangen, mit einem Stift zu „malen", so entstehen zuerst nur dichte, meist kreisförmige Knäule. Haben die Kinder mehrere Farben, so greifen sie häufig erst nach den hellen, und spinnen diese mit bunten Strichen und Kreisen in ein immer dichter und dunkler werdendes Farbnetz ein. Das Drei- bis Vierjährige zeichnet dann zunächst eine „Sonne", malt einen Kreis und rundherum lauter Strahlen. Erleben wir in dem abgeschlossenen Raum mit den ausgebreiteten Strahlen nicht ein Bild vom Weltverhältnis des kleinen Kindes? Allmählich wird die „Sonne" zum Kopffüßler und als ein Kind bezeichnet. Er bekommt ein recht ungenaues „Gesicht", noch ohne Leib, so etwas wie Arme, und lange Beine, die aber mehr wie vom Kopf abwärts strebende Fühler wirken. Um das vierte Lebensjahr herum wird ein undifferenzierter Leib angehängt. Gegen das fünfte Lebensjahr entstehen dann einfache Gestalten, große Köpfe mit lang nach unten gezogenen Körper, denen aber meist noch richtige Füße fehlen, oder zumindest noch nicht auf dem Boden stehen, sie sind plötzlich wichtig. Die Fünfjährigen fangen erstmalig an, auch Elemente der Außenwelt in ihre Zeichnungen miteinzubeziehen. Vorher zeichnen die Kinder diese nur, wenn sie durch Nachahmung oder falsche Belehrung dazu angehalten werden. Die Kinderzeichnungen der Fünf- bis Sechsjährigen aber werden ganz ohne äußere Anregung plötzlich kleine Gemälde. Die bis dahin nur nebensächlich beachteten Farben werden bewußt ausgesucht und wirkungsvoll nebeneinandergesetzt. Neben den Gestalten und der Sonne, die nun wirklich Sonne ist, entstehen Himmel und Erde, bzw. die grüne Wiese und Häuser, die menschliche Behausung, der die Kinder offensichtlich ihre besondere Aufmerksamkeit schenken. Es tauchen in allen Variationen Bäume, Blumen, Zäune, Leitern und Gitter auf. Neben die farbige Ausgestaltung tritt ein starkes rhythmisches Element in der gleichmäßigen Anordnung der Striche bei Zäunen und Gitter, bei der Aufteilung der Fenster an den Häusern, beim Aufstellen der Blumen und bei der liebevollen Verteilung der Blättchen an Bäumen, Stielen und Blüten. Man muß die Kinder unbemerkt beim Malen betrachten, um zu erleben wie die nun erwachte Freude am Rhythmus sich Gestaltungsmöglichkeiten sucht. Lange Knopfreihen auf den Gestalten, schwingende Rauchkringel aus den Schornsteinen, nachgeahmtes Briefschreiben, in allem spielt Rhythmus.
Das Kind hat ganz neue Gestaltungsmöglichkeiten, in die es sich übend und mit einer wahren Liebe hineinfühlt, bis es sie um das siebente Lebensjahr bewußter handhabt und allmählich ganz der Außenwelt abliest. Im Kindergarten zeichnen die Kinder aller Altersstufen, wenn sie unbeeinflußt bleiben, obwohl sie nebeneinandersitzen, das ihnen entsprechende Stadium.
In den ersten zwei bis drei Lebensjahren hat das Kind noch kein Bewußtsein seiner selbst. Es nennt sich wie alle anderen Dinge nachahmend mit dem Eigennamen. Es malt impulsiv, willenshaft wirre Knäule, unbestimmte Verdichtungen. Wenn das erste Ichbewußtsein erwacht, beginnt das Kind sich als Kopf zu zeichnen, zunächst durch viele Strahlen mit der Umwelt verbunden, dann durch die

Fühler der lang ausgestreckten, oft strahligbefingerten Arme und Beine. Obwohl das Kind natürlich den ganzen Menschen sieht und seinen eigenen Körper bis in die Füße schon richtig gebrauchen kann, scheint es doch zunächst mehr ein Bewußtsein von der Kopfregion zu haben. Wenn kleine Kinder sich „verstecken", genügt es ihnen völlig, den Kopf zu verdecken, um „nicht mehr da" zu sein.
Als die fünfzehnjährigen großen Wahlbrüder der noch nicht ganz dreijährigen Elisabeth dies im Spiel entdeckten, probierten sie es in allerlei Variationen aus, immer mit dem gleichen Erfolg. Sobald sie ihre Köpfe nur hinter den Händen verbargen, waren sie für Elisabeth „weg". Versteckten sie sich in einer Ecke und streckten nur den Kopf heraus, waren sie „da". Spazierten die großen Freunde vor Elisabeth her oder setzten sich zu ihr auf den Boden, während sie den Kopf mit einer Mütze überzogen hatten, so sollten sie „wiederkommen", das hieß aber, den Kopf befreien. Eine ähnliche Beobachtung machte die Mutter zur gleichen Zeit bei einem anderen Spiel. Elisabeth ließ sich beim Zudecken der Betten mit größtem Vergnügen unter der dünnen Überdecke verstecken. Ehe die Betten endgültig gemacht werden durften, mußte die Mutter das kleine Mädchen mit der Bettdecke glattstreichen und dann in großer Verwunderung erraten, was darunter im Wege war. Wenn die Mutter beim Abtasten aufzählte: „Da sind ja zwei Beinchen, da ist ja auch ein Bäuchlein, hier hab ich zwei Ärmchen, hier ist ein dicker Kopf, das muß doch die Elisabeth sein", so sprang das Kind jedesmal mit jauchzentem Vergnügen hoch. Als die Mutter einmal vergaß, den Kopf mit aufzuzählen und nach Beinen, Bauch und Armen sagte: „Oh, hier hab ich ja die Elisabeth", erklärte die kleine Person energisch: „Nein, das bin ich doch gar nicht" und blieb unter der Decke liegen. Als die Mutter darauf nach dem Köpfchen griff, flog die Decke sogleich hoch und Elisabeth strahlte: „Ja, da bin ich!" Die Mutter probierte das daraufhin in mancherlei Form aus, an verschiedenen Tagen und nach längeren absichtlichen Pausen, aber Elisabeth blieb dabei, daß nur ihr Kopf „ich" sei. Schließlich erklärte Elisabeth einmal ärgerlich: „Das bin ich doch gar nicht, da kann ich doch nichts sagen", und die Mutter unterließ es dann lieber, das fröhliche Spiel dadurch zu stören. – Elisabeth sprach schon mit zwei Jahren fast alles in ganzen, oft längeren Sätzen.
Allmählich erweitert sich das Bewußtsein, und mit dem größeren Gebrauch der Hände rücken auch diese stärker in den Vordergrund. Der Sonnenkopf wird zum Kopffüßler und allmählich zu einer noch kaum geformten Gestalt. Was um das fünfte Lebensjahr dann fast plötzlich erwacht, was wir an den Kinderzeichnungen und am ganzen Benehmen des Kindes ablesen können, ist ein Bewußtsein für den mittleren Menschen, in dem die so stark rhythmischen Organe, Herz und Lunge, tätig sind. Es ist auch die Hauptwirkensstätte unseres Gefühlslebens, dessen physische Konzentration wir doch am stärksten in der Brustregion erleben. Reagiert nicht auf alle Gefühle zunächst Atem und Blut? Das Blut weicht zurück, der Atem stockt, eine Sache läßt „unser Herz höher schlagen", „das Blut in Wal-

lung“ geraten, „das Herz stille stehen“. Es ist ja auch das Besondere der menschlichen Hand, daß sie, obwohl ein handelndes Willensorgan, doch zugleich sehr stark unsere Gefühle ausdrücken kann, ähnlich der atemgetragenen Sprache, die erst zweitrangig die Gedanken ausdrückt. Gewiß ist Denken, Fühlen und Wollen als Ausdruck des höheren Menschenwesens auch im ganzen Leibesorganismus veranlagt, aber wir empfinden doch die Schwerpunkte in Kopf-, Brust- und Beinorganisation veranlagt. So malt auch das Kind, so zeigt es die Bewußtseinsschwellen der kleineren und größeren Inkarnationsstufen. Ist das erste Denken erwacht, malt das Kind den Kopf, erwachen die ersten subjektiven Gefühle, malt das Kind Farbe und Rhythmus. In der dritten Phase sind die gezeichneten Gestalten vom Kopf über die Brust bis zur Beinorganisation durchgedrungen. Die Kinder stellen mit vollem Bewußtsein und stillem Behagen ihre gezeichneten Menschen auf die Erde. Das eigene Wollen, das sich wohl am stärksten im Gehen und im Wirken der Hände, den menschlichen Taten, äußert, wird nun mit dem Zahnwechsel selbständiger. Das Kind ist in einer ersten Stufe auf dem Boden angekommen. Es lernt, noch in einer einfacheren Vorstufe als später der Erwachsene, eigene Wege zu gehen. Es geht allein zur Schule, es findet Freunde und Lehrer außerhalb des Familienbereiches. Es sucht sich Autoritäten, die es mit der neu erwachten Gefühlswelt lieben und verehren kann und denen es darum aus eigenem Willen nachfolgen möchte. Der während der ganzen sieben Jahre vorherrschende Wille ist nun zu einer ersten Selbständigkeit erwacht.
Wie die Lebenskräfte, die Seelenkräfte und das Ich in drei großen Inkarnationsepochen zu ungefähr je sieben Jahren in den Menschen einziehen, so erleben wir in drei kleinen Epochen den Einzug der Lebenskräfte in den ersten sieben Jahren.

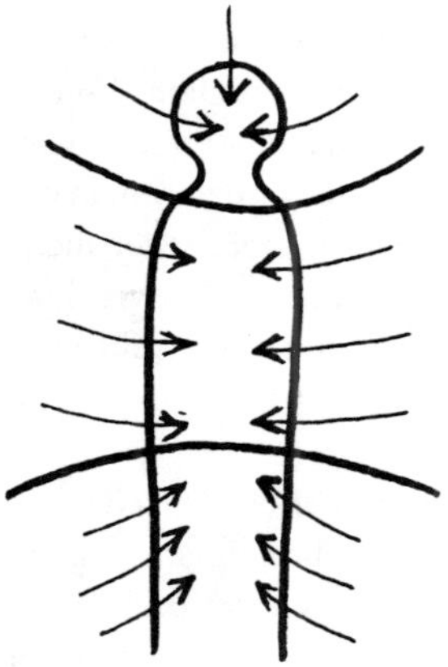

Geburt
bis
ca. 2⅓ Jahre

bis
ca. 4⅔ Jahre

bis
ca. 7 Jahre

Betrachten wir nun die erste dieser drei Epochen noch einmal für sich. Sie scheint die wichtigste zu sein, denn sowohl das physische Wachstum wie das Erwachen der eigentlichen menschlichen Fähigkeiten sind in dieser Zeit am stärksten. Nie sind die gesunden Wachstumskräfte so groß, nie lernt das Kind so viel und so schnell, wie in dieser allerersten Lebenszeit, in der die Bewußtseinskräfte noch so schwach sind, daß das Kind sich seiner selbst noch kaum bewußt ist. Auch das bestätigt, daß einerseits das zu früh bewußte Lernen dem Kind die Aufbaukräfte raubt – denn mit dem wachsenden Bewußtsein nehmen diese ganz offensichtlich ab – und daß andererseits die große Lernfähigkeit des kleinen Kindes nicht in seinem Bewußtsein, sondern gerade in seinem noch unbewußten, nachahmenden Erleben der Welt liegt. Gleichsam noch schlafend, das Kind schläft ja auch tatsächlich noch mehr, als es wacht, entwickelt es die stärksten physischen Kräfte, lernt es bereits die drei grundlegenden Fähigkeiten, die uns zum eigentlichen Menschen machen: Der aufrechte Gang, die Sprache und das Denken werden in dieser Zeit noch nicht individuell ausgebildet aber objektiv menschlich keimhaft veranlagt. In dieser ersten wichtigen Epoche ziehen die Lebenskräfte in den Kopfbereich ein und wirken von da aus wiederum in drei Stufen in die gesamte menschliche Organisation herein. Als erstes wirken sie vom Kopf her in die Gliedmaßen, das Kind lernt greifen, kriechen, sich aufrichten und gehen, dann wirken sie in die Atem-Blutregion, das Kind lernt lallen, lauten und sprechen, und dann erst wirken sie voll im Kopf, das Kind lernt das erste Denken. Wollen, Fühlen und Denken sind schon vom Kopf her veranlagt. In umgekehrter Reihenfolge, spiegelbildlich zu diesem Prozeß, vollzieht sich in den drei ca. zweieinhalbjährigen Epochen der Einzug der Lebenskräfte, vom Kopf über die Brust zu den Füßen, Denken, Fühlen, Wollen. Wiederum spiegelbildlich dazu erleben wir die größeren Entwicklungsschritte der siebenjährigen Inkarnationsstufen, in denen an der Ausbildung des physischen Leibes, der Lebenskräfte und der Seelenkräfte Wollen, Fühlen und Denken sich in freierer Art entfalten. Wenn wir dann noch den Blick auf den erwachsenen Menschen wenden, so finden wir, daß sich diese menschlichen Kräfte erst frei entwickeln können und darum in einer wieder neuen, erweiterten Form auftreten, wenn das nun eingezogene menschliche Ich sie von innen her ergreifen kann. Anfang und Ende der Entwicklung verlieren sich ganz in der Ferne und jeder sichtbare Anfang einer neuen Entwicklung erscheint nur wie die Umstülpung, das Spiegelbild einer vorangegangenen anderen Lebensform.

Versuchen wir uns den hier betrachteten Inkarnationsprozeß im Ganzen in einem Bilde anschaulich zu machen! Im Hinblick auf die langsam im gleichmäßigen Zeitenlauf sich erweiternde Entwicklung, ergibt sich das Bild einer auswickelnden Spirale. Verfolgen wir innerhalb dieser die kleineren und größeren Inkarnationsräume, die aufsteigenden Stufen der immer weiter werdenden Entwicklungsschritte, so kommen wir zu einer in der Spirale aufsteigenden geraden Inkarnationslinie. Vom Weltverhältnis des Kindes aus betrachtet, kommen wir wieder zu einem Spiegelbild. Die Spirale erweitert sich nicht, sondern sie kommt aus der Weite und zieht sich zusammen, also eine einwickelnde Spirale. Was wir als ein Aufsteigen des höheren Wesens im Erdenleib erleben, bedeutet für das Kindeswesen einen Abstieg aus der Höhe des Ich in die Tiefe des Erdenleibes.

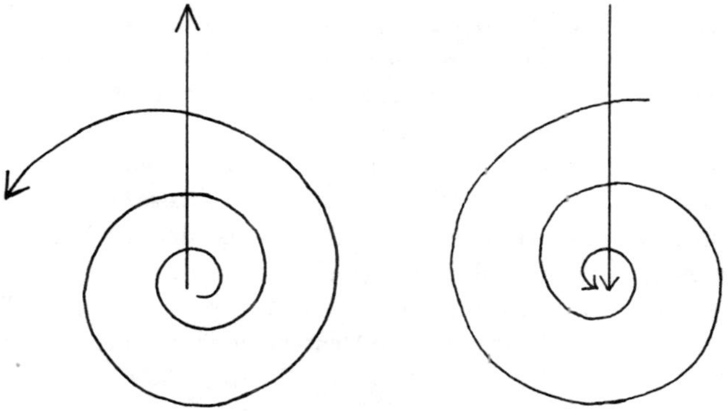

Es kann uns schon zu denken geben, daß zu den ohne Beeinflussung immer wieder auftauchenden Motiven in den Kinderzeichnungen auch die Spiralen und die Treppen oder Leitern gehören. Werden wir nicht auch an alte Kirchenmotive und an den Merkurstab erinnert? Auch die Natur zeigt uns in vielfältiger Form dieses Bild, wie im aufstrebenden Stamm eines Baumes mit seinen Jahresringen oder in den wachsenden Ringen, wenn ein Stein ins Wasser fällt. Sind das nicht auch Gesetze, wie sie uns in der Physik und Mathematik begegnen? In einem 1968 erschienenen Büchlein „Geheimnis der Wüste" berichtet Maria Reiche in Wort und Bild über die neu entdeckten Bodenzeichnungen von Nazca, Peru. Man schreibt diese riesigen Bodenzeichnungen der „klassischen" Nazca-Kultur des ersten Jahrtausends nach Christus zu und hält sie für einen Bestandteil der damaligen Priesterweisheit. Neben anderen hochinteressanten Abbildungen finden sich in diesem Buch auch eine große und eine kleinere doppelte Spirale, die durch ineinandergelegte Linienführung zugleich einwickende und auswickelnde Richtung haben. Alte Priesterweisheit, Kinderzeichnungen, Geisteswissenschaft und Naturwissenschaft künden von den gleichen Gesetzen. Goethe sagt: „Es ist der Geist, der sich den Körper baut."
Wir erleben das Entwicklungsgesetz von zwei verschiedenen Standpunkten. Einmal weist es uns auf Ausdehnung und Aufstieg, das andere Mal erscheint das Gleiche als Einengung oder Zusammenziehung und Abstieg. Erst dadurch, daß wir beide Aspekte anschauen, bekommen wir ein wahres Bild von dem Gesche-

hen. Was würde es für die Menschheit bedeuten, wenn wir uns angewöhnten, von allem erst die zwei entgegengesetzten Standpunkte durchzudenken, das Spiegelbild zu suchen – so gut wir es vermögen –, ehe wir eine Sache, ein Geschehen, ein menschliches Verhalten kritisch beurteilen? Welch eine segensreiche Toleranz müßte uns daraus erwachsen! Vielleicht würden wir so manche Lebensrätsel nach und nach klären, die uns heute noch unlösbar erscheinen. Sicher wäre es eine neue und schönere Art, unsere so hoch entwickelten Intelligenzkräfte zu schulen, die, nicht mehr einseitig materialistisch geprägt, wunderbare Menschenkräfte sein können. Vielleicht ist in diesem Sinn der Ruf Johannes des Täufers „Ändert euren Sinn" ein besonderer Aufruf gerade an unsere Zeit.

Auch das Christenwort kann hier noch tiefer verstanden werden: „So ihr (Erwachsenen) nicht werdet wie die Kinder, werdet ihr nicht das Himmelreich erlangen." So ihr nicht zu eurem Erwachsenenstandpunkt den des Kindes dazu erwerbt, werdet ihr nicht die Wahrheit des Geistes erfahren.

Vielleicht können wir durch solche Übung im Leben einen Weg zur Wahrheit finden, der uns hilft, die Kinder und die Menschheit wieder menschenwürdig zu führen.

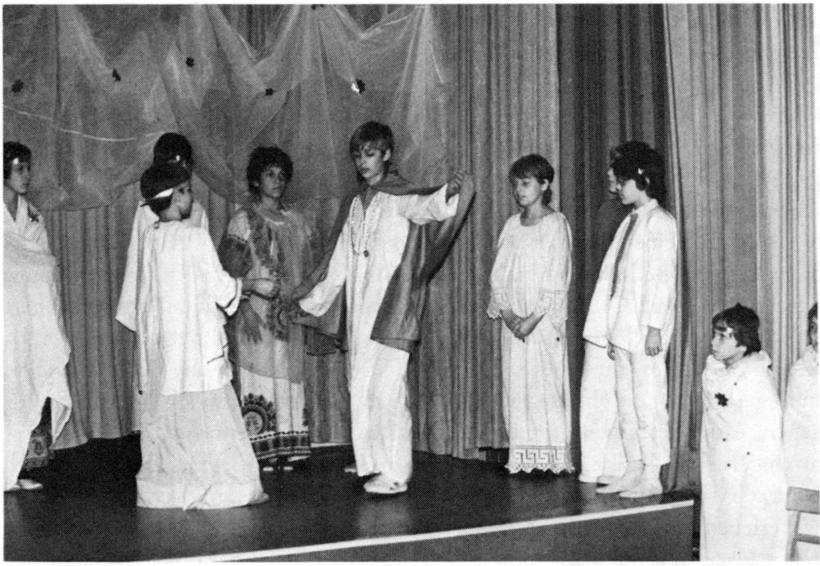

Jahresfeste, sinnvoll gefeiert, verbinden das Bewußtsein mit der Natur: Herbstliches Michaelsspiel in der Friedrich-Eymann-Schule.

Werner Schäfer

DIE WIEDERERWECKUNG ALTER SYMBOLWEISHEIT FÜR DIE ERZIEHUNGSMETHODE DURCH RUDOLF STEINER

Es ist eine bekannte, aber heutzutage nicht von vielen Menschen beachtete Tatsache, daß die Weisen und Menschheitsführer aller Zeiten niemals anders ihre Wahrheiten weitervermittelten als in Form von *Gleichnissen.* In Mythen und Legenden lebt ebenso allerhöchste Weisheit wie in den Lehren eines Buddha oder Christus. Auch in den echten Volksmärchen liegen lebendige Weisheitsschätze, die zwar *im* Volk aufgefunden, aber nicht dort *gebildet* wurden. Immer wurden solche tiefen Wahrbilder von Wissenden in das Volk gesät, eine Geistessaat, die tausendfältige Frucht in Menschenseelen brachte. Die intellektuelle Neuzeit glaubt, auf solche Erziehungsschätze der Menschheit verzichten zu können bzw. „interpretiert" sie zu platten oder exaltierten Stories um. Oder sie werden gar mittels technischer Massenmedien wie Kino oder Schallplatte zu „elektrischem" Rauschgift pervertiert oder treiben als Comics-Figuren ihr Kinderseelen vergiftendes Unwesen.

Man frage sich doch einmal, *warum* alle Weisheit den Weg der symbolartigen Bilderphantasie wählt, um Menschen aller Alters- und Bildungsgrade verständlich sein zu können. – Auch alle *Kunst,* die diesen Namen verdient, ist nichts anderes als solch wahre Phantasietätigkeit, durch das Mittel von Farben, Tönen, Worten usw. wahrnehmbar gemacht. – Goethe kennt noch den Grund, den er in seinem ganzen Wirken als Dichter und Wissenschaftler verwirklicht hat: *„Alles Vergängliche ist nur ein Gleichnis"* (Faust II). Das heißt: *Alles,* jedes einzelne Ding, jedweder Vorgang in der Natur ist das sichtbare Gegenstück von einem Vorgang, einer Wahrheit, die sich unsichtbar in der Menschenseele abspielt. Wäre das Auge nicht erfüllt von sonnenhafter Strahlkraft, wie könnte es denn die Sonne am Himmel erblicken? Es ist um der Sonne Willen für die Sonne geschaffen. Kann nicht auch die Menschenseele – dem Wetter gleich, bewölkt, benebelt, stürmisch, wetterwendisch, sonnig sein? – oder das Wetter launisch, still, ruhig, heiter? Wir kennen die „dicke Luft", die „geladene Atmosphäre", das „Donnerwetter" auch zwischen uns Menschen. Der Makrokosmos entspricht dem Mikrokosmos, die Welt ist der andere Pol des Menschen. Auch Rudolf Steiner, der Schöpfer der gedankenklaren, kristallreinen „Philosophie der Freiheit", der großen kosmorevolutionären Werke wie seiner „Geheimwissenschaft im Umriß" und der Urheber der Waldorfpädagogik, der biologisch-dynamischen Erdenpflegekunst und vieler Kulturerneuerungen mehr, drückt sich sehr oft in dieser bildhaften Sprache aus. Denn nur in dieser „imaginativ" genannten Form ist die Wahrheit wirklich unverfälscht mitteilbar. Eben gerade der nüchtern-wissenschaftliche Verstand kann diese *nicht* erfassen, höchstens ihre alleräußerste Grenzfläche erforschen, nicht aber ihren lebenden Quell begreifen. Sowenig Liebe gewogen werden kann – auch mit noch so feiner Waage nicht – wohl aber ein aus Liebe gegebenes Geschenk, sowenig kann wirkliche, das heißt menschengemäß fruchtbare Wahrheit bloß naturwissenschaftlich begriffen werden. Nun ist das Eigenartige, daß diese tiefste Weisheit *allen* Verständnisstufen zugänglich ist! „So ihr nicht werdet wie die Kindelein, könnt ihr das Himmelreich nimmer erlangen", so tönt dies in der Sprache der Evangelien. Waldorfpädagogik in den unteren Klassen besteht darin, diese Wahrheit dem Kind zu vermitteln. In der Eröffnungsfeier der Waldorfschule in Stuttgart 1919 spricht es Rudolf Steiner aus, daß es darum geht, „lebendigen Geist auf das Kind zu übertragen. Wir müssen sprechen und handeln aus dem Geist der Wahrheit heraus".

Ein Urbeispiel solcher Weisheit auf der Grundstimmung des Lehrers: „Alles Vergängliche ist nur ein Gleichnis", siehe „Die Erziehung des Kindes ..." 1902, das Rudolf Steiner über zwanzigmal erwähnt als naturgeschaffenes Gleichnis, ist dasjenige vom Schmetterling, der aus der Puppe schlüpft: „das ist von der Urweltweisheit selber in die Natur hereingestellt (als Wahrbild der im Tode auferstehenden Menschenseele), nur einfacher und anschaubar." Nicht nur um ein ausgedachtes Bild handelt es sich, sondern „es gäbe den Schmetterling nicht, der aus der Puppe schlüpft, wenn es nicht eine unsterbliche Seele gäbe". „Ich glaube selber mit jeder Faser an dies Bild." „Das ist für mich heilige Überzeugung." Nur wenn es für den Lehrer ebenso wie für Rudolf Steiner „heilige Überzeugung" ist, daß der Falter ein nachtodliches, sich aus dem Sarge seiner Mumienpuppe ins Sonnenlicht schwingendes Wesen ist, wird das Kind ihm dies Bild auch glauben. „Ich glaube an dies Bild, *wie das Kind* glauben soll." Nicht Naivität ist dieser „Glaube"! Es ist das unerschütterliche (das heißt nur vom Intellekt erschütterliche) Vertrauen in den Sinn des Schicksals, der „Glaube, der Berge versetzt", das vollständige Realnehmen der geistigen Wesen und der gnadevollen Führung der Menschheit. Im Kinde lebt dieser „Glaube" noch instinktiv, solange eine menschenzerstörende Zivilisation ihm nicht den „Schneewittchenapfel" reicht. – Der Erzieher muß also sein Bewußtsein ständig in den Sinn des Lebens zu tauchen sich bemühen. Was er da findet – angeleitet durch die Hilfen des geistigen Lehrers, dessen Pädagogik er lernen will, – kann *unmittelbar* in märchenhafter Form „auf das Kind übertragen" werden. Was es später z. B. in goetheanistischer Form lernen soll, ist gegenüber diesem Tiefsten bereits eine etwas verschleierte, in Wissenschaftlichkeit übersetzte Wahrheit, brauchbar zum Zurechtfinden im heutigen Leben. Hat der Erwachsene an diesem Urbeispiel aller Erziehung, dem Falterleben, den Ton, die Stimmung des Erziehens begriffen, so wird er auch eigene, wahre Bilder für die verschiedensten Gelegenheiten sachgemäß finden können. Denn die tiefste Grundfrage des Erdenlebens, die in jedem Moment – mehr oder minder bewußt – die Menschenseele treibt, ist die Frage nach dem Rätsel des Todes. Wohin geht der Mensch, die Welt, wenn der Tod kommt? Die *Ur-Antwort*

auf die Urfrage jedes Menschen ist diese: „denke dir, du bist jetzt selber solch eine Puppe ... wenn du in den Tod kommst, so fliegt auch bei dir der Schmetterling hinaus in die geistige Welt.“
Bis ins vorige Jahrhundert war überall das Wahrbild des befreiten Falters allgemein gebräuchlich, um des Kindes tiefe Rätselfrage willig zu beantworten; ebenso diente das Symbol des Klapperstorches für die Geheimnisse des anderen Poles der Menschenseele: der Geburt. Eine schwachsinnige „Aufklärung“ hat – letzteres später als ersteres – hinweggefegt. Sie gibt Steine statt Brot. – Rudolf Steiner hat dies wunderbare Bild nicht *er*-funden, sondern gefunden, ebenso wie seine übrigen Forschungsergebnisse. Es stimmt – weil aus derselben Quelle geschöpft (keineswegs aus Traditionen geholt) – auch mit den Aussagen anderer Menschheitsführer überein. Der Sinn der Welt: die fachbesiegende, stoffbefreite Liebe ist sichtbar im Schmetterling. Er ist sichtbar gewordene Auferstehung, Wahrbild der unsterblichen, durchchristeten Menschenseele. Das bewußte Zusammenwachsen des Mikrokosmos Mensch mit dem Makrokosmos Welt führt zum echten Frieden, der zugleich Weisheit ist. Diese versteht das Kind nicht von Mund zu Ohr, sondern von ‚Seele zu Seele‘ – sofern der Erzieher daran „glaubt, wie das Kind glauben soll“.

Kapitel 8

Elisabeth Rössel-Majdan und Gerda Scheer

HEILENDE PÄDAGOGIK – PÄDAGOGISCHES HEILEN UND INTEGRATION

Der heutige Pädagoge steht immer wieder vor dem Problem, mit Kindern zu tun zu haben, die es ihm sehr erschweren, eine Klasse in ihrer Gesamtheit als einen eigenen Organismus, als Einheit im Unterricht zu behandeln. Immer mehr Kinder brauchen eine „spezielle" Zuwendung, spezielle Aufgaben, einen besonderen Maßstab ihrem Leistungsvermögen gegenüber und besonderes Verständnis. Wenn die Zahl dieser Kinder zu groß wird, kann der Lehrer nur mehr „therapeutisch unterrichten" und fühlt sich überfordert in Klassen mit nur zwanzig Kindern. Die immer steigende Zahl von Problemkindern drängt uns die Frage auf, ob nicht unsere Gesellschaft, ja unsere ganze Zeit krank sei. Intelligente Kinder können sich wegen kleiner Gemütsschwankungen nicht beherrschen, werden

Das *Comenius-Institut Wiesenbühel* mit eigener Waldorfschule (links, in der Mitte die „Lebensleuchte") für Kinder mit autistischen und ähnlichen Entwicklungsstörungen bietet die Voraussetzung für die umfassende künstlerisch-intensivtherapeutische Erziehung.

aggressiv oder hysterisch, andere leben in utopischen Weltraumfilmen und bauen die Schule, ja den Unterricht in ihr Rollenspiel ein, wieder andere sind bereits personifizierte Zeichentrickfiguren, leiden darunter, nicht sie selbst werden zu können, und haben Depressionen; noch andere müssen ununterbrochen etwas kauen oder mit ihren Extremitäten zappeln, können nicht mehr zuhören oder „aufnehmen", sondern nur mehr abgeben, nur mehr von sich geben; sie werden zu „Durchlaufstellen" von allem, was auf sie einwirkt.
Der Unterricht an einer Waldorfschule muß von diesem Gesichtspunkt – man könnte sagen – „zeitgemäß therapeutisch" wirken, das heißt ganz bewußt das vermeiden, was durch fixierte Frage- und Antwort-Systeme im programmierten Unterricht endete; denn das führte zu einer Mißachtung der Erlebnismöglichkeit und Kreativität des Schülers, kurz zur intellektuellen Manipulation. Das soll nicht heißen, daß nicht auswendig gelernt werden darf, wo es sich um prompte Wiedergabe von Fakten handelt, also gerade dort, wo der Schüler nicht um eine eigene Antwort gebeten wird, sondern wo es sich nur um eine Übungskontrolle handelt, z. B. wieviel ist 5 x 7?
Hingegen wäre die Frage: „Was weißt Du über die Römer?" bei etwa zwölfjährigen Schülern fehl am Platz, wenn der Lehrer *eine* schon vorgefaßte Antwort hören möchte. Die Frage müßte für das Bewußtsein des Lehrers lauten: „Kannst Du erzählen, was *Du* erlebt hast im Geschichtsunterricht über die Römer?" Das heißt, Erlebnisfähigkeit, Vorstellungskraft wird vom Schüler verlangt, die, ins Bewußtsein gedrungen, auch formuliert werden kann. Eben diese Erlebnisfähigkeit ist heute immer seltener anzutreffen. Es bedarf ja dazu eines regen Gefühlslebens, eines Gefühls des „Dabeiseins", einer lebendigen Vorstellung, innerer Aktivität, Phantasie und großer Sinneswachheit. Wir leben aber heute in einer Welt, in der die Objektivität und der kühle Intellekt mit dem zügellosen Ausleben aller Begierden und Triebe in einer Welt der Brutalität, Sexualität und des Horrors miteinander im Kampf um den Menschen wetteifern, um den „normalen" Menschen, den mitfühlenden und aus eigener Entscheidung handelnden Menschen.
Umso mehr bedarf es der Beschäftigung mit der Behinderung in der Entwicklung zum selbstbewußten Menschentum. Intellektuelle Einseitigkeit drang langsam in die „Normalschule" ein. Zuviel Abstraktion, Verwissenschaftlichung, Weltanschauung in Denkskeletten führt aber außerhalb der Schule zum Gegenextrem emotionaler, moralischer Enthemmung.
Die Schüler von heute werden die Erwachsenen von morgen, und wenn es gelingen soll, sie auf die Welt, in der sie leben müssen, vorzubereiten, muß sich auch ihr Verständnis und ihr Bewußtsein für andersartige Menschen, für schwache, kranke und behinderte entwickeln können und damit auch das Bewußtsein für eigene soziale Verantwortung. Dies kann ganz harmonisch und selbstverständlich wachsen, wenn in der „Normal-Klasse" ein oder zwei „Integrationskinder"

von der Klassengemeinschaft aufgenommen werden. Das Konkurrenzdenken tritt in den Hintergrund, die Möglichkeit zur Hilfestellung in den Vordergrund, ebenso wie die Anerkennung von einseitigen Fähigkeiten der Behinderten neben bestehenden Mängeln.
Für den Lehrer ist es natürlich nicht weniger wichtig, Verständnis für den Behinderten zu entwickeln und dabei seine Beobachtung zu schulen. Er wird dann auch den vielfältigen Einseitigkeiten bei seinen Normalschülern anders begegnen und leichter Abhilfe schaffen können, also auch therapeutisch tätig sein. Therapie werden alle bewußt eingesetzten Maßnahmen sein, die heilerzieherisch auf das Kind wirken sollen. Um aber diesen Ansatz zur Therapie zu finden, muß die Einseitigkeit des Kindes erkannt sein. Der Heilpädagoge oder jeweilige Erzieher wird sich dazu ein genaues Erscheinungsbild des Kindes machen müssen. Er wird die phänomenologische Betrachtung üben müssen. Dabei tauchen die Fragen auf, wie: Welche körperlichen Einseitigkeiten fallen auf? (großer Kopf, kleiner Kopf, wie ist das Verhältnis zum Rumpf, zu den Gliedmaßen, wie sind die Extremitäten?) Wie steht das Kind in der Welt? (vorgebeugt, schief, aufrecht, abweisend?) Wie bewegt es sich? Wie spricht es? (was spricht, was singt es?) usw.
Die Körperform ist das Ergebnis vorhergegangener und vorherwirkender Kräfte. Die in der Bewegung, im Ausdruck, in der Sprache wahrnehmbaren Äußerungsformen deuten auf die körperlichen, vitalen und seelischen Kräfte. Bei der Charakterisierung der Bewegungsformen eines Kindes kann es hilfreich sein, sich im umgekehrten Sinne! zu fragen, welche Bewegungsabläufe für dieses Kind als spontane Äußerung unmöglich erscheinen. Gelingt es, diese Frage zu beantworten, steht die Einseitigkeit des Ausdrucks (der psychischen Haltung) des Kindes fest, und damit sein Bewegungsbild. Beispielsweise wird ein grobknochiges, passives und schwerfälliges Kind einem ein Lächeln entlocken bei der Vorstellung, es würde auf den Zehenspitzen hüpfen, neugierig mit den Fingerspitzen alle Gegenstände flüchtig zupfend berühren. Etwa so könnte das Gegenstück zum Erscheinungsbild des Kindes gefunden werden. Die Norm, der auch der Normalzustand nur ungefähr entspricht, liegt also zwischen den beiden Bildern (Plumpheit und Flatterhaftigkeit) in der Mitte.
Womit schon an dieser Stelle sichtbar wird, daß eine Therapie im Bemühen um Ausgeglichenheit liegen wird. So gesehen ist ein Behinderter wie einer, der sein Gegengewicht nicht halten kann, der einseitig ist. Eine Therapie wird ähnlich der Pendelbewegung von der Einseitigkeit ausgehend in die entgegengesetzte Richtung streben müssen, um das Kind dem Mittelpunktserlebnis, dem „Selbstausgleichenkönnen" näher zu bringen.
Wenden wir uns nun dem Bereich der Intelligenz, des Bewußtseins und des Vorstellungsvermögens zu und versuchen wir dieses an einem Kind zu charakterisieren, so wird dies relativ leicht fallen, wenn es sich um ein Kind handelt, das sprechen kann und dessen sinnliche Wahrnehmung nicht allzu großen Störungen un-

terliegt (z. B Taubblindheit). Das, was wir als Abstraktionsvermögen oder Intelligenz bezeichnen, steht jedenfalls in engem Zusammenhang mit der Begriffsbildung, und diese wiederum braucht die Wahrnehmung. Deshalb sollte man in jedem Fall eine Vorstellung vom Wahrnehmungsvermögen des einzelnen Kindes bekommen. Wie sollte etwa ein Kind ohne den Sinn für Bewegung eine Form erkennen können? In diesem Bereich gibt es noch vieles zu erforschen und auszuschöpfen für Diagnose und Therapie. Hier hilft die neue und umfassende Sinneslehre Rudolf Steiners.

Bei überblicksartiger Betrachtung der verschiedenen Krankheitsbilder scheinen insbesondere zwei Gruppen aufzutreten: jene mit unterentwickeltem Bewußtsein, ohne oder mit wenig Abstraktionsvermögen, mit einseitig mehr nach innen gerichteter Sinnestätigkeit, die mehr auf Wohlbefinden oder Geschmackswahrnehmungen, auch Eßgier oder Sexualität gerichtet ist, und jene, die Abstraktionsfähigkeit besitzen, Vorliebe für Technik und Objektivität in dem Maße haben, daß alles für sie zum Objekt wird. Ihre Sprache ist meist sehr sachlich.

Jede Therapie wird von der Einseitigkeit des Kindes ausgehen müssen, das heißt von dem, was das Kind kann, was es „versteht“, was seine Äußerungsform, seine Art, sich zur Welt zu stellen, ist. Beim schwachsinnigen, einseitig gierigen, wenig beweglichen Kind, wird die Einseitigkeit meist in grobmotorischer langsamer, schwerfälliger Aktivität liegen, beim intellektuellen, zur Kopftätigkeit neigenden, jede körperliche Anstrengung meidenden Typ, wird es wahrscheinlich die Sprache sein oder zweckbetonte kleine Gesten. In jedem Fall wird die Therapie trachten müssen, über den Weg der Mitte zwischen Intellekt und Willen einzuwirken, und über das Gefühl Zugang zum Ich des Behinderten zu finden und Einseitigkeiten auszugleichen. Wie einseitig und überbewertet heute der Bereich des Abstraktionsvermögens, der Intelligenz ist, zeigt uns die Krankheitserscheinung des Autismus, wo deutlich wird, wie unbrauchbar Intelligenz ist, wenn nicht der ganze Mensch mit Gefühl und Willenstätigkeit beteiligt ist.

In der künstlerischen Tätigkeit übten die Griechen die höchsten Fähigkeiten des Menschen. Soll eine Therapie nicht einseitig wirken, sondern den Menschen als Ganzen beteiligen, muß sie das künstlerische Element einbeziehen. Zum Beispiel kann der Tanz im weitesten Sinn als Bild und Vorbild dienen, wenn es darum geht, Beweglichkeit, Schwerelosigkeit und Aufrichtekraft zu stärken. Ruhe und Aktivität in rhythmischer Abfolge, erst langsam, dann schneller, verbunden und intensiviert mit unmittelbarer (das heißt selbst produzierter, gesungener oder gespielter) Melodie, bringt nicht nur einen Arm, ein Bein oder Körperteile in Bewegung, sondern auch Empfindung, Gefühl. Es bewirkt innere Bewegtheit, die wiederum nach und nach in spontane Äußerung übergeht. Verbunden mit der Sprache kann sich am Erleben des Liedes Bewußtsein auch beim langsamen, schwerfälligen Patienten entwickeln. Über die Melodie kann er allmählich zum Wort und schließlich zu dessen Sinn geführt werden.

Beim intellektuell abstrakten Kind wird die in Form gefaßte Sprache nach und nach die Empfindung durch ständige Wiederholung und Übung ansprechen; Verse und bildhafte Darstellungen und Gesten können eine Verbindung mit der Umwelt herstellen und den ganzen Menschen erfassen; auch über rhythmisch-musikalisches Zeichnen oder Bewegen kann innere Beteiligung, innere Bewegtheit entstehen, sodaß dadurch erst ein Inter-esse (wörtlich: darinnen sein), ein Verstehen der Sprache, der Musik, der Stimmung anderer Lebewesen ermöglicht wird. Auch auf diesem Gebiet ist noch vieles aus den Anregungen der Waldorfpädagogik heraus zu entwickeln. Neben Maltherapie, Musiktherapie, Heileurythmie, Sprachtherapie, Bodmer-Gymnastik und rhythmischer Massage und vielem anderen, wird vor allem die bewußte, auch wissenschaftlich begründbare Verbindung all dessen in der von uns betriebenen Intensivpädagogik auszubauen sein. Auch die Reitkunst, wie sie schon bei Xenophon beschrieben wurde, kann in Verbindung damit nicht nur orthopädisch-therapeutisch wirken, sondern durch die Verbindung mit den rhythmischen Bewegungen des Tierkörpers und der Freude daran, psychisch wohltuend zu sein. Gerade hier wirkt die sich ergebende Haltung über dem Tier stärker auf das Ich-Bewußtsein.
Von diesem Gesichtspunkt aus wird es verständlich, wieso ein erlebnisbetonter, künstlerischer Unterricht, wie er in der Waldorfschule geübt wird, nicht nur förderlich und ausgleichend für das gesunde Kind ist, sondern auch die Integration von Kindern ermöglicht, die mit den Einseitigkeiten unserer Zeit zu kämpfen haben.
„Die Geistesforschung" oder ein Blick in die Heilpädagogik bzw. Rudolf Steiners Menschenbild in der Heilpädagogik „wird nicht ermangeln, in dem Bestehenden selbst die Keime der Zukunft zu sehen. Aber sie weiß auch, daß in allem Werden ein Wachsen und eine Entwicklung ist. ... Sie erfindet keine Programme, sie liest sie ab aus dem, was ist. ... Gerade deshalb muß die geisteswissenschaftliche Vertiefung in das Wesen des Menschen die fruchtbarsten und am meisten praktischen Mittel liefern bei der Lösung der wichtigsten Lebensfragen der Gegenwart" („Die Erziehung des Kindes vom Gesichtspunkt der Geisteswissenschaft" Rudolf Steiners). Diese Aussage von Rudolf Steiner bewahrheitet sich ganz besonders in der Heilpädagogik, wo man bisher fast nur auf die eine Seite des Menschenverständnisses, auf die wissenschaftliche, angewiesen war. Kann man sich über die geistige Seite zusätzliches Wissen vom Menschenwesen verschaffen, zur Naturwissenschaft die Geisteswissenschaft stellen, eröffnen sich ganz neue Möglichkeiten, lebenspraktisch zu Diagnosen und von da her zu entsprechenden Therapien zu kommen.
Jemand sei „verrückt", sagt der Volksmund, aber was da verrückt, verschoben oder verstellt ist und wie man es wieder so gut wie möglich zurechtrücken kann, weiß einem niemand zu erklären. Rudolf Steiner gibt mit seinem Bild vom viergliedrigen Menschenwesen und dem leiblich-seelischen Zusammenspiel im Ent-

wicklungsgang die heute fruchtbarste Grundlage zu heilender Pädagogik. Es soll hier versucht werden, anhand von vier verschiedenen Krankheitsbildern die Befruchtung der Heilpädagogik durch die Geisteswissenschaft darzustellen.
Betrachten wir zunächst den *Wasserköpfler,* den *hydrocephalus.* Leiblich liegt die Anomalität vor, daß im Kopf laufend Gehirnwasser produziert wird und dadurch ein dauerndes Kopfwachstum stattfindet. Der Pol am Menschen, der eigentlich der toteste sein sollte, ist in dauernder lebendiger Produktivität. Im Extremfall führt diese Lebenskraft am falschen Platz zu einem solchen Überschuß des Wachstums, daß der riesige Kopf nicht mehr getragen werden kann und das Kind nicht mehr lebensfähig bleibt. Die Naturwissenschaft hat da sozusagen die erste Hilfe gefunden. Man operiert ein Ventil ein und leitet das Wasser in die Herzkammer ab. Was aber kann der Pädagoge zusätzlich als Lebenshilfe leisten?
Zunächst wird er sich fragen müssen, wie die seelische Situation eines solchen Menschenkindes aussieht. Der Wasserköpfler behält auch nach der Operation das leibliche Kopf-Rumpf-Verhältnis des kleinen Kindes bei. Er hat einen Überschuß an Lebenskräften und, da diese im Kopfbereich tätig bleiben, weniger Fähigkeiten zum „trockenen", also abstrakten Denken. Auch das ist eine Fähigkeit und Unfähigkeit des kleinen Kindes. Das Kind hat in den ersten Lebensjahren ein Kopf-Leib-Verhältnis von ca. 4 zu 1, das sich mit dem Längenwachstum bis zu dem Verhältnis von ca. 7 zu 1 ändert. Beobachtet man die Entwicklung des Denkens im Zusammenhang mit der relativen Schrumpfung und Verknöcherung des Kopfes, so erlebt man ein zunächst ungeheuer lebendiges, bewegliches, phantasievolles und gefühlsgetragenes Denken, das mehr und mehr trocken und abstrakt wird, an Raum und Zeit, an Ursache und Wirkung gebunden. Der „Himmel" des kleinen Kindes ist eine Welt voller Licht und Leben, der „Himmel" des Erwachsenen ist ein dunkler, toter Raum mit zufällig hineingestreuten Gasballons. Für das kleine Kind kann ein Stück Holz ein Mensch oder ein Schiff sein, je nachdem es gebraucht wird, für den Erwachsenen ist es ein abgefallener Ast. Erzieht man kleine Kinder durch ihre Nachahmungsfähigkeit zu toten Begriffen, so werden sie unkindlich, verkrampft, altklug und unzufrieden. Es entspricht ihren Gegebenheiten nicht. Ebenso geht es dem Wasserköpfler, wenn der Erzieher seiner besonderen Artung nicht Rechnung tragen kann. Sein Überschuß ist die Lebenskraft, seine Fähigkeit das lebendige, phantasievolle, sozusagen wässerige Denken. Sein Mangel liegt im zeit- und raumgebundenen Denken, im schnellen, klaren Erfassen logischer Zusammenhänge, trocken abstrakt kausal zu denken, fällt ihm schwer.
Ein Kind, heute 20 Jahre alt und in Ausbildung zum Buchhalter, wurde mit acht Jahren wieder in den Kindergarten geschickt, weil es trotz überdurchschnittlicher Intelligenz zweimal wegen Aggressionen die Schule verlassen mußte. Privatunterricht und anschließende Schulung auf dem Boden waldorfpädagogischer Erkenntnisse und Methoden helfen dem Jungen zu seiner glücklichen Kindheit und

Jugend und zu allseitiger Ausbildung. Weil man nicht nur um die Wasserproduktion wußte, sondern den Überschuß an Lebenskräften sah, die einerseits die Wasserbildung, andererseits das lebendige Denken verursachen, konnte man der Eigenheit des Kindes Rechnung tragen. Leiblich wurde das Wasser abgeleitet, seelisch wurden die überschüssigen Lebenskräfte in angemessenen Lernprozessen verbraucht.

Schauen wir nun das andere Extrem an, den *Kleinköpfigen,* den *microcephalus.* Wie der hydrocephalus nicht in das austrocknende Erwachsenenstadium hineinkommt, in der lebendig phantasievollen Phase des Kleinkindes bleiben möchte, träumend wartet und jeden neuen Schritt scheut, so stürzt sich der microcephalus sozusagen übereilt in die Stufe des Erwachsenen. Die Zeit des lebensvollen Ausreifens wird abgeschnitten, und somit können auch die Fähigkeiten des Erwachsenen nicht erreicht werden. Die lange kindliche Entwicklungszeit fällt je nach Grad der Krankheit mehr oder weniger weg. Der knochige Leib scheint seine mineralischen Eigenschaften ganz in den Vordergrund zu stellen und nimmt der Seele ihre Schwingen. Eingekerkert in eine enge, eingedrückte Stirn liegt das relativ kleine, trockene Hirn. Ängstlich wie aus einer Gefängniszelle schauen die überwachen Augen. Ohren, Nase, Tastorgane, alles ist gespannte Aufmerksamkeit, schreckhaft bis zu hysterischer Übersteigerung reagiert die Seele auf die denkerisch nicht zu verbindenden Wahrnehmungen. Kommt der Wasserköpfler nur langsam und mühevoll zu sicheren, eindeutigen Erkenntnissen, so kann der Kleinköpfige die Mehrdeutigkeit nicht verstehen, ihm fehlt die Möglichkeit, ein Ding von zwei oder gar mehr Seiten zu betrachten, alles wird vor seinen Augen starr und tot wie sein lebloser Leichnam, der unbeseelte Leib. Kommt man zum tieferen Verständnis dieser Tatsache, so wird man die im Leib gefangene Seele verstehen lernen und auch Wege finden, sie daraus zu erlösen.

Ein dritter Krankheitsfall steht sozusagen in der Mitte. Schnell aus dem Stadium des Kleinkindes herausgewachsen, aber mit der Pubertät auch bereits abgeschlossen in der Entwicklung, steht der *Mongoloide,* das bekannte Down-Syndrom. Wach, nicht verträumt wie der Wasserköpfler, doch beweglich, nicht starr wie der Kleinköpfige, lacht und weint, lockt und ruht in dauerndem Wechsel die Seele, die damit in ihrem ureigenen Element zu leben scheint. Ganz und gar Empfindungswesen, schwingt der Mongoloide mit der Umwelt mit, atmet mit, ahmt sie nach. Das ist seine große Fähigkeit: Die Nachahmung wurde bewahrt aus der lebendigen ersten Kleinkindzeit, die Empfindungsfähigkeit, entwickelt im Schulkindalter ist bis zur Pubertätszeit des Jugendlichen hin gesteigert. Dann bricht es ab, die Unfähigkeit, selbstverantwortlicher Erwachsener zu werden, ist sein Schicksal.

Das heute so rätselhafte wie häufige Krankheitsbild des *Autisten* verweist den aufmerksamen Beobachter wieder auf eine andere Ursache. Leiblich scheint zunächst eine ungestörte Gesundheit vorzuliegen. Zuweilen werden kaum meßbare

Gehirnstörungen (cerebrale Störungen) vermutet oder festgestellt: sie stehen in keinem Verhältnis zum Krankheitsbild. Die Lebenskräfte zeigen keine Übersteigerungen, das Empfinden weist oft eine hohe Sensibilität auf, ohne in die wechselhaften Stimmungen des gefühlsbetonten Mongoloiden zu verfallen. Unter den Gefühlsreaktionen herrscht eindeutig Schreckhaftigkeit vor. Fragt man nach der Vorgeschichte, so hört man entweder von einer seit der Geburt mitgebrachten Veranlagung oder von einer im frühen Kindesalter erlebten Schockwirkung, z. B. ein plötzlicher Krankenhausaufenthalt, das Martinshorn in der Feuerwehrgarage unter der eigenen Wohnung, um nur ein paar selbst erlebte Fälle zu nennen. Was liegt vor, wer ist hier so erschreckt, daß er sich davon nicht mehr erholen kann? Mit den Begriffen Leib und Seele kommen wir hier nicht mehr aus, auch das wirkende Zwischenglied der Lebenskräfte kann uns keinen Hinweis geben. Zu dem häufigsten Phänomen dieser Krankheit gehört es, daß die Kinder nicht dazu kommen, „ich" zu sagen, sie sprechen von sich in der zweiten oder dritten Person. Ein mühsam angelerntes Ich-Sagen bleibt immer ein nachahmendes, das dauernd verbessert werden muß, also keinem wirklichen Ich-Erlebnis entspricht. Auch psychotherapeutische Versuche, durch Selbstbehauptung zum Ich-Erlebnis zu führen, scheitern fast immer. Es handelt sich also deutlich um ein Fehlen der Ich-Erfahrung, und damit tritt selbstverständlich auch die Störung im Kontakt zum anderen auf. Die Ich-Du-Beziehung, anders gesagt, die Verständigung zwischen Ich und Ich ist gestört. Wir haben es also mit einem Ichproblem zu tun, besser gesagt, mit dem Problem des Nicht-Ich. Wie ein eigenwilliger Traumwandler in einer fremden Welt läuft der Autist umher, immer bestrebt, sich hinter Fenstern und Türen zu verschließen oder diese Riegel wieder zu durchbrechen. Anrufe erreichen ihn nicht, nur die mechanisch bewegte Welt kann sein zielloses Umherirren für Zeiten fesseln. Oft kommt er gar nicht zum Sprechen, in weniger schweren Fällen wird ein gewisser Sprachschatz erreicht mit starker Tendenz zu stereotyper Wiederholung.

Das Menschenbild Rudolf Steiners kann gerade bei diesem Lebensrätsel praktische Hilfe leisten. Der innerste Wesenskern des Menschen, die Persönlichkeit, das „Selbst" benannt, mit dem selbstgeschaffenen Wort Ich, sucht stufenweise den Weg der Einwohnung in den Leib, die Inkarnation. Es bereitet sich mit Empfindung, Leben und Leib seine Hüllen, in die es sich einbettet, an denen es aus- und umgestaltend arbeitet. Am Krankheitsbild des Autisten ist deutlich abzulesen, daß es sich um eine schockartige Störung dieses Inkarnationsweges handelt. Das Kind erreicht, zuweilen bereits mit starken Kontaktstörungen im Säuglingsalter, gewisse Schritte, kann aber nicht zur stufenweisen Selbsterkenntnis kommen. Zugleich scheut es immer direkten Kontakt zu anderen, schaut nicht in die Augen, weicht jeder Forderung aus, sich zu stellen und kann nur auf möglichst unbemerkten Umwegen erreicht werden. Der Weg zur Heilung fordert also Ichfindung und Vertrauensbildung. Was ist dazu die Vorbedingung? Will ich jemandem helfen etwas zu finden, so muß ich wissen, was das Gesuchte ist und wo es sich befinden kann, sonst bleibt alle Arbeit vergeblich.

Wenn das Ich des Erziehers stark genug ist in der Selbsterkenntnis, um zu wissen, was das Menschen-Ich ist, so wird es auch den Weg zum Ich des Kranken finden, ob es nun seinen Weg in den Leib gefunden hat oder sozusagen „aus dem Häuschen" ist und eine kürzere oder längere Zeit so leben muß. Wie der Wasserköpfler in Weltenweiten träumt und seinem Wesen gemäß langsam zu Konzentration und Wachheit geführt werden muß, wie der Kleinköpfige liebevoll durch Heiterkeit gelockert und aus seiner zu engen Leiblichkeit seelisch befreit werden muß, wie der Mongoloide in seiner eigenen Herzlichkeit und Gutmütigkeit verstanden und angenommen werden will, so muß der Autist durch warme sichere Führung den Mut zu seiner Einwohnung in den Leib wieder finden. Reißt er seelisch die Fenster auf, um einen Blick in die Welt zu tun, so sollte ihn ein freudiger Anblick daran hindern, aus Angst vor schreckhaften Erlebnissen das Fenster gleich wieder zuzuschlagen. Ist der Mut zur Wahrnehmung erreicht, so wird es auch gelingen, das Ich in die Tätigkeit zu locken und die zwischen Kopf und Hand liegende Region des Herzens daran so zu erwärmen, daß es eine unwiderstehliche Freude wird, sich dieser Welt, in der man geliebt wird, zu verbinden.

Deutlich zeigen diese vier der vielfältigen Störungen im geschilderten Inkarnationsweg, daß es sich jeweils um die besondere Über- oder Unterbetonung, um eine Verschiebung oder Verzerrung bei dem Zusammenspiel zwischen Leib und Seele handelt, im Bereich des Leiblichen, der Lebenskraft, des Seelischen und des Ich. Auch ist daraus zu ersehen, daß diese Krankheitsbilder in der Zusammenfassung doch wieder ein ganzheitliches Menschenbild ergeben. Der Heilpädagoge wird sie darum nicht getrennt behandeln, sondern sie im Gegenteil zusammenführen, denn die „Verrücktheit" des einen gleicht die des anderen durch seine Gegensätzlichkeit heilend aus. Es wird auch kein bemitleidenswertes Opfer sein, sich den „Behinderten" zu widmen. Der Erzieher begegnet in seinen liebenswerten dankbaren Zöglingen ja nur einseitigen Übersteigerungen seines eigenen Menschenwesens. Täglich kann er am Mongoloiden seine Gefühlsarmut bereichern, kann vom Wasserköpfler Ruhe und Phantasie, vom Kleinköpfigen Wahrnehmungsfähigkeit und Zielsicherheit lernen und seinen Mut stärken mit dem Autisten.

Eine so geartete Pädagogik ist freilich eine Kunst, und die Kunst ist es auch, die, als Methode und Therapie angewandt, die wesentlichsten Heilfaktoren in dieser Erziehungskunst bildet. Zu der wissenschaftlichen Grundlage muß sich die Kunst wieder in praktisch wirksamer Weise hinzugesellen und, nur wenn es dem Erzieher schrittweise gelingt, in unkonfessioneller Weise auch die Religion, die Wiederverbindung zum Geiste zu finden, wird er dem leiblich-seelisch-geistigen Menschenwesen wieder voll gerecht und hilfreich werden können.

Kapitel 9

Eva Kienast

DIE AUSBILDUNG ZUM WALDORFLEHRER UND -ERZIEHER

„Es gibt hunderte arbeitslose Lehrer, da muß etwas geschehen", klagen Vertreter des öffentlichen Schulwesens. – Die Waldorfschulen klagen: „Wir brauchen Waldorflehrer, wo gibt es welche?" Aber es gibt zu wenig geeignete Waldorflehrer. Waldorfschulen in aller Welt suchen ausgebildete Leute, und vor allem in Österreich gibt es bis jetzt keinen Nachwuchs. Waldorflehrer müssen immer noch vielfach „importiert" werden. Es hat jedoch das Kuratorium für künstlerische und heilende Pädagogik erstmals in Österreich einen berufs- oder studienbegleitend zweijährigen Lehrgang zur Ausbildung von Lehrern etc. zum Waldorflehrer und -erzieher eingerichtet, in Zusammenarbeit mit der Freien Pädagogischen Vereinigung Bern und mit der dortigen Lehrerausbildung. Ehemalige Schüler von Professor Eymann wirken für die Ausbildung hier in Seminaren mit. Auch andere Waldorfschulen in Österreich versuchen, sich mit verschiedenartigen Kursen und Veranstaltungen zu helfen, die nicht nur für die Elternarbeit, sondern auch für die ergänzende und informative Weiterbildung der Waldorflehrer gedacht sind.

Im Mittelpunkt der öffentlichen Ausbildung stehen pädagogische und psychologische Theorien, wie der Lernprozeß vor sich gehen solle, und soziologische oder politische Theorien, welchem Ziel oder Zweck die Schule zu dienen habe. Da die öffentliche Schultheorie und Unterrichtslehre rein auf der darwinistischen Entwicklungslehre fußt (eine noch immer nicht bewiesene Hypothese!), aber keinerlei kulturelle oder seelisch-geistige Entwicklungslehre hat, sieht sie das Kind als kleinen, nur dümmeren Erwachsenen an. Aber auch in der Geschichte, der Schule der Menschheit, der Menschenschule, sieht sie ewiges Wiederholen desselben mit jeweils lediglich raffinierteren Mitteln. Es ist ein Fortschritt in die Spezialisierung, in das Analytische, und nicht in neue, umfassendere Erkenntnisgebiete. Daß für frühere Kulturen auch anderes wichtig gewesen sein kann, – und nicht nur wichtig, sondern auch richtig! – wird kaum gesehen und bewirkt die oft sich widersprechenden Geschichtsauffassungen und intellektuellen oder wirtschaftlichen Deutungen.

Es wird aber auch ganz vergessen, daß aufgrund der Lehrpläne der heutigen Schulen „anerkannte" Theorien gelehrt werden, daß es aber im allgemeinen 80–100 oder mehr Jahre dauert, bis eine wissenschaftliche Hypothese sich durchgesetzt hat, allgemein anerkannt ist und dabei schon längst durch die neuen Theorien, die noch um Anerkennung ringen, überholt ist. Und daß den Kindern in der Schule dann solche anerkannte Theorien als „Wahrheit" serviert werden, ist ja noch ein Kapitel für sich.

Immer wieder wird die Aufgabenstellung des Lehrers dahingehend formuliert: „Wie bringe ich dem Kind das bei, was ich für richtig halte." Diesem an und für sich stark autoritären und vom Lehrer aus egozentrischen Ziel intellektueller Prägung steht dann womöglich eine antiautoritäre Erziehungsmethode gegenüber. Dabei wird nicht erkannt, daß man ein Kind, dem man nicht durch eigenes Vorbild hilft, schmählich im Stich läßt und allen Gefahren überläßt. Es geht einfach nicht an, daß man ein Menschenkind wie ein Tierbaby behandelt und erwartet, daß sein Verhalten ebenso durch Instinkte geregelt und vorherbestimmt sei. Der Mensch ist allem offen und ausgesetzt.

Wie oft ist aber antiautoritäre Erziehungsmethode wirklich theoretische Überzeugung bei den Eltern oder dem Erzieher? Ist sie nicht viel öfter Bequemlichkeit, Schwäche? Wie oft begegnen Kinder der sogenannten Autorität nur in Form der Gewalt, die meist wieder aus Schwäche und Sich-nicht-anders-helfen-Können entsteht; natürlich ist dies abzulehnen, aber wie oft begegnen sie denn wirklich der vorbildlichen Autorität im wahrsten Sinne des Wortes! Und jetzt kommen solche Menschen, die mehr oder weniger antiautoritär in Elternhaus oder Schule erzogen worden sind, in die pädagogischen Akademien und sollen selbst Lehrer und Vorbilder sein für die zukünftige Generation. Denn jeder Lehrer wird zwangsläufig – durch die seelische Verfassung des Kindes – zu dessen Vorbild. Die Industrie, die Medien, die sogenannte Freizeitindustrie weiß das genau und errichtet für die Kinder und Jugendlichen dann von ihr geführte und zum Warenkonsum verführende Idole als Vorbildersatz. Wo es keine echten Ideale und menschliche Autoritäten gibt, dort stößt eben in dieses Vakuum Artfremdes, Vertierendes, Verführendes. Im Menschen liegt tief verwurzelt das Streben nach Entwicklung seiner Individualität (das Schlagwort „Selbstverwirklichung" ist davon wieder die egoistische Seite), er will zu einer Persönlichkeit werden. Hilft man ihm nicht, so schafft er sich Ersatz in Zigaretten, Alkohol, Drogen, Rauschgift, aber auch politischem Extremismus, Terror und Bandenbildung, – oder er verzweifelt an sich und greift zum Selbstmord. So viele Möglichkeiten der Irrwege, die oft noch vom Kommerz und vom Staat gefördert werden, wie heute, hat eine Jugend noch nie gehabt.

Charakter ist das, was vom Lehrer verlangt werden muß. Kommt ein Lehrer sich vorstellen, um in einer Waldorfschule mitzuarbeiten, so scheiden sich die meisten selbst aus: Wenn sie einen Job suchen, nicht eine Aufgabe, einen Beruf als Berufung, zeigen sie mangelndes Interesse an der Erziehungsaufgabe überhaupt.

Wie steht es mit der Konzentrationsfähigkeit? In der sogenannten Mediengesellschaft, in der man keine ruhige Minute mehr hat, weil aus irgendeiner Ecke immer ein Radio oder Fernseher dröhnt – die Menschen merken es gar nicht mehr, sie hören nicht hin, die Geräuschkulisse Rundfunk hat sich in die „Reizüberflutung" eingeordnet, und ihr Unterbewußtsein wird ständig bombardiert, ohne daß sie es kontrollieren und beherrschen können! – in solcher Umgebung soll ein Lehrer konzentriert mit Kindern, die ebenfalls „medial“ zerrissen sind, arbeiten. Konzentration und damit verbundene Genauigkeit, Exaktheit und Sorgfalt sind Eigenschaften, die für einen guten Waldorflehrer unabdingbar sind. Seine Kraft der Erkenntnis muß die Lernatmosphäre schaffen.

Ja und wie steht es denn mit dem Verantwortungsbewußtsein? Wie weit ist sich ein Lehrer aus einer öffentlichen Lehrerbildung bewußt, wie weit, bis ins hohe Alter der Schützlinge, seine Arbeit Einfluß hat? Was Hänschen nicht lernt, lernt Hans nimmermehr – was der Lehrer in der Erziehungsarbeit versäumt, kann das Kind in späteren Jahren nicht oder nur sehr schwer nachholen! Darauf muß auch in diesem Kapitel hingewiesen werden. Das Verantwortungsbewußtsein muß sich aber auch auf die gesamte Umwelt – nicht nur auf die materielle Umwelt (im Materialismus, der allein das Physische anerkennt, ergeben sich die größten Naturzerstörungen – welch ein Paradoxon!), sondern auch auf die seelische beziehen. Das Kind muß auch lernen, mit Wahrheit, Schönheit und Güte verantwortungsbewußt umzugehen. Eigentlich muß es das nicht lernen, sondern es darf es nur nicht verlernen!

Oft hört man von Stellenbewerbern die schönsten Versprechungen, wie sehr sie sich einarbeiten werden, wie aktiv sie am Schulleben teilnehmen werden, was sie alles tun werden – doch wenn man hier nicht Spreu von Weizen trennen kann, dann erlebt man herbe Enttäuschungen. Viele der jungen „Aussteiger“, die Lehrer in einer „Alternativschule“ sein wollen, haben zwar oft noch die Kraft Altes zu zerstören, aber etwas besser zu machen, etwas positiv zu verändern, dazu fehlt es weit. In der heutigen Zeit bedarf es eines unbändigen Willens und zäher Kraft, die Welt menschengerecht umzugestalten gegen alle Widerstände und Rückschläge, und eine lebenswerte Zukunft für die nächsten Generationen zu schaffen.

Professor Friedrich Eymann, der Hochschullehrer, der Waldorflehrer für die öffentlichen Schulen in der Schweiz ausgebildet hatte – er hatte die Worte Rudolf Steiners ernstgenommen – wirkte auf seine Schüler vor allem durch seine Persönlichkeit. In den Erinnerungen an ihn kommt immer wieder dieser starke moralische Impuls zur Geltung, der von Professor Eymann ausging. Fähigkeiten müssen in der Lehrerbildung herausgearbeitet werden; aus diesem Grund umfaßt die Lehrer- und Erzieherausbildung auch einen Großteil an praktischen, künstlerischen Fächern.

Der systematische Ausbildungslehrgang des Kuratoriums für künstlerische und heilende Pädagogik, der 1981 in Österreich begonnen worden ist, gliedert sich in drei Gebiete:

Die *Grundkurse* mit der Menschenkunde Rudolf Steiners, der Heil- und Intensivpädagogik mit Medizin, mit einem Überblick über Recht, Verwaltung und

Schulorganisation, bis in die Gestaltung des Tagesablaufes, der Jahresfeste hinein, und die Kultur- und Kunstgeschichte, Sozialgeschichte und Dreigliederung. Die letztere ergänzt die phänomenologische Entwicklungslehre vom einzelnen durch eine symptomatische Betrachtung geistiger Art von der Menschheitsentwicklung.

Die *didaktischen Seminare* werden von erfahrenen Pädagogen und Waldorflehrern, oft aus dem Eymann-Kreis, als methodisch-didaktische Anregungen für die Epochenunterrichtsgestaltung in den einzelnen Schulstufen gehalten. Diesen Ausbildnern fehlt auch die Erfahrung in öffentlichen Schulen nicht und mehrere sind auch in der öffentlichen Lehrerausbildung der Schweiz tätig. Ihre Bücher werden empfohlen. Diese Seminare geben methodisch-didaktische Unterweisung zur Durchführung eines Waldorflehrplanes in beispielartiger Weise für die Fächer Geschichte, Deutsch und Erzählkunde, Fremdsprachen, Geographie, Tier- und Pflanzenkunde, Chemie, Physik und technisches Zeichnen, Mathematik, Leibesübungen und künstlerische Fächer.

Die *praktische Ausbildung* umfaßt nicht nur das Ausbilden künstlerischer Fähigkeiten selbst, sondern auch, wie zum Beispiel in der Sprachgestaltung, eine praktisch erarbeitete Menschenkunde durch das Erüben der Temperamente, der Berufstypen etc. Sehr viel mehr kommt da beim praktischen Üben, beim Darstellen eines Temperamentes zum Beispiel zum Bewußtsein, da es bis in den Willen hinein erlebt und erarbeitet und nicht nur intellektuell erkannt wird. Aus den Seelenstimmungen der Sprache, des Gesanges kann der Lehrer, wenn er geübt ist und sich ein Organ dafür gebildet hat, viel mehr über das Kind erfahren und ihm über Schwierigkeiten hinweghelfen. In diesem Teil der Ausbildung soll der Lehrer die Grundkenntnisse von Sprachgestaltung, Rhetorik, Schauspiel, Eurythmie, Volkstanz, Gesang, Instrumentalmusik, Zeichnen und Malen, goetheanistische Farben- und Formenlehre, Werken, Weben, Textilverarbeitung, Gartenwirtschaft, Hauswirtschaft und Heimgestaltung, Puppen- und Jugendtheater selbst erarbeiten und damit den Unterricht lebendig gestalten können. Schul- und Heimpraktika, auch bei Behinderten, ergänzen die praktische Ausbildung und geben dem Lehrer und Erzieher Selbsterfahrung für seinen Beruf.

Dieser Teil der Ausbildung ist für die meisten der schwierigste, da er nicht nur Ausdauer verlangt, sondern auch den ganzen Menschen fordert. Und langsam bildet sich dann auch die Fähigkeit der Erziehungskunst, des Intuitiven im Erziehungsprozeß, wenn der angehende Waldorflehrer und -erzieher mit ordnender und präziser Hand sich selbst erzieht. (Nähere Auskünfte über diese Waldorfausbildung beim Herausgeber, Freie pädagogische Vereinigung beim Kuratorium für künstlerische und heilende Pädagogik, Wien 7, Siebensterngasse 27.)

Nicht „Fachidiot", sondern vielseitig ausgebildet soll der Waldorfpädagoge sein. Sehr zu begrüßen ist es, wenn er zusätzlich eine Berufsausbildung anderer Art, zum Beispiel ein Handwerk oder Landwirtschaft oder auch einen Verwaltungs-

beruf erlernt hat. So kann er akademische Ausbildung mit handwerklicher, die des Kopfes mit der der Hand verbinden.
Waldorflehrer zu sein heißt, ein Leben lang streben, einer zu werden. Nie ist er fertig, sondern mit einer Ausbildung hat er lediglich die grundlegenden Voraussetzungen und Fähigkeiten mehr oder weniger erworben, einer zu werden. Sie ist das Handwerkzeug, mit dem der geistige Bau der Waldorfschule in Angriff genommen werden kann. Jedes Kind ist eine neue Aufgabe, die der Lehrer zu lösen hat, an der er sich aber auch selbst weiterentwickelt.
In Zeiten der Restriktion, der Angst um den Arbeitsplatz, der Jugendarbeitslosigkeit, ist der Beruf des Waldorflehrers eine große Chance – für ihn selbst und für die Kinder, die Generationen der Zukunft. Aber Waldorflehrer wird man nur, wenn man jeden Augenblick bereit ist, ein neuer Mensch zu werden, nimmermüder Künstler zu sein und sein Ringen um Erkenntnis, um Wahrheit, um das Schöne und Gute vor seinen Kindern in der Klasse zu zeigen, Redner, Darsteller, Maler und Zeichner zu sein und Autorität für den jungen, sich emporrankenden Menschen, der solche Charakterstützen braucht. Eine Chance für aufstrebende Lehrer.

AUSWAHL EINSCHLÄGIGER LITERATUR

Dr. Rudolf Steiner, Gesamtwerk (Rudolf Steiner Verlag, Dornach)
folgende Titel als *Auswahl* aus den rund 350 Bänden:
Allgemeine Menschenkunde als Grundlage der Pädagogik (I).
Erziehungskunst. Methodisch-Didaktisches (II).
Erziehungskunst. Seminarbesprechungen und Lehrplanvorträge (III).
Die Erziehungsfrage als soziale Frage.
Die Waldorfschule und ihr Geist.
Rudolf Steiner in der Waldorfschule.
Geisteswissenschaftliche Sprachbetrachtungen.
Konferenzen mit den Lehrern der Freien Waldorfschule.
Die Erneuerung der pädagogisch-didaktischen Kunst durch Geisteswissenschaft.
Menschenerkenntnis und Unterrichtsgestaltung.
Erziehung und Unterricht aus Menschenerkenntnis.
Die pädagogische Praxis vom Gesichtspunkte geisteswissenschaftlicher Menschenerkenntnis.
Der pädagogische Wert der Menschenerkenntnis und der Kulturwert der Pädagogik.
Die Kunst des Erziehens aus dem Erfassen der Menschenwesenheit.
Methodik und Wesen der Sprachgestaltung.
Die Kunst der Rezitation und Deklamation.
Sprachgestaltung und Dramatische Kunst.
Das Wesen des Musikalischen und das Tonerlebnis im Menschen.
Das Wesen der Farben.
Eurythmie als sichtbarer Gesang.
Eurythmie als sichtbare Sprache.
Heileurythmie.
Heilpädagogischer Kurs.
Geisteswissenschaftliche Impulse zur Entwicklung der Physik.
Geschichtliche Symptomatologie.
Die befruchtende Wirkung der Anthroposophie auf die Fachwissenschaften.
Die Philosophie der Freiheit.
Wahrheit und Wissenschaft.
Goethes Naturwissenschaftliche Schriften.
Wendepunkte des Geisteslebens.
Aus der Akasha-Chronik.
Die Erziehung des Kindes vom Gesichtspunkt der Geisteswissenschaft.
Wie erlangt man Erkenntnisse höherer Welt.
Anthroposophische Pädagogik und ihre Voraussetzungen.

Paul *Adam* und Arnold *Wyss*, Platonische und Archimedische Körper. V. Paul Haupt und Verlag Freies Geistesleben, Stuttgart, 1984.

Walter *Abendroth*, Rudolf Steiner und die heutige Welt. Fischer Taschenbuch-Verlag, Frankfurt/Main, 1982.

Hermann von *Baravalle*, Geometrie als Sprache der Formen. Verlag Freies Geistesleben, Stuttgart, 1963.

Hermann von *Baravalle,* Rechenunterricht und der Waldorflehrplan. Mellinger Verlag, Stuttgart, 1952.
Hermann von *Baravalle,* Physik als reine Phänomenologie. Troxler-Verlag, Bern.
Ernst *Bindel,* Die geistigen Grundlagen der Zahlen. Verlag Freies Geistesleben, Stuttgart, 1958.
Roman *Boos,* Die soziale Heilkraft der Anthroposophie. Verlag der Sozialwissenschaftlichen Vereinigung am Goetheanum, Dornach, 1944.
Fritz Graf von *Bothmer,* Gymnastische Erziehung. Verlag Freies Geistesleben, Stuttgart.
Kurt *Brotbeck,* Der Mensch – Bürger zweier Welten, Menschenkunde als Erziehungs- und Führungshilfe. Rotapfel Verlag, Zürich und Stuttgart, 1972.
Kurt *Brotbeck,* Im Schatten des Fortschritts. Rotapfel Verlag, Zürich und Stuttgart, 1969.
Kurt *Brotbeck,* Durchbruch zur Menschenschule, Entwicklungswege zur Waldorfpädagogik. Novalis Verlag, Schaffhausen, 1982.
Walther *Bühler,* Der Leib als Instrument der Seele in Gesundheit und Krankheit. Verlag Freies Geistesleben, Stuttgart, 1981.
Arne *Carlgren* / Frans *Klingborg,* Erziehung zur Freiheit. Verlag Freies Geistesleben, Stuttgart, 1981.
Anke Usche *Clausen* / Martin *Riedel,* Zeichnen – Sehen lernen. Plastisches Gestalten mit verschiedenen Materialien. Plastisches Gestalten mit Holz. Schöpferisches Gestalten mit Farben. Mellinger Verlag, Stuttgart.
Walter *Cloos,* Menschengemäße Heilmittel. Verlag Die Kommenden, Freiburg i. Br., 1971.
Walter *Cloos,* Lebensstufen der Erde. Verlag Freies Geistesleben, Stuttgart, 1958.
„*Child and Man*", Journal for Waldorf Education, Hrsg. Steiner School Fellowship, Forest Row, East Sussex, England. Siehe die Nummer winter/spring 1982, Roland Everett, Language Teaching in a Waldorf-School; Renè Querido, A Creative Approach to Language Teaching, und Sibylle Alexander, The Most Precious Gift of All.
Andreas *Dollfus,* Von der Arbeit mit Zahlen und Figuren. Einblicke in den Mathematikunterricht einer Rudolf Steiner Schule. (Manuskript)
Erika *Dühnfort* / Ernst Michael *Kranich,* Der Anfangsunterricht im Schreiben und Lesen. Verlag Freies Geistesleben, Stuttgart, 1971.
Heinrich *Eltz,* Fremdsprachlicher Anfangsunterricht und audiovisuelle Methode. Edition Pestalozzi im Novalis Verlag, Schaffhausen, 1971.
Heinrich *Eltz* / Charlotte *Ritschard,* Sous l'arbre en fleurs, poèmes pour enfants. Troxler Verlag, Bern, 1972.
Heinrich *Eltz* / Charlotte *Ritschard,* Entrez en scène Troxler Verlag Bern, 1972.
Heinrich *Eltz* / Charlotte *Ritschard,* Aux jeux, les gars. Troxler Verlag, Bern, 1972.
C. *Englert-Faye,* Vom Menschen Johann Heinrich Pestalozzi, Zbinden-Verlag Basel.
C. *Englert* / P. *Jenny*/ H. W. *Zbinden,* Mensch – Schule – Staat und Menschheit, Zbinden-Verlag, Basel.
Friedrich *Eymann,* Gesamtausgabe der Werke (Hrsg. Max *Widmer, Fritz Eymann jun., Christian Bärtschi,)* davon erschienen: Die Weisheit der Märchen im Spiegel der Geisteswissenschaft Rudolf Steiners (1982) Das Christentum und die vorchristlichen Religionen (1982) Die Rechtfertigung des Guten zur Überwindung des Pessimismus, Zbinden-Verlag, Basel, 1983.

Friedrich *Eymann,* Kulturerneuerung und Erziehung. Troxler Verlag, Bern, 1946.

Friedrich *Eymann,* Die geistigen Grundlagen des Menschenlebens Troxler Verlag, Bern, 1966.

Friedrich *Eymann,* Der pädagogische Impuls von Prof. F. Eymann. Gedenkheft zu seinem 25. Todestag. Freie pädagogische Vereinigung, Bern, 1979.

Friedrich *Eymann* / Max *Leist,* Anthroposophische Pädagogik und Staatsschule. Bern, 1936.

Friedrich *Eymann* / Roman *Boos* / *Rudolf Saurer,* Zur Soziologie der Freiheit. Schriftenreihe. Troxler-Verlag, Bern.

„Erziehungskunst", herausgegeben vom Bund der freien Waldorfschulen, Stuttgart. Siehe besonders Juli–August 1983, Irmgard Trost, Vom Waldorfschulunterricht in den modernen Fremdsprachen.

Harald *Falck-Ytter,* Polarlicht. Verlag Freies Geistesleben, Stuttgart, 1983.

Joh. *Flügge* / Rob. *Pfister*/ E. *Schuberth* / M. *Wagenschein,* Rettet die Phänomene. Schriften des Freien Pädagogischen Arbeitskreises. Wetzikon, Schweiz.

Freie Pädagogische Vereinigung Bern, Waldorfpädagogik in öffentlichen Schulen, Versuch und Erfahrungen mit der Pädagogik Rudolf Steiners. Verlag Herderbücherei, 1976.

Carl Albert *Friedenreich,* Musikalische Erziehung auf geisteswissenschaftlicher Grundlage, Verlag die Kommenden, Freiburg/Breisgau.

Erich *Gabert,* Autorität – Freiheit. Das mütterliche und das väterliche Element. Fischer Taschenbuch-Verlag, Frankfurt/Main, 1983.

„Gegenwart", Schriftenreihe, siehe besonders Heft 1/April-Mai 1983: Das Elternrecht auf freie Schulwahl, Bern.

Rudolf *Geiger,* Märchenkunde. Urachhaus, Stuttgart, 1982.

Gewerkschaft Kunst, Medien, freie Berufe, Appell an das kulturelle Gewissen. Verlag des ÖGB, Wien, 1966.

Gewerkschaft Kunst Medien, freie Berufe, 10 Jahre Kulturpolitik. Verlag des Österreichischen Gewerkschaftsbundes, Wien, 1974.

Gewerkschaft für Kunst, Medien, freie Berufe, Kultur als 3. Kraft, Verlag des Österreichischen Gewerkschaftsbundes, Wien, 1978.

Norbert *Glas,* Kinderkrankheiten als Entwicklungsstufen des Menschen. Verlag für Medizin, Weidmann & Co Wien–Leipzig–Bern, 1937.

Thomas *Göbel,* Erde die die Seele trägt. Die Mythologie der australischen Völker. Verlag Freies Geistesleben, Stuttgart, 1976.

Herbert *Hahn,* Vom Ernst des Spielens. Mellinger Verlag, Stuttgart.

Rudolf *Hauschka,* Ernährungslehre Vittorio Klostermann, Frankfurt am Main, 1951.

M. *Heinemann,* Von der Religion des kleinen Kindes. Urachhaus Verlag, Stuttgart, 1983.

Johannes *Hemleben,* Rudolf Steiner. Rororo, Reinbek bei Hamburg, 1963.

Caroline *Heydebrand,* Vom Lehrplan der freien Waldorfschulen. Verlag freies Geistesleben, Stuttgart.

Hans *Jaggi,* Das Hauptwort sprach. Ein Wortarten-Theater. Schriften des Freien Pädagogischen Arbeitskreises. Wetzikon, Schweiz.

Maja *Kappeler,* Farbtön – Tonfarbe. Zbinden-Verlag, Basel.

Anton *Kimpfler,* Wege zum Ich; der Mensch und sein Erkennen der Welt. UWS-Buch Verlag, 1980.

Anton *Kimpfler,* Kulturgestaltung aus dem Wesen des Menschen. Verlag Die Kommenden, 1980.

Hermann *Kirchner,* Die Bewegungshieroglyphe als Spiegel von Menschheitsbildern. Heilpädagogik aus anthroposophischer Menschenkunde. Verlag Freies Geistesleben, Stuttgart, 1978.

Heinz *Kloss,* Die Selbstverwaltung des Geisteslebens. Vittorio Klostermann Verlag, 1981.

Karl *König,* Sinnesentwicklung und Leibeserfahrung. Verlag Freies Geistesleben, Stuttgart, 1971.

Karl *König,* Bruder Tier. Mensch und Tier in Mythos und Evolution. Taschenbuch Fischer-Verlag, Frankfurt/Main, 1983.

Karl *König,* Die ersten drei Jahre des Kindes. Verlag Freies Geistesleben, Stuttgart.

Ernst Michael *Kranich,* Die Formensprache der Pflanzen. Freies Geistesleben, Stuttgart, 1979.

Walter *Kugler,* Rudolf Steiner und die Anthroposophie. DuMont Buchverlag, Köln, 1978.

Kuratorium für künstlerische und heilende Pädagogik (Hrsg), Waldorfpädagogik als Alternative, 10 Jahre Comenius-Institute, Wien.

Kuratorium für künstlerische und heilende Pädagogik (Hrsg), Erfolg und Folgen der Tagung Waldorfpädagogik als Alternative, Wien.

Manfred *Kyber,* Tiergeschichten. Wegner Verlag, Hamburg, 1965.

Hans Erhard *Lauer* / Max *Widmer* Ignaz Paul Vital Troxler, Verlag Rudolf Kugler, 1980.

H. E. *Lauer,* Perspektiven der Musikentwicklung. Österreichische Blätter für freies Geistesleben, Feb. 1924, 1. Jahrgang 2. Heft, Wien.

Hans Erhard *Lauer,* Die Neugeburt der menschlichen Ideale. Verlag die Kommenden, Freiburg i. Br., 1975.

Hans Erhard *Lauer,* Geschichte als Stufengang der Menschenwerdung. Verlag Novalis, Freiburg im Breisgau, 1956.

Stefan *Leber,* Die Waldorfschule im gesellschaftlichen Umfeld. Verlag Freies Geistesleben, Stuttgart, 1982.

Ernst *Lehrs,* Vom Geist der Sinne. Zur Diätetik des Wahrnehmens. Vittorio Klostermann, Frankfurt/Main, 1973.

Lesebuch der Freien Waldorfschulen, Der Sonne Licht. Mellinger Verlag, Stuttgart.

BCJ *Lievegoed,* Entwicklungsphasen des Kindes. Mellinger Verlag Stuttgart, 1979.

Wilhelm zur *Linden,* Dein Kind. Vittorio Klostermann, Frankfurt/Main, 1982.

Christoph *Lindenberg,* Die Lebensbedingungen des Erziehens; von Waldorfschulen lernen. Rororo, Reinbek bei Hamburg, 1981.

Christoph *Lindenberg,* Waldorfschulen: angstfrei lernen, selbstbewußt handeln. Verlag Rororo, Reinbek bei Hamburg, 1983.

Dan *Lindholm,* Gottesschicksal, Menschenwerden. Verlag Freies Geistesleben, Stuttgart.

Dan *Lindholm,* Quell der Ganga. Verlag Freies Geistesleben, Stuttgart.

Jacques *Lusseyran,* Gegen die Verschmutzung des Ich. Verlag Freies Geistesleben, Stuttgart, 1972.

Jaques *Lusseyran,* Das wiedergefundene Licht.

Jakob *Lutz,* Kinderpsychiatrie. Rotapfel Verlag Zürich, 1972.

Hans *Mätzener,* Lehrerbildung und Schulpolitik. In: Berner Schulblatt, 100. Jahrgang 11. März 1967, Bern.

Hans *Mätzener,* Zur Jugendrevolte. Oberländisches Volksblatt, Interlaken, 19. 7. 1980.

Rudolf *Meier,* Das Kind. Verlag Urachhaus, Stuttgart, 1949.
„Die Menschenschule", Zbinden Druck und Verlag AG, Basel.
Otto *Müller,* Besinnung auf Pestalozzi. Novalis Verlag, Schaffhausen, 1977.
H. R. *Niederhäuser,* Von griechischen Göttern und Helden. Verlag Freies Geistesleben, Stuttgart.
Jochen *Nitzold,* Geistige Strukturen sinnvollen Turnens. Mellinger Verlag, Stuttgart.
B. *Nordmeyer,* Zeitgewissen. Verlag Urachhaus, Stuttgart.
B. *Nordmeyer,* Profile des Jahrhunderts. Verlag Urachhaus, Stuttgart.
Friedrich *Oberkogler,* Vom Wesen und Werden der Musikinstrumente. Novalis-Verlag, Schaffhausen.
Gerhard *Ott,* Grundriß einer Chemie nach phänomenologischer Methode. Zbinden Verlag, Basel, 1960.
Pestalozzi, Werke in 8 Bänden. Rotapfel Verlag.
E. *Pfeiffer* / E. *Riese,* Der erfreuliche Pflanzengarten. Fischer Taschenbuch-Verlag, Frankfurt/Main, 1954.
Martin W. *Pfeiffer,* Die landwirtschaftliche Individualität – ein Bild des Menschen. Selbstverlag, 1975.
Dr. Hermann *Poppelbaum,* Tier-Wesenskunde. Philosophisch-Anthroposophischer Verlag.
H. O. *Proskauer,* Zum Studium von Goethes Farbenlehre. Zbinden Verlag, Basel, 1977.
F. M. *Reuschle,* Im Zeichen der Menschheit. Verlag Urachhaus, Stuttgart,
Renate *Riemeck,* Der andere Comenius. Stimme-Verlag, Frankfurt/Main, 1970.
Karl *Rössel-Majdan sen.,* Mutation und Wachstum. Ein Beitrag zur Erkenntnis des menschlichen Stimmwechsels. Österreichische Blätter für freies Geistesleben, Feb. 1924, 1. Jahrgang, 2. Heft, Wien.
Karl *Rössel-Majdan,* Verlogene Demokratie. Wilhelm Braumüller Universitäts-Verlagsbuchhandlungs Ges. m. b. H., Wien, 1949.
Karl *Rössel-Majdan,* Der Rundfunk, Vorgeschichte und Wesen. Braumüller, Wien, 1953.
Karl *Rössel-Majdan,* Rundfunk und Kulturpolitik. Köln-Opladen, 1962.
Karl *Rössel-Majdan,* Vom Wunder der menschlichen Stimme. Band 1 Sprachgestaltung. Troxler Verlag, Bern, 1975.
Karl *Rössel-Majdan* Waldorfpädagogik – Erziehung zur Freiheit. Manuskript für Dr. Turrini, Hochschule für Bildungswissenschaften, Klagenfurt.
Rudolf *Saurer* / E *Bühler,* Das Rechnen mit reinen Zahlen. Troxler Verlag, Bern, 1943.
Werner *Schäfer,* Zum Verständnis der Schmetterlingswelt für Pädagogik und Naturpflege. Zbinden Verlag, Basel, 1984.
Gerda *Scheer,* Unsere Kinder; Waldorfpädagogik in den ersten sieben Lebensjahren. (Manuskript)
Werner *Schüpbach,* Das Geometrische im menschlichen Skelett. Troxler-Verlag, Bern.
Ed. *Schurè,* Die großen Eingeweihten. Scherz Verlag, Bern.
Schweizerische Gesellschaft für Bildungs- und Erziehungsfragen für einen pädagogischen Arbeitskreis, Wege zur Humanisierung der Schule. Novalis-Verlag, Schaffhausen, 1979.
Werner Christian von *Simonis,* Erde, Mensch und Krankheit. Mellinger Verlag, Stuttgart, 1974.

„Soziale Hygiene", herausgegeben vom Verein für ein erweitertes Heilwesen, BRD.
E. A. Karl *Stockmeyer,* Lehrplan der Waldorfschulen. *Stockmeyer,* Zur Methodik des Physikunterrichts. Verlag Freies Geistesleben, Stuttgart, 1961.
Marie *Steiner,* Aphoristisches zur Rezitationskunst. Der Kommende Tag A.-G/Verlag, Stuttgart, 1922.
Michaela *Strauß,* Von der Zeichensprache des kleinen Kindes. Verlag freies Geisterleben, Stuttgart, 1983.
Jakob *Streit,* Erziehung, Schule, Elternhaus. Novalis Verlag, Schaffhausen, 1973.
Jakob *Streit,* Geron der Germane. (In Vorbereitung.)
Jakob *Streit,* Sonne und Kreuz. Verlag Freies Geistesleben, Stuttgart.
Jakob *Streit,* Milon und der Löwe. Verlag Freies Geistesleben, Stuttgart.
Jakob *Streit,* Ziehet hin ins gelobte Land. Verlag Freies Geistesleben, Stuttgart.
Max *Thürkauf,* Wissenschaft und moralische Verantwortung. Vom Bildungswert des naturwissenschaftlichen Unterrichts. Novalis-Verlag Schaffhausen.
Ignaz Paul *Troxler,* Gewißheit des Geistes (Hrsg. Willi Aeppli), Verlag freies Geistesleben, Stuttgart, 1958.
Ignaz Paul *Troxler,* Werke (Hrsg. Max *Widmer*). Bern–Basel, 1982.
Georg *Unger,* Vom Bilden physikalischer Begriffe. Verlag Freies Geistesleben, Stuttgart.
Kurt *Vierl,* Die Behandlung der Willensdefekte durch die Bildungskraft der Aufmerksamkeit. Natura-Verlag, Arlesheim, 1976.
Bruno *Walter,* Von der Musik und vom Musizieren. S. Fischer-Verlag, 1959.
Wolfgang von *Wartburg,* Vom Geist der Bildung. Ideen zum Aufbau eines zeitgemäßen Bildungswesens. Novalis-Verlag, Schaffhausen.
Thomas *Weihs,* Das entwicklungsgestörte Kind. Verlag Freies Geistesleben, Stuttgart, 1974.
Fritz *Wilmar,* Wie wirken Rundfunk und Fernsehen auf Kinder. Mellinger Verlag, Stuttgart.
Franz *Winkler,* Der Mensch – die Brücke zwischen zwei Welten. Biederstein Verlag, München, 1960.